21世纪高等职业教育精品教材·金融类

保险学概论

（第七版）

翟建华　景　刚　主编

余迎昕　马　静　副主编

BAOXIANXUE GAILUN

东北财经大学出版社
Dongbei University of Finance & Economics Press

大连

图书在版编目（CIP）数据

保险学概论 / 翟建华,景刚主编. —7版. —大连：东北财经大学出版社，2025.8.—（21世纪高等职业教育精品教材·金融类）. —ISBN 978-7-5654-5674-9

Ⅰ.F840

中国国家版本馆 CIP 数据核字第 2025R16F33 号

保险学概论

BAOXIANXUE GAILUN

东北财经大学出版社出版

（大连市黑石礁尖山街217号　邮政编码　116025）

网　　　址：http://www.dufep.cn

读者信箱：dufep@dufe.edu.cn

大连金华光彩色印刷有限公司印刷　　东北财经大学出版社发行

幅面尺寸：185mm×260mm　　　字数：368千字　　　印张：16.5

2025年8月第7版　　　　　　　2025年8月第1次印刷

责任编辑：李丽娟　　　　　　　　　责任校对：郭海雷

封面设计：原　皓　　　　　　　　　版式设计：原　皓

书号：ISBN 978-7-5654-5674-9　　　定价：45.00元

教学支持　售后服务　　联系电话：（0411）84710309

版权所有　侵权必究　　举报电话：（0411）84710523

如有印装质量问题，请联系营销部：（0411）84710711

第七版前言

《保险学概论》教材自出版以来，已修订六次，多次重印，广受读者好评。

党的二十大报告指出："教育是国之大计、党之大计。培养什么人、怎样培养人、为谁培养人是教育的根本问题。育人的根本在于立德。全面贯彻党的教育方针，落实立德树人根本任务，培养德智体美劳全面发展的社会主义建设者和接班人。"我们以党的二十大精神为指引，在秉承前几版教材特色的基础上，根据当前保险行业改革发展的变化以及高等职业教育教学改革的情况，对教材进行了必要的修订。

第七版教材主要做了以下几个方面的修订：

1.采用项目-任务式编写体例。第七版教材结合实际工作岗位需求，采用项目-任务式编写体例安排教学内容，结构更加合理，更加突出实务。

2.整合了微课等数字化资源。第七版教材的微课资源，既可以扫描书上的二维码直接观看，也可以登录安徽省网络课程学习中心（e会学），加入安徽商贸职业技术学院马静老师主持的"保险理论与实务"慕课观看学习。

3.修订了陈旧的内容及栏目。第七版教材增加了新能源汽车保险的相关内容，同时对一些知识点的相关论述作了精简，对各项目中的"知识拓展""案例分析""知识掌握""知识应用"作了必要的更新，以期更好地反映我国保险领域改革和实践的最新成果，引导学生学以致用，从而提高教学效果和学生的综合职业能力。

4.配套了丰富的教学资源。本教材教学资源丰富，主要包括课件、单元设计、微课、习题答案等，以更好地满足教学需要。

本教材体系完整，重点突出，实务性强。本教材减少了冗长的理论叙述，突出了对应用性强的保险实务的介绍，增强了可操作性。本教材共有十个项目，主要内容包括保险概述，保险的基本原则，保险合同，保险市场，保险经营，人身保险，财产损失保险，责任、信用及保证保险，再保险和保险监管等。

本次修订工作由安徽商贸职业技术学院翟建华、景刚、余迎昕、马静共同完成，翟建华和景刚任主编，余迎昕和马静任副主编。其中，翟建华负责项目一、二、三的修订，以及各章素养目标的拟定，景刚负责引言部分的撰写和项目六、八、九的修订，余迎昕负责项目四、五的修订，马静负责项目七、十的修订，最后由翟建华总纂定稿。在修订过程中，编者参阅了大量的文献和网络资源，在此向相关作者表示感谢！

由于编者水平有限，本书难免存在不足之处，敬请广大读者批评指正。

编　者

2025年5月

目 录

引言

走进保险

2019年，我国人均GDP首次突破1万美元大关。国际保险业发展历程表明，迈上这个台阶后，居民对保险业的潜在需求将会全面爆发。2020年2月25日，《中共中央 国务院关于深化医疗保障制度改革的意见》出台，进一步明确了商业保险在建设医疗保障制度体系中的作用，要求丰富健康保险产品供给，用足用好商业健康保险个人所得税优惠政策，研究扩大产品范围，成为国家医保改革的重要抓手。人身保险行业迎来了更为广阔的发展空间。

微课 0-1

微课 0-2

然而，保险不属于生活必需品，一直以来我国居民购买保险的意识不强，加上一些业务员为了销售业绩，过分依赖各种心术和话术向客户推销产品，使得人们"谈保险色变"。要改变人们对保险的这种排斥心理，真正发挥保险的"社会稳定器"作用，客观上需要高素质的保险代理人在保险知识普及、保险产品介绍方面发挥重要作用，需要保险代理人针对客户的需求进行合理规划，科学地配置保险产品。

长期以来，我国保险代理人行业进入门槛低，大量人员涌入保险行业。根据银保监会发布的数据，2020年以前，我国个人保险代理人超过900万人。这么庞大的群体，很难保证从业人员具有较高的专业水平，从而也难以保证服务的专业性、科学性和高质量。随着险企深化营销体系改革，推动代理人队伍向专业化、职业化、综合化转变，打造精英代理人队伍已经成为各家保险公司的共识。保险行业已不再依靠"人海战术"的打法实现快速扩张，多家险企纷纷转向提质增效，打造精英代理人队伍。越来越多的职场精英转行卖保险，不少"学霸"在社交平台晒出自己的保险代理人新身份。这一现象的背后，其实是保险代理人职业发展的新趋势，也是保险行业转型变革的必然结果。保险行业正在从"卖产品"向"卖服务"转变，向客户提供从摇篮到传承、全生命周期的一揽子全方位金融服务，除了向客户提供传统的保险产品之外，还向客户尤其是高净值客户提供涵盖健康管理、养老服务、财富管理等在内的综合服务。这对保险代理人提出了更高的要求。传统的保险销售模式已经行不通，无法适应市场变化的保险代理人会陆续被淘汰。根据《2024中国保险中介市场生态白皮书》，截至2023年末，人身保险公司保险营销人员数量为281.34万人，较2019年高峰时期的912万人减少约631万人，降幅约69.19%。高等职业院校金融类专业的学生经过专业训练，应能满足保险行业对于高素质业务员的专业要求。如何让高等职业院校学生正确认识这个行业，正是我们写这篇引言的目的。

2014年《国务院关于加快发展现代保险服务业的若干意见》（国发〔2014〕29号）（以下简称"2014年'国十条'"）提出了保险行业的发展目标：到2020年，基本建成保障全面、功能完善、安全稳健、诚信规范，具有较强的服务能力、创新能力和国际竞争力，与我国经济社会发展需求相适应的现代保险服务业，努力由保险大国向保险强国转变；保险深度（保费收入/国内生产总值）达到5%，保险密度（保费收入/总人口）达到3 500元/人；保险的社会"稳定器"和经济"助推器"作用得到有效发挥。图0-1是2021—2023年保险深度目标与原保费对比图，左边的柱形是用当年的GDP乘以5%，代表2014年"国十条"提出的保险深度目标，右边的柱形是当年的原保费收入。尽管原保费收入逐年增长，但是距离保险深度目标仍有一定的差距。这正说明，保险行业发展还远未达到瓶颈，未来可期。

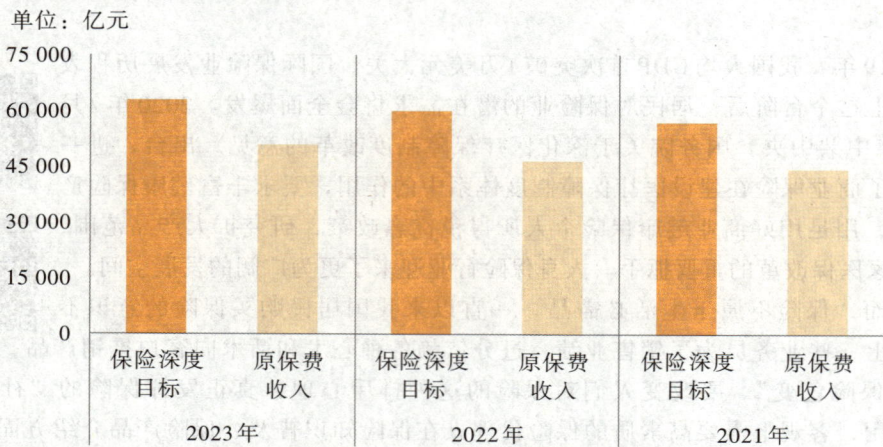

图0-1 2021—2023年保险深度目标与原保费收入对比图

资料来源：作者根据国家统计局、国家金融监督管理总局发布的统计数据整理制作。

此外，从人身保险三大险种所占份额上（如图0-2所示）看到，健康险近几年势头迅猛，所占份额逐年提高，说明我国居民的保险意识在不断增强，保险需求被逐渐唤醒。尽管与发达国家相比，其覆盖水平相对偏低，但未来保险市场还有巨大的增长空间。在此背景下，我国保险代理人仍有良好的发展前景。我国多家保险企业已经开始优化人力资源结构，专业知识、职业素养不达标的保险代理人将逐步被淘汰，优秀保险代理人未来的发展空间依然较大。对于高等职业院校金融类专业的学生来说，保险代理人是除银行职员以外的另一种可以大展拳脚的金领职业。

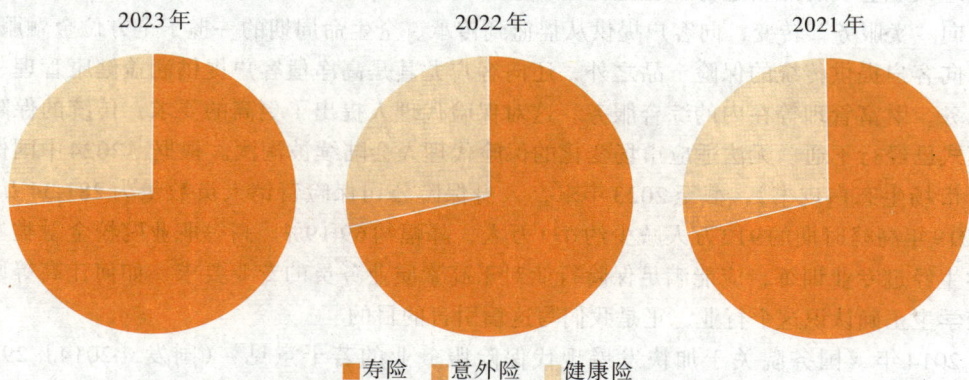

图0-2 2021—2023年人身保险三大险种所占份额

资料来源：作者根据国家统计局、国家金融监督管理总局发布的统计数据整理制作。

中国正在从世界大国向世界强国的路上迈进，中国经济也正在以世界瞩目的速度腾飞。作为金融业的"三驾马车"之一，保险业的发展不管是过去、现在还是将来，都会对中国经济发展起到举足轻重的作用。中国保险业正处在一个发展的关键时期，监管机构也不断出台政策引导保险行业回归保险的本源，追求有价值、有温度的发展。随着保险行业的市场化改革逐步深化，保险公司正通过自身的全面转型，在规范化、专业化、全民化和科技化上精耕细作，促进保险行业的高质量发展。同学们可把握这个契机，顺应潮流，实现个人事业的腾飞。

项目一

保险概述

学习目标

知识目标：认识风险及其种类；明确保险与风险的关系；掌握保险的概念、特性及分类。

技能目标：理解并掌握选择风险的处理方法；能结合实际较好地理解保险的职能和作用。

素养目标：通过保险职能和作用的讲解，了解保险为社会主义市场经济发展保驾护航的作用，同时通过经典案例的介绍强化爱国主义教育，践行社会主义核心价值观。

任务一　为什么需要保险

微课 1-1

风险是客观存在的，它的发生不以人的意志为转移。而保险是人类社会用来处理风险发生后所造成的经济损失的一种有效手段，是一种典型的风险管理手段。

一、风险及其分类

（一）风险的定义与特征

由于国内外学者对风险界定的角度不同，风险的定义也有很多种。较为普遍的观点是：风险是一种客观存在的、对损失的发生可能产生影响的一种不确定性的状态。它有以下几个特征：

1.客观性

客观性是指风险是一种不以人的主观意志为转移的客观存在，是不可能消灭的。这一特征包括两层含义：一是不论人们是否意识到，风险都是客观存在的，如吸烟会增加肺癌发生的可能性是人们后来才认识到的，但这种风险在人们未认识到它之前就已经存在了了；二是人们可能会在一定时间和空间内改变风险存在和发生的条件，降低风险发生的频率与损失程度，但无法消灭风险。

2.损失性

损失性是指风险发生后必然造成一定的经济损失或产生特殊的经济需要，如产生医疗费用等。也就是说，风险是与损失相联系的，撇开可能发生的损失谈论风险是毫无意义的。

3.不确定性

不确定性是指风险的发生时间及损失程度具有偶然性。风险的不确定性表现在三个方面：一是空间上的不确定性。以火灾为例，所有的建筑物都面临火灾的危险，但是具体到某一栋建筑，是否发生火灾，则是偶然的。二是时间上的不确定性。比如人总是要去世的，但是何时去世，在健康状况正常的情况下是不可预知的。三是损失程度的不确定性。比如台风区和洪涝区，人们往往知道每年或大或小要遭受台风或洪水的袭击，但是人们无法预知未来年份发生的台风或洪水所造成的财产损失与人身伤亡的程度有多大。

4.普遍性

普遍性是指风险存在于人类社会的方方面面，无处不在，无时不有。可以说，自从人类出现后就面临着各种各样的风险，比如自然灾害、疾病、战争、失业、破产等，它们随时威胁着人类的生命和财产的安全。

5.社会性

社会性是指风险具有社会属性，而不具有自然属性。就自然现象本身而言，无所谓风险，各种自然灾害、意外事故可能只是大自然自身运动的表现形式。然而，当灾害事故与人类相联系，对人类的财产、生命等造成损失时，对人类而言就成了风险。因此，没有人类社会，就没有风险可言。

6.可测性

可测性是指可保风险发生的概率和损失的大小是可以估算的。可保风险的发生具有偶然性和不确定性，但人们通过对大量风险事故的观察，能够发现风险及其损失的发生具有一定的规律，并可以利用概率和数理统计的方法测算风险发生的概率及损失的大小。

7.变化性

变化性是指风险在一定的条件下，有可能发生变化。一方面，随着科学技术的发展和普及，可能产生一些新的风险，同时有些风险还会发生性质的变化；另一方面，随着人们对风险认识程度的增强和风险管理方法的完善，有些风险在一定程度上得以控制，可降低其发生的频率和损失程度，导致风险量的变化，甚至还有一些风险可能在一定的时间和空间范围内被消除。总之，随着人类社会的进步与发展，既可能使新的风险产生，也可能使原有的风险发生变化。

（二）风险的构成要素

风险的存在、发生和变化是由风险的构成要素共同作用的，这些要素包括风险因素、风险事故和风险损失。

1.风险因素

风险因素也称风险条件，是指促使或引起风险事故发生的条件。风险因素是致使风险事故发生的直接原因。根据风险因素的性质，风险因素可分为有形风险因素和无形风险因素。

有形风险因素也称物质风险因素，是指那些看得见的、能导致或增加风险事故发生机会或扩大损失程度的物质因素。例如，爆竹是引起爆炸事故的实质风险因素；崎岖的盘山公路相对于平坦的公路发生交通事故的可能性要大得多。

无形风险因素是指人们观念、态度等看不见的却影响损失可能性和损失程度的因素，它包括道德风险因素和心理风险因素两种。其中，道德风险因素是指由于人们的恶意行为或不良企图，故意促使风险事故发生或扩大损失程度的因素，如欺诈、纵火等制造虚假保险理赔案。心理因素是指由于人们主观上的疏忽或过失，致使风险事故发生的机会增加或程度扩大的因素，如外出忘了锁门，增加了偷窃风险发生的可能性等。

2.风险事故

风险事故也称风险事件，是指引起财产损失和人身伤亡的直接原因，如火灾、地震、洪水、疾病、车祸等都是风险事故。

风险事故是造成损失的直接原因或外在原因，是损失的媒介物。也就是说，风险只有通过风险事故的发生，才会造成损失。风险事故是风险因素和风险损失的中间环节。例如，汽车制动失灵造成车祸与人员伤亡，其中制动失灵是风险因素，车祸是风险事故，人员伤亡是风险损失。

3.风险损失

风险损失是指非故意的、非计划的、非预期的经济价值的减少、消灭以及额外费用的增加，如由风险事故导致的直接财产损失、施救费用、利益损失以及应承担的法律责任等。

风险构成要素之间的关系如图1-1所示。

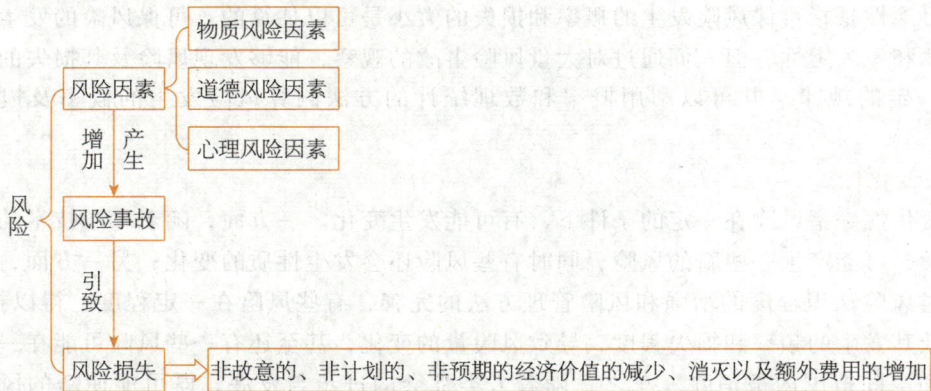

图1-1　风险构成要素之间的关系

风险是由风险因素、风险事故和风险损失三者构成的统一体。一方面，风险与损失机会之间存在密切的关系。损失机会的大小在一定程度上反映了风险的程度，损失机会越大，风险越大；而如果损失机会越有规律，越易被人们把握，那么风险也就可能越低。但是它们之间的关系并不是绝对的，也就是说，并不是所有风险都必然造成损失，损失不完全以风险为由。例如，财产的折旧损失，就是一种可以预计后果的损失。另一方面，风险因素、风险事故以及风险损失之间存在着因果关系：风险因素的增加或产生，有可能导致风险事故发生并引起风险损失，从而产生实际结果与预期结果之间的差异程度，即风险。

（三）风险的分类

在现实生活中，人们面临的风险是多种多样的，根据不同的研究目的会有不同的标准，风险可以分为很多种类。这里介绍与风险管理密切相关的几种分类。

1.按风险损害的对象分类

按风险损害的对象分类，风险可以分为人身风险、财产风险、责任风险和信用风险。人身风险是指人们因生老病死而产生的经济风险，如由于人的去世、年老而造成的收入减少，由于生病而造成的医疗费用等。财产风险是指因财产发生损毁、灭失和贬值而使财产所有人遭受的经济风险，例如因火灾、爆炸、雷击、洪水等事故可能引起财产的直接损失及相关的利益损失，由于盗窃造成的财产损失等。责任风险是指由人们的过失或侵权行为导致他人财产发生损失或人身伤亡，其在法律上负有经济赔偿责任的风险，例如，驾驶汽车不慎撞伤行人，司机需要对行人赔偿，构成司机的责任风险。信用风险是指在经济交往中，权利人和义务人之间由一方违约或违法而导致对方发生经济损失的风险。

2.按风险发生的原因分类

按风险发生的原因分类，风险可以分为自然风险和社会风险。自然风险是指由自然现象所导致的风险，如地震、洪水、泥石流、台风等所导致的人身伤亡、财产损失的风险。社会风险是指由于人为原因引起的风险，这种风险的特性是与人类自身（包括自然人、法人、社区和政府）的行为密切相关的。例如，由偷窃、抢劫、罢工、动乱等个人或团体行为的反常所导致的风险就是社会风险；由种族、宗教、国家之间的冲突等政治原因导致的风险也属于社会风险；由经济因素变动或决策失误导致的产量变动或价格涨跌等产生的经济风险也属于社会风险。

3.按风险的性质分类

按风险的性质分类，风险可以分为纯粹风险和投机风险。纯粹风险是指只有发生损失的可能性而无获利机会的风险，即纯粹风险所导致的结果只有两种：损失和无损失，没有获利的可能性。例如，房屋失火、车祸、人身伤害、侵权责任等都属于纯粹风险。纯粹风险的发生所带来的结果往往是社会发生净损失，因而，保险人通常将纯粹风险视为可保风险。投机风险是指存在损失的可能性，也存在获利的可能性的风险，即投机风险所导致的结果有三种：损失、无损失和获利。例如，投资股票、进行新产品开发、参与博彩等活动就存在投机风险。投机风险发生的一般后果往往是社会财富的转移，不一定会发生社会净损失。投机风险是不可保风险。

4.按风险涉及的范围分类

按风险涉及的范围分类，风险可以分为基本风险和特定风险。基本风险是指与某个行业或经济环境相关的普遍风险，它们可能会对整个市场或大部分企业产生影响。例如，经济衰退、通货膨胀和政策变化等都属于基本风险。这些风险是无法避免的，它们与整体经济环境密切相关。而特定风险则是指与某个特定企业或项目相关的具体风险，它们可能会对该企业或项目产生直接影响。例如，竞争对手的进入、产品质量问题和管理失误等都属于特定风险。这些风险是可以通过适当的管理和控制来减少或避免的。

微课1-2

5.按风险产生的环境分类

按风险产生的环境分类，风险可以分为静态风险和动态风险。静态风险是指自然力的不规则变动或人们行为错误或失当所导致的风险。静态风险一般与社会的经济、政治变动无关，在任何社会经济条件下都是不可避免的。动态风险是指以社会经济的变动为直接原因的风险，通常由人们欲望的变化、生产方式和生产技术以及产业组织的变化引起。比如，人口的增加、资本的成长、技术的进步、产业组织效率的提高、消费者爱好的转移、政治经济体制的改革等，都可能产生风险。

二、风险管理与保险

（一）风险管理的概念

风险管理是指个人或组织通过对风险的认识、衡量和分析，选择最有效的方式，主动地、有目的地、有计划地处理风险，以最小的成本争取获得最大安全保证的管理方法。

个人或组织通过对风险的识别和度量，选择合理的风险处理方法，以尽量小的成本去争取最大的安全保障的科学管理方法。

风险管理起源于20世纪50年代的美国，当时美国一些大公司发生了重大损失，使公司高层决策者开始认识到风险管理的重要性。其中一次是1953年8月12日通用汽车公司在密歇根州的一个汽车变速箱厂因火灾损失5 000万美元，成为美国历史上损失最为严重的15起重大火灾之一。这场大火与20世纪50年代其他一些偶发事件一起，推动了美国风险管理活动的兴起。1979年3月美国三里岛核电站的爆炸事故、1984年12月美国联合碳化物公司在印度的一家农药厂发生的毒气泄漏事件以及1986年切尔诺贝利核电站爆炸等一系列事件，大大推动了风险管理在世界范围内的发展。

人们逐渐认识到风险管理的重要性，使得风险管理逐步成为企业现代化经营管理中的一个重要组成部分。现如今，在西方发达国家，大企业均设有风险管理机构，并设有风险管理人、风险管理顾问等，专门负责企业多种风险的识别、风险测定和风险处理。风险管理部门已成为企业中的一个重要职能部门，它与企业的计划、财务、会计等部门共同为实现企业的经营目标而努力。

（二）风险管理的过程

风险管理是一个连续的行为过程，它主要包括风险管理目标的确定、风险识别、风险估算、风险处理方式的选择和实施、风险管理效果的检查和评估等环节。

1.风险管理目标的确定

风险管理的目的是选择最经济和最有效的方法，以最小的风险成本获得最大的安全保障。为此，风险管理既要在风险事故发生前入手，又要在风险事故发生后继续。相应地，风险管理目标可以分为损失前的管理目标和损失后的管理目标。

损失前的管理目标是：选择最经济有效的方法来减少或避免损失的发生，将损失发生的可能性和严重性降到最低程度。损失后的管理目标是：尽可能减少直接损失和间接损失，使其尽快恢复到损失前的状态。对企业来说，损失前的管理目标主要是节约经营成本，提高经济效益，减少员工的焦虑情绪，使企业保持高效运行；损失后的管理目标主要是维持企业经营、收入的稳定，保持企业良好的社会形象等。

2.风险识别

风险识别是指在风险事故发生前，通过多种有关资料的系统分析，认识所面临的各种现实和潜在风险，分析风险事故发生的潜在原因并确定风险的性质。识别风险是风险管理的基础，只有风险识别准确，才能进行风险的估算，才能有的放矢地选择和实施风险管理措施。风险的识别，既可以依靠感性认识和经验判断等主观方法，也可以利用财务分析法、流程分析法、实地调查法、损失分析法等客观方法进行分析和归类整理，在此基础上鉴定风险的性质，即确定可能发生的风险是属于动态风险还是静态风险，是纯粹风险还是投机风险，是可管理风险还是不可管理风险等。只有确定了风险的性质，才有可能采取有效的处理措施。

3.风险识别

风险识别是指在风险识别的基础上，根据所掌握的资料，测定风险事故发生的频率和可能造成的损失的严重程度，也就是运用概率统计方法对风险事件的发生和风险事件的后果加以估计，从而得出一个相对准确的概率水平。在风险估算中，风险管理人应将损失程度与风险频率结合起来，对各种风险按照严重程度进行排序，然后根据系统的危险等级，决定是否需要采取控制措施，以及控制措施采取到什么程度。风险估算不仅使风险管理建立在科学的基础上，而且使风险分析定量化，为风险管理部门进行风险决策、选择最佳管理技术提供可靠的科学依据。

4.风险处理方式的选择和实施

根据风险估算的结果，为实现风险管理目标，风险管理者应选择最佳风险管理技术并实施。风险管理技术分为控制型和财务型两大类。控制型风险管理技术的目的是降低损失频率和减少损失幅度，重点在于改变引起意外事故和扩大损失的各种条件，具体包括风险回避、风险预防、损失抑制等方法；财务型风险管理技术的目的是以提供基金的方式，消化发生损失的成本，即对无法控制的风险所做的财务安排，具体包括风险自留和风险转嫁两种方法。

5.风险管理效果的检查和评估

风险管理效果的检查和评估是对所采用的风险处理方法的实施情况及效果进行分析、检查、评估和修正。这是风险管理的最后一个环节，也是非常重要的一个环节。通过检查和评估，可以及时发现错误，纠正错误，减少成本，同时总结经验，积累资料，提高风险管理水平。

（三）风险管理的方式

风险管理技术分为控制型和财务型两大类。

1.控制型风险管理技术

控制型风险管理技术的实施是指在风险分析的基础上，针对存在的风险因素采取控制技术以消除风险因素，或减少风险因素的危险性。其主要表现为：在事故发生前降低事故发生的频率；在事故发生时将损失减少到最低限度。

控制型风险管理技术主要包括以下几种方式：

（1）风险回避。风险回避是指通过放弃活动来回避损失发生的可能性。风险回避是处理风险的最简单、最彻底的措施，然而其有明显的局限性：首先，有些风险是无法回避的，如人不可能回避死亡，企业不可能回避基本风险等；其次，回避一类风险可能会导致另一类风险的发生，如不乘飞机而改乘其他交通工具，仍然存在风险；最后，回避风险可能造成利益的损失，如避免股票投资风险，同时也失去了股票投资收益。风险回避的方法一般适用于以下三种情况：第一，某种特定风险所致的损失的概率和损失程度相当高；第二，处理风险的成本大于其产生的效益；第三，存在其他选择的机会。

（2）风险预防。风险预防是指采取预防措施和保护措施，以努力减少损失发生的可能性和频率，减轻损失的程度，也就是防损和减损。风险预防通常在损失频率高但损失幅度低时采用。损失预防措施可分为工程物理法和人类行为法两种。工程物理法是指损失预防措施侧重于风险单位的物质因素的一种方法，例如防火结构设计、防盗装置的设置等。人类行为法是指损失预防侧重于人们行为教育的一种方法，例如职业安全教育、消防教育等。

（3）损失抑制。损失抑制是指在损失发生时或损失发生后为缩小损失幅度而采取的各项措施，例如安装自动喷淋系统和火灾报警器等。损失抑制通常在损失程度较高且风险又无法避免和转嫁的情况下采用。

2.财务型风险管理技术

由于各种因素的制约，人们对风险的预测不可能绝对准确，而防范损失的各种措施都具有一定的局限性，所以某些风险事故的损失后果是不可避免的。财务型风险管理技术是指通过事故发生前所做的财务安排，来解除事故发生后给人们造成的经济困难和精神忧虑，为生产自救、恢复经济、维持正常生活等提供财务基础。

财务型风险管理技术主要包括以下几种方法：

（1）风险自留。风险自留是指个人或单位自己承担风险损失。风险自留有时是主动的，如人们经过慎重考虑，认为风险可能造成的损失在经济上是微不足道的，或经过权衡认为自己采取相应的措施来承担风险比购买保险等更经济、更合算。但风险自留也可能是被动的，如没有意识到风险的存在，或虽意识到了但对风险造成损失的严重性估计不足，或轻信风险可以避免，或对风险听之任之，或风险自留是不得已的唯一对策。通常风险自留的方式是在风险所致损失频率和幅度均较低，且风险所致最大损失不影响企业或单位的财务稳定时使用。

（2）风险转移。风险转移是指一些单位或个人为避免承担风险损失，而有意识地将损失或与损失有关的财务后果转嫁给另一些单位或个人去承担的一种风险管理方法。这种以转移风险成本为特征的财务处理方法包括保险转移和非保险转移。

保险转移是指单位或个人通过与保险公司订立保险合同，以缴纳保险费为代价，将其面临的财产风险、人身风险和责任风险转嫁给保险人承担。当发生风险损失时，保险人按照合同约定责任给予经济补偿。保险转移作为风险转移方式之一，有很多优点，在社会上得到了广泛的运用。但是需要注意的是，保险转移是以保险费为条件的，转移之前就发生了风险处理成本。在考虑保险转移时，应充分考虑保险转移的成本问题，因为对于有些风险，保险转移成本可能比风险自留的成本高得多。

非保险转移是指单位或个人通过经济合同，将损失或与损失有关的财务后果转移给另一单位或个人去承担的方法。非保险转移又具体分为出让转移和合同转移两种方式。出让转移是指风险管理人将可能遭受损失的财产或可能产生风险的活动直接转移给他人。例如，危房出售、积压产品甩卖及经营不景气的企业转让等。合同转移是指单位或个人不是通过购买保险的方法转移风险，而是通过其他经济合同，将损失或与损失有关的财务后果转移给另外一些单位或个人去承担。例如，建筑商通过与施工队签订建筑工程合同，规定在施工过程中所产生的一切风险和损失均由后者自行负责的办法，将风险转移出去。非保险转移的优点在于应用范围很广，费用低廉，灵活性强，特别是经济活动过程中出现的各种风险，往往保险公司不予承保。因此，非保险转移方法有着广泛的空间。然而，非保险转移常常受到法律的限制，而且有些风险根本无法通过非保险转移的方法来处理。

不同的风险类型宜采用不同的风险应对策略，一般规则如图1-2所示。

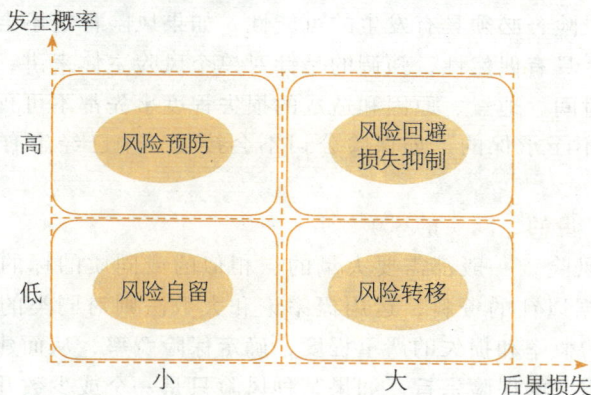

图1-2　风险应对策略的运用

（四）风险管理与保险的关系

风险需要管理，以减少其发生的频率和损失。在风险管理中，对不同的风险有不同的处理方法，其中保险是使风险损失转移的重要手段。因此，风险管理与保险有着密切的关系。

1.风险管理和保险都以风险为研究对象

风险的存在是保险产生和发展的前提，并成为保险经营的对象。经营保险就必须研究风险，弄清风险变化的规律，从而根据形势的变化设计新险种，开发新业务，使保险业获得持续发展。风险管理则是研究风险发生的规律，通过运用各种风险管理技术达到对风险实施有效控制的目的。可见，风险管理和保险都是以风险为研究对象。当然，风险管理所管理的风险要比保险的范围更广泛，保险只是风险管理的一种财务手段，并且不是所有风险都可以通过保险进行管理。

2.风险管理和保险都将大数法则等数学原理作为其分析基础和方法

大数法则是近代保险业赖以建立的数理基础，在这一基础之上，将个别风险以及遭受损失的不确定性变成多数风险单位可以预知的损失，使保险费的计算变得较为科学。企业的风险管理就是从保险开始，进而逐步发展形成的。也就是说，保险为风险管理提供了丰富的经验和科学资料，风险管理源于保险。

3.保险是对特定风险的管理

保险管理的风险是特定的，保险仅以在其技术条件下可以承保的风险为管理对象，虽然这种可保风险的限制将随着保险技术手段的提高而日益减少，但商业行为的保险必有除外责任。对风险管理而言，只要是风险就得面对，并拿出管理的计划与方法。

（五）可保风险

尽管风险管理和保险有着密切联系，都以风险为研究对象，但二者所管理的风险的范围有所不同，具体表现在：风险管理是管理所有的风险，包括纯粹风险和投机风险；而保险只局限在纯粹风险中的可保风险上，也就是说只有可保风险才是保险人可以承保的风险。作为可保风险，需要满足以下条件：

1.风险的发生具有偶然性

保险人承保的风险，必须具有发生的可能性，如果风险肯定不会发生，保险也就没有必要。风险的发生具有偶然性，强调的是针对单个风险主体来讲，风险的发生与否以及风险发生的具体时间、地点、原因和造成的损失程度事先都不可预知，如果风险必然会发生，保险人是不予承保的，如保险公司不会接受一个已经患有癌症的病人投保健康险。

2.风险必须是大量的、同质的风险

任何一个可保风险，一般都需要大量的、相似的或同质的标的存在。因为只有这样，保险人才能根据以往的资料，运用概率论和大数法则对同类的风险进行统计、分析，计算风险发生的概率和损失的严重程度，确定保险费率，从而建立起相应的赔付基金，实现"损失共担"的保险宗旨。如果某种风险只是一个或少数几个，就失去了保险的大数法则基础，保险人承保该类风险等于下赌注或进行投机。

3.风险的出现必须是意外的

风险的意外性包含两层含义：一是风险的发生或风险损害后果的扩展都不是投保人的故意行为。投保人的故意行为引发的风险事件或扩大损害后果均为道德风险，保险人是不予赔偿的。二是风险的发生是不可预知的，因为可预知的风险往往带有必然性。比如，适航的海轮在海上出险是不可预知的，而不适航的海轮由于出险的概率相当大，在海上出险可以说是可预知的，因此保险人不予承保。

4.风险应有发生重大损失的可能性

对于保险人承保的风险，通常具有导致重大损失的可能性。如果损失发生的可能性很大，但损失程度是轻微的，购买保险从经济上看是不合理的，完全可以通过风险自留来解决；相反，即使损失发生的可能性并不大，但损失发生的潜在后果很严重，通过购买保险来获得保障也是经济的。

☑ **知识拓展 1-1** --

气象助再保险摸清"底数"管控风险

2025年初，美国加利福尼亚州洛杉矶的一场野火无情地吞噬着大片土地。这场野

火的肆虐有着复杂的原因，极端天气无疑为火势蔓延提供了"助力"。业内人士初步预计，这场灾难已经造成100亿美元至300亿美元的巨额损失，而且随着后续环境修复、基础设施重建等工作的开展，损失将进一步扩大。

随之而来的是天价保险理赔。"这并非简单的保险公司买单即可。"自然资源保护协会（NRDC）绿色金融与经济发展项目分析师裴绍钧向《金融时报》记者解释。美国商业保险公司为了应对气候灾害造成的巨额赔付压力，不得不采取一系列举措：一方面不断提高保费，另一方面大幅限制承保范围，甚至对于一些气候脆弱地区完全终止保险业务，这让当地民众在面对未来可能发生的灾害时，陷入不安与无助之中。

实际上，如何应对极端天气等意外，已然成为保险公司等金融机构的紧迫课题。近年来，极端天气如同一只狂暴失控的巨兽，肆虐的脚步从未停歇，频繁冲击着人类社会的各个角落。暴雨倾盆引发城市内涝，高温炙烤下森林大火熊熊燃烧……这些灾害不仅给生态环境带来毁灭性打击，让无数动植物失去栖息家园，还给人类的日常生活蒙上阴霾。

绿色金融作为连接金融资本与生态保护的桥梁，涵盖绿色信贷、绿色债券、绿色保险等多种金融工具，可有效引导资金流向低碳、环保、可持续发展项目，缓解极端天气带来的危机。那么，在极端天气频发背景下，绿色金融如何更好地发挥作用，如何帮助市场抵御风险呢？

对于保险公司来说，会因为更频繁、更严重的理赔而面临更高的赔付成本，从而可能影响其盈利能力，而资产管理公司的投资组合也可能因为极端天气事件而面临严重贬值。

国际上典型的保险产品包括巨灾保险和天气指数保险，其中，巨灾保险又包括洪水保险、飓风保险等。与一般保险不同，天气指数保险不是根据产生的实际损失来理赔，而是根据预先确定的触发因素（如风速或降雨量）进行赔付。这类指数保险产品已被农业贷款机构和小额信贷机构用来帮助客户在灾后迅速恢复，也避免了大面积的贷款违约，降低了金融风险。例如，纽约市启动了一项洪水保险试点计划，为洪水高风险社区里的中低收入的居民提供了快速和灵活的资金支持，且无须等待漫长复杂的定损过程，大大加快了赔付速度。

我国在这方面也有尝试。例如，在巨灾保险方面，深圳市早在2014年就开启了巨灾保险的试点工作。为保障巨灾赔付顺利进行，深圳市政府出资设立了专款专用的巨灾基金，并建立了由1家保险公司牵头、7家保险公司共同承保的"共保体"模式。在天气指数保险方面，2024年，安信农业保险和浙商期货在上海市松江区开展了"水稻高温气象指数保险+衍生品"试点项目，通过挂钩"中央气象台—大商所温度指数"，为高温天气可能给当地4 000余亩水稻带来的农业生产损失提供了保障。

资料来源：马梅若. 气象助再保险摸清"底数"管控风险［N］. 金融时报，2025-02-12.有删减。

任务二　什么是保险

在日常生活中，有些行为从表面上看与保险很类似，如赌博、储蓄、救济等，由此使许多人对保险产生了模糊甚至错误的认识。保险学中的"保险"到底是什么含义？如何将它与类似的行为相区别？这正是本任务要讨论的内容。

一、保险的定义

《中华人民共和国保险法》（以下简称《保险法》）第一章第二条规定：保险是指投保人根据合同约定，向保险人支付保险费，保险人对于合同约定的可能发生的事故因其发生所造成的财产损失承担赔偿保险金的责任，或者当被保险人死亡、伤残、疾病或者达到合同约定的年龄、期限等条件时承担给付保险金责任的商业保险行为。

对于保险内涵的理解，人们一般从经济、法律及社会功能三个方面把握。

（一）从经济的角度看

从微观角度上说，保险主要是分摊灾害事故所致损失的一种财务安排。保险组织集中了许多单位和个人的危险，通过精确计算，确定费率，建立专用基金，以补偿财产损失或对人身事件给付保险金，使少数人或单位的损失由包括受损者在内的所有人或单位来分摊。从宏观角度上说，保险又表现为一种金融活动。保险组织通过收取保险费聚集了大量资金，再对这些资金进行运作，实际上在社会范围内起到了资金融通的作用，所以保险组织也是一种金融中介机构。

（二）从法律的角度看

保险是一种合同行为，即通过订立合同的方式，明确投保人和保险人之间的权利与义务关系。保险人的权利是向投保人收取保险费，义务是当约定的风险事故发生后向被保险人进行赔偿或给付保险金。投保人（或被保险人）的权利是当约定的风险事故发生后向保险人要求赔付，义务是向保险人缴付保险费并履行合同约定的其他义务。可见，保险是依法按照合同的形式体现其存在的。

（三）从社会功能的角度看

保险是有效转移风险、保证社会稳定的一种手段。保险使投保人（或被保险人）通过确定的、数额很小的保险费付出，获得在风险事故发生后遭受损失所给予的经济补偿，迅速恢复生产和生活，从而有助于整个社会的经济生活的稳定运行，因此保险有"社会稳定器"之称。

> **知识拓展 1-2** ··
>
> ### 现代商业保险的起源
>
> 世界上最早的保单诞生于1347年10月23日。这天意大利商船"圣·克勒拉"号要从热那亚运送一批贵重的货物到马乔卡。这段航程虽然距离不远但极度危险，极有可能遇到地中海的飓风。"圣·克勒拉"号的船长不想冒这么大的风险，但又不愿意失去这一笔大生意，他为此非常为难。这时，在朋友的建议下，他找到了意大利商人乔治·勒克维伦，说明情况后，双方约定：船长先存一些钱在乔治·勒克维伦那里，如果6个月内

"圣·克勒拉"号顺利抵达马乔卡，那么这笔钱就归乔治·勒克维伦所有，否则，乔治·勒克维伦将承担船上货物的损失。这样的协议在今天看来就是一份真正的保险，这也成为现代商业保险的起源。

西班牙称霸海上世界后，欧洲商人的贸易范围也急剧扩大，这大大促进了海上保险的发展，但随之而来的纠纷也越来越多。于是，1435年，西班牙的巴塞罗那颁布了世界上最早的海上保险法典。1556年，西班牙国王腓力二世颁布法令对保险经纪人加以管理，确定了保险经纪人制度。1563年，西班牙的安特卫普法令对航海以及海上保险办法和保单格式作了较明确的规定。这一法令以及安特卫普交易所的习惯做法后来被欧洲各国普遍采用，保险制度逐渐趋于成熟和完善。

大航海时代造就了西班牙，而海对面的欧洲邻居英国也时刻对这位富得流油的海上霸主虎视眈眈。自16世纪开始，英国就经常在西班牙的殖民地进行走私贸易，抢劫西班牙运送金银的船队，并袭击西班牙的海外殖民据点，两国的冲突由此愈演愈烈，到了公元1587年，终于爆发了一次大战。由于英国海军的精密部署和西班牙的连续失误，当时名不见经传的英国海军大破不可一世的西班牙"无敌舰队"，一举站上世界舞台之巅。从此以后，英国逐步发展成为在世界贸易和航运业有垄断优势的殖民帝国，这带动了保险的巨大需求，为英国商人开展海上保险业务提供了有利条件。

进入中世纪封建社会，在欧洲各国的城市中出现了各种行会，如工匠行会、商人行会、村落行会、宗教行会、社交行会等，这些行会或多或少都带有相互扶助的性质，扶助范围涉及死亡、贫困、疾病、衰老、伤残、火灾、盗窃、监禁及诉讼等不幸事件的发生对人身及财产所造成的损失。这些行会所体现的互助精神构成了社会保险的雏形，为现代保险制度的产生奠定了基础。

资料来源：作者根据相关资料整理。

二、保险的特性

（一）保险的基本特征

保险的基本特征主要有：

1.经济性

经济性是指保险是通过保险补偿或给付而实现的一种经济保障活动。其保障的对象财产和人身都直接或间接属于社会再生产，其实现保障的手段大多最终都采取支付货币的形式进行补偿或给付，其保障的目的是促进社会经济发展。

2.互助性

互助性是指保险在一定条件下分担少数单位和个人所不能承担的风险，从而形成一种经济互助关系，体现"一人为众，众为一人"的互助特征。

3.法律性

法律性是指保险是以合同形式建立当事人之间的保险关系，保险当事人都要履行合同规定的权利与义务。

4.科学性

科学性是指保险是以概率论和大数法则等数理模型为依据厘定保险费率的。其科学性还体现在，保险是一种科学处理风险的有效措施。

（二）保险与其他类似行为的比较

1. 保险与赌博

保险与赌博确有类似之处，即货币的转移都是以不确定的随机事件为基础的。例如赌博，两人为一场球赛打赌，赌注为100元。如果甲队获胜，某人将赢得100元；如果乙队获胜，他将输掉100元。可见，保险与赌博都是因不确定的随机事件发生而获得金钱或财物的经济行为。但二者仍有许多不同之处：

（1）目的不同。保险的目的是互助共济，谋求经济生活的安定；赌博的目的是损人利己，侥幸图利。

（2）与风险的关系不同。保险没有增加风险总量，它只是将客观存在的、可能发生的风险损失，由参加保险的一方转移到另一方；而赌博创造并增加了风险，即赌博中的风险是由赌博行为本身引起的。

（3）结果不同。保险面对的是纯粹风险，只有损失的可能，而无额外获利的机会；赌博面对的是投机风险，具有损失和额外获利的双重可能。

（4）与随机事件的关系不同。保险要求投保人对保险对象必须有可保利益，投保人不能对与他毫不相关的标的物投保；而赌博无此限制，所赌的事件五花八门，往往与参赌者没有经济利益关系。

2. 保险与储蓄

二者的共同点在于都是用现在的物质剩余为将来做准备，尤其是人寿保险中的一些险种与储蓄一样，都是为将来的经济需要进行资金积累。但二者的区别仍然存在：

（1）支付的条件不同。保险的赔付是不确定的，无论已缴纳了多长时间的保险费，只有保险事故发生后，被保险人才能领取保险金；而储蓄的支付是确定的，存款人可自行确定提取本金的时间，并要求银行支付利息。

（2）体现的经济关系不同。保险是一种互助性的经济行为，是用众人的保费补偿少数人的损失；而储蓄是一种个人的自助经济行为，个人留出一部分财产以备将来之需，无须求助他人。

（3）计算技术要求不同。保险是集合多数经济单位所交的保险费，以备将来赔付少数单位和个人的损失，需要有特殊的分摊计算技术；储蓄则不需要。

3. 保险与救济

二者都是补偿灾害事故损失的行为，它们的目的都是使社会生活恢复正常、保持稳定。但二者的区别也很明显：

（1）提供补偿的主体不同。保险补偿是由保险经营者提供的，是一种商业行为；而救济的提供者较广泛，有政府、慈善机构、企业单位、个人等，如社会各界的慈善活动。

（2）补偿的资金来源及数额不同。保险补偿以投保人缴纳的保险费建立的保险基金为来源，保险赔偿金的数额要根据损失情况而定，且与投保人缴纳的保险费直接相关；而救济的资金一部分来源于政府的财政支出（政府救济，但标准较低），更多的则靠社会各界的捐献，救济金的多少随捐献者的心愿而定。

（3）补偿的可靠性不同。保险是一种合同行为，投保人只要严格履行了按时按量交付保险费等义务，被保险人就能得到及时可靠的损失补偿；而救济尤其是民间救济行为，不受法律约束，是否救济、救济多少都由救济者自己决定，对被救济者而言，对损失的补偿没有充分的保障。

任务三 保险的种类

保险业随着现代社会经济的发展而迅速成长壮大，保险的领域不断扩大，险种日益增多。为便于保险业管理者、保险经营者及保险购买者对保险种类进行研究和认识，有必要对保险进行分类。比较常见的划分标准及其种类如下：

一、按性质划分的保险种类

保险按其性质不同，一般分为商业保险、社会保险和政策保险三种。

（一）商业保险

商业保险是通过自愿订立保险合同建立保险关系，由以营利为目的的保险企业经营的保险形式。即投保人根据合同约定，向保险人支付保险费，保险人对于合同约定的可能发生的事故因其发生所造成的财产损失承担赔偿保险金的责任，或者当被保险人死亡、伤残、疾病或者达到合同约定的年龄、期限时承担给付保险金的责任的保险行为。可见，商业保险是一种以合同形式确定双方保险关系的商业活动。作为保险人，经营商业保险的目的是营利，而投保人投保的目的是保险费要低于未来的损失预期，双方都出于经济利益的考虑。

（二）社会保险

通常所说的社会保险，包括养老、医疗、失业、工伤、生育等方面的保险，是国家强制实行社会政策的保险。实行的方式是单位、个人、国家三者按一定比例缴纳保险费，不能以个人名义参加。

国家的社会保障体系是以维持社会稳定为出发点，使大家得到一个最基本的保障，使老有所养、病有所医。但是，即使个人已经参加了社会保险，也很难完全化解人生所面临的风险。例如，社会养老保险在人口迅速老龄化、老年人口比重上升的基本背景下，只能满足他们退休后的基本生活需要，而不可能使他们的晚年生活达到社会的平均水平。社会失业保险在适龄劳动人口规模过大的前提下，只能保障失业人口有限期间内的基本生活，而不可能为他们提供无限期的生活保障。

（三）政策保险

政策保险是政府为了实现一定的政策目的，在特定领域运用商业保险的技术而开办的一种保险。在我们的现实经济活动中，有一些保险业务因风险性质特殊，既不便并入社会保险体系，也难以完全按照商业保险方式来经营，需要政府政策支持或财政补贴才能继续发展，如农业保险、出口信用保险、存款保险、巨灾保险等，一般是各国保险体系中的政策保险业务。

二、按标的划分的保险种类

根据保险标的的不同，保险可以分为人身保险和财产保险两类。

（一）人身保险

人身保险是将人的身体和寿命作为保险标的，将生存、年老、疾病、伤残、死亡等人身风险作为保险事故的一种保险。被保险人在保险期间因保险事故发生或生存到保险期满，保险人依照合同对其给付保险金。人身保险主要包括人寿保险、健康保险和意外伤害保险。

（二）财产保险

财产保险是将财产及其相关利益作为保险标的的一种保险。在保险期间，保险人承担保险标的因自然灾害或意外事故导致损失的经济赔偿责任。

财产保险有广义和狭义之分。狭义的财产保险专指以各类物质财产（有形财产）作为保险标的的保险；广义的财产保险，其标的除了有形财产之外，还包括与有形财产相关的利益、责任、信用等无形财产。这里所说的财产保险是广义的财产保险，它可以分为财产损失保险、责任保险、信用保险、保证保险等。财产损失保险即狭义的财产保险，通常包括企业财产保险、家庭财产保险、运输工具保险、运输货物保险等。责任保险、信用保险和保证保险都是以无形的利益为标的的保险。

三、按实施方式划分的保险种类

按实施方式的不同，保险可以分为强制保险和自愿保险两种。

（一）强制保险

强制保险又称法定保险，是指国家通过颁布法令强制实施的一种保险。投保人与保险人之间的权利、义务关系是基于国家法律、行政法规的效力而产生的，不论保险双方是否同意，都必须办理，且凡在强制保险法令范围内的保险标的都必须参加保险，否则不允许从事法律许可的业务活动。社会保险是典型的强制保险；商业保险中的个别险种，如机动车辆第三者责任保险也属于强制保险；政策保险通常表现为对承保方强制，即不得拒绝客户的政策保险投保要求，而对投保方实行自愿投保。

（二）自愿保险

自愿保险是指投保人和保险人在平等自愿的基础上，通过订立保险合同而建立保险关系的一种保险。对投保人来说，是否参加保险，选择哪家保险公司，选择何种保险，保险金额是多少等，都由自己决定；对保险人而言，是否予以承保，承保金额多大，适用何种费率等，也由自己决定。只有在双方协商一致的情况下，才能订立保险合同。自愿保险是商业保险实施的主要形式。

四、按投保人划分的保险种类

按投保人的不同，保险可分为企业保险、个人保险和团体保险三种。

（一）企业保险

企业保险是指将企业作为投保人的保险。企业保险的对象一般是企业的财产及其相关的经济利益，如企业财产保险、产品责任保险等。

（二）个人保险

个人保险是指将个人作为投保人的保险。个人保险的投保人是单个的自然人，被保险人也是单个的自然人或家庭，个人保险的对象既包括财产，也包括人的寿命、健康等，如个人健康保险、家庭财产保险等。

（三）团体保险

团体保险是指以企业单位等集体为投保人的保险。团体保险的投保人一般是该集体的法定代表人，被保险人是该集体的成员，即团体保险一般适用于人身保险，如企事业单位为其职工购买的团体健康保险，学校为学生购买的团体意外伤害保险等。

五、按承保风险划分的保险种类

按承保风险的不同，保险可分为单一风险保险、综合风险保险和一切险。

（一）单一风险保险

单一风险保险是指保险人只对被保险人面临的某一种风险提供保险保障。

（二）综合风险保险

综合风险保险是指保险人对被保险人所面临的两种或两种以上的风险承保并履行保险合同约定的经济赔偿责任。

（三）一切险

一切险是指保险人除了对保险合同中列举出来的不保风险外，对被保险人面临的其他一切风险都提供保险保障的保险。

保险的常见划分标准及其种类见表1-1。

表1-1   **保险的常见划分标准及其种类**

标　　准	种　　类
保险性质	商业保险、社会保险、政策保险
保险标的	人身保险、财产保险
实施方式	强制保险、自愿保险
投保人	企业保险、个人保险、团体保险
承保风险	单一风险保险、综合风险保险、一切险

任务四　保险的职能和作用

保险的职能是保险内在的固有的功能，它是由保险的本质和内容决定的。保险的作用是人们运用保险的职能产生的影响和效果。认识保险的职能和作用，有助于人们在现实活动中充分利用保险这一风险转移的有效手段，保障自身的经济生活的稳定乃至社会的稳定。

微课1-4

一、保险的职能

（一）保险的基本职能

保险的基本职能是指保险在一切经济条件下都具有的职能，它不会因经济条件等客观环境的变化而改变，是保险原始的、固有的职能。保险的基本职能有两个，即补偿损失和给付保险金。

1.补偿损失的职能

保险人通过向投保人收取保险费，建立保险基金，当被保险人遭受损失时，在保险金额限度内，用保险基金进行赔付，这样，被保险人的财产损失因保险人赔付而得到补偿。保险的这一基本职能实际上是将一部分人面临的风险分摊给所有投保人，从而从整体上提高对风险的承受能力。当然，保险的这一基本职能，更多地是从财产保险的角度来考察的。而对于除健康保险以外的人身保险而言，因为人的生命价值不能以货币来衡量以及人身保险的返还性等，所以人身保险的基本职能是给付保险金。

2.给付保险金的职能

保险的经济给付职能主要体现在人身保险（健康保险除外）中。人身保险的保险标的是人的寿命和身体，而它们无法用货币来衡量，人的疾病、伤残、死亡等不幸给个人或家庭带来的损失，只能由投保人根据经济需要提出具体的投保金额，保险人再根据所付的保险费等诸多因素全面衡量，确定适当的保险金额。一旦发生保险事故，保险人则按约定的保险金额予以给付。这里要特别说明的是，属于健康保险范畴的医疗费用保险、收入损失保险等险种，在被保险人发生了保险合同约定的保险事故时，保险人的赔付原则是损失补偿而不是经济给付。

（二）保险的派生职能

保险的派生职能是指保险随社会经济的发展、保险制度的演进而逐渐具有的职能。保险的派生职能主要有防灾防损和投资职能。

1.防灾防损职能

保险的这一职能是指保险人积极主动地参与、配合防灾防损活动，提高了社会的防灾防损能力。首先，保险公司有能力参与防灾防损活动。保险公司从核保到理赔的各个环节，需对风险进行科学识别、衡量和分析，通过精确计算的保费和赔偿金，有效保障被保险人的经济利益。为此，保险公司一般都设立了防灾防损机构，汇集了众多的专业技术人员，积累了丰富的防灾防损工作经验，有积极参与各种防灾防损工作的社会责任。其次，保险公司为了自身经营稳定和获得盈利，总是设法减少灾害事故发生的可能性及其损失，从而减少赔付金额。保险公司从自身利益出发，也会加强防灾防损工作，并乐于花费资金宣传防灾防损和向专职的防灾防损部门投资。再次，保险促进了防灾防损活动的加强。保险合同一般都有关于防灾防损的相应条款，赋予保险人督促投保人搞好风险管理的权力，要求投保人承诺承担搞好风险管理的义务。同时，保险公司还可以在保险费率上给予无赔款优待，鼓励投保人加强防灾防损工作。从实际情况来看，保险的防灾防损职能随着保险业务的发展而日益受到重视，在保险经营中占有重要地位。

✓ **知识拓展 1-3** ···

江门人保财险为林业基层单位提供护林装备145套 严防林业灾害发生

2025年1月，江门市自然资源局与中国人民财产保险股份有限公司江门市分公司（以下简称"江门人保财险"）举行护林巡护物资交接仪式。在江门市自然资源局的指导下，江门人保财险为林业基层单位提供护林装备145套，包含护林服、护林鞋帽及森林防火袖标，将有效提升护林巡护人员的防火能力及自身安全防护水平，严防林业灾害发生。

2024年10月以来，江门进入森林特别防护期，野外火源管控难度加大，火灾防控形势严峻且复杂。据悉，此次江门人保财险向基层单位提供护林巡护物资，旨在进一步推动基层护林队伍规范化建设，调动林业基层单位巡护人员的工作热情及积极性，增强巡山护林使命感和责任感，扎实做好森林防灭火工作，降低森林火灾风险，充分发挥护林队伍保护森林资源的主力军作用。

接下来，江门人保财险将继续参与森林防灾减损工作，为维护森林生态安全和人民群众生命财产安全保驾护航，同时呼吁广大市民，自觉遵守森林防火各项规定，主动学习掌握森林火灾预防和避险知识，不携带火种进山入林，共同守护绿水青山。

资料来源：傅雅蓉．江门人保财险为林业基层单位提供护林装备145套 严防林业灾害发生［N］．江门日报，2025-01-17.

2.投资职能

保险的投资职能是指保险公司将保险基金的暂时闲置部分加以运用，以使保险基金保值增值，确保偿付能力。由于保险费是预付的，保险赔偿或给付责任要在整个保险期内履行，且损失发生与赔付之间存在时间间隔，由保险费聚集而形成的保险基金就会出现暂时闲置。这就为保险基金参与社会再生产的资金循环运动提供了现实基础。保险公司运用暂时闲置的保险基金是保险资金运动的重要一环，投资能使保险基金保值增值，增强保险人的赔付能力，使得保险资金运动形成良性循环。从实际情况来看，投资职能随着保险业务的发展而日益受到重视，在保险经营中占有重要地位。在保险业发达的国家，保险基金的投资渠道相当广泛，投资收益已成为许多保险公司的主要利润来源，也为降低保险费率创造了条件。为了增强我国保险业的竞争能力，政府应进一步放宽保险资金的投资渠道，保险公司则应增强保险资金的运用能力。

☑ 知识拓展 1-4

我国古代的保险思想与救济制度

一、我国古代的保险思想

早在3 000年前，长江就已经成为横贯我国东西的主要交通要道，由于当时造船技术有限，加上长江水急浪高，经常发生船只倾覆、货物损失的事故。有一个年轻的四川商人名叫刘牧，他提出了一个办法，即改变过去那种把货物集中装载在一条船上的做法，把货物分装在不同的船上。由于采取了分装法，即使风险发生，产生的损失也被分摊到每个商人身上，对于具体的个人来说，损失可能由100%减少到10%，甚至更少。这种分散风险的方法在长江运输货物的商人中被广泛地运用，进而发展成了"船帮组织"。其分散风险由整个船队承担的做法，其实就是现代海上保险的原理与基础。这也是最古老的体现分散风险的保险思想，是风险在空间上的分散。

2 500年前，我国的《礼记·礼运》中就有这样一段话："大道之行也，天下为公，选贤与能，讲信修睦。故人不独亲其亲，不独子其子，使老有所终，壮有所用，幼有所长，矜、寡、孤、独、废疾者皆有所养。"这一记载足以说明我国古代早有谋求经济生活之安定的强烈愿望，这是我国社会保险思想的萌芽。

我国长期以来一直是农业大国，农业生产严重依赖自然条件，不可避免地遭受各种自然灾害的影响，所以历代有储粮备荒、仓储赈灾的传统制度。早在周朝时期，《逸周书·文传解》记载："天有四殃，水旱饥荒，其至无时，非务积聚，何以备之。"

二、我国古代的救济制度

我国古代的救济制度主要是建立国家粮食后备仓储制度。我国作为农业大国，在周朝时已建立各级后备仓储，到春秋战国时已逐步形成一套仓储制度，称为"委积"制度，汉代设有备荒赈济的"常平仓"，隋朝设有"义仓"。这些都是实物形式的救济后备制度，由政府统筹，带有强制性质。宋朝和明朝还设有"社仓"制度，它属于相互保险形式。在宋朝还有专门赡养不能自我生存的老幼贫病的"广惠仓"，这可以说是原始形态的人身保险制度。历代的行仓储制，不断创造发展，形式多样，名称各异，但基本功能未变。

历史上的仓储主要可分为三种：

（1）常平仓。这是政府设置的粮仓，始创于汉宣帝五凤四年（公元前54年）。朝廷采取耿寿昌的建议，在边郡设常平仓，谷贱时收储，谷贵时卖出，以调节粮价，也用于备荒赈恤，以后各朝多有沿用。

（2）义仓。这是政府倡导民间自办的公益性粮仓，始于北齐的"富人仓"。政府让农户交纳"义租"，在郡县设仓储存粮食，防备灾荒。到隋朝时义仓成为定制，在唐朝时盛行。以后历朝也多有设立，清朝时规定义仓设在市镇。

（3）社仓。这是政府倡导，民间自办，以设在社里为主的互助性备荒赈济仓储。宋代大儒朱熹曾大力提倡社仓，并倡导订立了一套较完备的社仓管理法；明代嘉靖年间，曾"令各地设社仓，以二十三家为一社，处事公平者为社正，能书算者为社副"；清康熙二十四年，令各州县于各村庄设社仓，收贮米谷；雍正七年，曾明令重申，社仓只准民办，禁止官府插手。

历史上"义仓"与"社仓"名称经常互用，其做法也基本上是以民办为主，存粮用于荒年赈济，或贷作种子，秋收偿还。但此类仓储常为豪绅勾结官府，予以把持，甚至成为民间的额外负担。

尽管我国古代早就有分散风险、积粮备荒的保险思想，但由于封建制度和重农抑商的传统观念，商品经济不发达，缺乏经常性的海上贸易，所以在中国古代社会没有产生商业性的保险活动。

资料来源：王国军. 保险经济学［M］. 2版. 北京：北京大学出版社，2014.

二、保险的作用

保险的作用是保险职能在运用中表现出来的效果，在不同社会制度下和不同历史时期并不完全相同。目前，我国保险的作用主要表现在以下几个方面：

（一）及时补偿灾害事故损失，保障社会生产和经营的持续进行

在社会经济发展过程中，自然灾害、意外事故造成经济损失是经常发生的，若没有

相应的补偿来源，就会造成生产经营的停滞或中断，甚至使企业破产倒闭。而有了保险，企业一旦遇到灾害损失就可以及时得到经济补偿，以确保生产经营的持续进行。保险公司是一个专职机构，积累了大量资金，配备专业理赔人员，赔偿工作力求主动、迅速，在理赔工作结束之前能预付部分赔款，使企业的生产经营得以迅速恢复，既能保障受灾企业的稳定经营，也能保障与其相关单位的利益，阻挡损失的扩散，最大程度地减少灾害事故损失的消极影响。

（二）安定人民生活，维护社会稳定

目前，我国居民总体生活水平还不高，社会保障的覆盖面不广、程度不高，不足以保障所有受灾居民恢复原有的生活水平。而商业保险作为重要补充，在安定人民生活方面的作用比较突出：一方面，通过与人们生活密切相关的险种来稳定人们生活，如通过家庭财产保险，能使灾后财产损失及时得到补偿，迅速恢复安定的生活；通过人身保险，解决人们因生、老、病、死、伤、残等人身风险造成的经济困难；通过责任保险，保障受害人的经济利益，有助于民事纠纷的解决。另一方面，通过一般财产保险和信用保险，保障城乡民营经济、个体企业生产经营的正常进行，从而起到安定人民生活、维护社会稳定的作用。

（三）有助于平衡个人财务收支

这一作用主要针对人身保险而言，人身保险更多体现了储蓄的性质。将当前财富积累下来以满足未来经济上的需要，实质上是让渡当前消费权利，获得未来的消费权利。从长期来看，这种权利在时间上的转移是合理的。一般而言，人的收入在其整个生命周期内的波动幅度是比较大的，年轻时收入较高，而到了老年时期，收入会明显减少。但人的消费波动幅度并不大，无论年轻还是年老，维持生活的基本消费是必需的，而且若没有特殊的经济方面的原因，人们倾向于保持原有的生活消费习惯。个人储蓄可以解决收入和消费之间的不平衡，但储蓄带有更多的随意性和目标不确定性。人身保险恰恰可以弥补这方面的不足，一个人参加了人身保险，必须按期缴纳保费，并且只有在特定事件（如年老、伤残或疾病）发生后才能获得保险金。因此，人身保险显然比储蓄能更好地平衡个人财务收支。

（四）促进防灾防损，减少灾害事故损失

保险集中了社会的风险，承担着补偿灾害损失的责任。经营保险业务的保险公司，必然要从企业管理和自身利益出发，积极、主动地参与、配合防灾防损工作。从实际情况看，我国保险公司在促进防灾防损、减少灾害事故损失方面做了不少工作，发挥了重要作用：

（1）进行防灾防损宣传，提高投保人对防灾防损重要性的认识，如配合消防、交通、水电、地震、气象等部门开展的防火、防洪、防震、防止交通事故的宣传工作；

（2）参加各种安全组织，做到互通信息，分担防灾防损任务；

（3）参加由主管部门组织的安全检查，消除事故隐患；

（4）结合自身业务工作，帮助企业搞好安全管理，提出整改建议，降低企业风险事故发生的概率。

（五）聚集闲散资金，促进金融市场的发展

保险就是把投保人交付的小额保险费积聚成大额资金，形成巨额的保险基金，而保险基金的运用，有利于我国金融市场的发展。例如，利用保险基金进行银行存款、购买国债，从而成为银行信贷资金和财政资金的来源之一；通过购买证券投资基金和直接购买股票为证券市场注入资金，有助于股票市场等资本市场的稳定和壮大。可见，保险基金的恰当运用，对我国社会主义市场经济的发展大有裨益。

（六）促进科学技术向现实生产力转化

当今，科学技术日新月异，科技进步逐渐成为经济发展最主要的推动力。企业运用新技术可以提高其劳动生产率和市场竞争力。但新技术的运用面临风险，由保险公司为这些企业提供保障，为新技术的开发应用保驾护航，则可以促进其向现实生产力转化。

（七）保证商品流通和消费的顺畅进行

商品必须通过流通过程的交换才能进入生产消费和生活消费中，而在交换的过程中不可避免地存在着交易双方的资信风险和产品质量风险，这主要因为企业或个人掌握的信息都是不完全的。保险为克服这些障碍提供了便利，主要体现在信用保险和保证保险方面。比较典型的例子如出口信用保险，出口商如果因进口商违约而遭受损失，保险公司将承担债权损失的经济补偿责任。这将极大地提高厂商的出口积极性。另一个例子是产品质量保证保险，该保险不仅为消费者提供了产品质量问题的经济补偿承诺，而且还为厂商的商品做了可信赖的广告。由此可见，保险在推动商品流通和消费方面的作用不可低估。

✓ **知识拓展 1-5** ··

1.5 亿份延误外卖订单获得保险补偿

2022 年 3 月 4 日，银保监会、中国人民银行联合印发了《中国银保监会 中国人民银行关于加强新市民金融服务工作的通知》后，针对"新市民"的金融服务蓝图正徐徐展开，越来越多的保险公司加快了针对新市民创业群体的创新型保险品种的研发进程。

目前多家保险公司开始尝试与数字平台开展合作，借助平台庞大的客群基础和场景优势，运用信息技术，研发各类合适的财产险品种。

"我们与美团合作研发的外卖延误险准时宝，有效解决了新市民创业群体，尤其是小微餐饮企业的创业经营风险。"新疆前海联合财产保险股份有限公司互联网业务部负责人周春慧向记者表示。

具体而言，美团平台众多外卖商户以每单约 0.2 元的价格对外卖订单进行投保，若外卖订单没有在约定时间内送达，消费者就能快速获得保险补偿，且外卖延误时间越长，消费者的补偿金额越高。

周春慧认为，准时宝这类保险一方面有效降低了新市民创业群体因配送延误造成的沟通成本与经济补偿费用，创业经营风险进一步下降；另一方面也能提升用户消费体验，为小微商户提升客户黏性与销量增长空间。

美团提供的数据显示，截至 2022 年 5 月中旬，准时宝累计为近百万小微商户的近70 亿份外卖订单提供保险保障，为其中 1.5 亿份延误订单提供补偿金。且美团针对约 40

万小微商户调研发现，约80%小微商户在购买准时宝服务后，获得更多消费者的正面反馈。

一位美团相关负责人向记者透露，受此启发，美团正围绕"新市民"创业群体等小微商户的需求，与保险机构积极合作研发其他新的财产险品种，包括用户取消险、食品安全责任险与退货运费险等。他指出，作为广泛承载新市民创业就业的主流服务平台，美团力争做好新市民创业群体和金融机构之间的连接器，充分发挥自身场景流量、数据沉淀等优势，助力金融机构搭建可信三方模式，提升新市民服务质效，扩大新市民创业保险保障的风险覆盖面。

"我们也注意到，众多投保准时宝的创业群体的保险意识明显增强，更愿意购买用户取消险、食品安全责任险等产品，降低其他创业经营风险。"上述美团相关负责人告诉记者。这可以驱动他们依托自身数据积累与场景流量特点，尝试研发经营中断险、第三方责任险等新险种。

值得注意的是，饿了么等数字平台也开始积极围绕自身业务场景，协助保险机构创新险种。

在上述保险公司产品创新部主管看来，这类针对"新市民"创业群体的创新型财产险能否实现经济价值与社会价值主要取决于三点：一是产品能否有效解决小微企业的经营痛点，提升抗风险能力；二是产品参与各方能否借助大数据分析技术推进产品迭代与策略优化，令小微商户、保险公司与用户实现共赢；三是如何凭借智能化技术优化理赔流程，带来更好的体验，并惠及更多商户与消费者。

资料来源：陈植. 近70亿份外卖订单"买了保险"为支持新市民创业保险公司还做了哪些创新？[N]. 21世纪经济报道，2022-05-25.经过删减。

知识掌握

1.什么是风险？风险构成要素之间的关系如何？
2.什么是可保风险？成为可保风险需要具备哪些条件？
3.简述风险、风险管理和保险的关系。
4.保险的定义及基本特征是什么？
5.保险是如何分类的？

知识应用

•案例分析

中国人寿2020年十大理赔案例

案例一   （赔付金额1 581万元）：客户C先生，是一名公司的管理人员，拥有良好的经济条件以及较强的保险意识。2015年到2020年期间，C先生先后投保了国寿鑫易宝年金保险、国寿鑫如意年金保险（白金版）、国寿鑫福临门年金保险等多份保险。

2020年2月，C先生因脓毒性休克身故。中国人寿接到客户家属理赔申请后，立即核实处理，及时给付客户家属保险金合计1581万元。

启示：为家里的"顶梁柱"备足保险，就是给家庭一份稳定的保障。保险不能杜绝风险，但可以转移风险带来的经济压力。有了保险，就能在风险来临时，更加从容地应对。

案例二　（赔付金额1179万元）：客户B女士，是一名企业管理人员，一直以来都很注重保险保障。1998—2020年，B女士先后投保国寿鑫福赢家年金保险、国寿鑫享金生年金保险（A款）、国寿鑫福年年养老年金保险、国寿福终身寿险（至尊版）等多份保险。2020年9月，B女士突发车祸，经抢救无效死亡。中国人寿接到客户家属报案后，立即核实处理，及时给付客户家属保险金合计1179万元。

启示：生命中的意外无法预知，我们能做的就是提前为自己和家人准备好充足的保障。保险是最能体现未雨绸缪的风险管理工具，一旦发生不测，保险能延续爱。

案例三　（赔付金额1035万元）：客户A先生，是一名中国人寿的老客户，生活富足，家庭和睦。A先生从1998年开始就陆续投保了鸿寿养老金保险、国寿美满人生年金保险、国寿鑫如意年金保险、国寿鑫尊宝终身寿险等多份保险。2020年11月，A先生不幸因脓毒性休克病故。中国人寿接到客户家属理赔申请后，立即核实处理，向A先生家属赔付1035万元保险金。

启示：健康的体魄和幸福的生活，每个人都渴望拥有。保险虽无法抵挡疾病和意外，但它能在关键时刻"雪中送炭"，帮助每一个家庭更好地面对风险，走过泥泞，渡过难关。

案例四　（赔付金额1029万元）：客户D先生，是一名自由职业人。2003—2016年，D先生先后投保中国人寿康宁终身保险、国寿美满一生年金保险（分红型）、国寿鑫如意年金保险（白金版）、国寿福禄尊享两全保险（分红型）等多份保险。2020年9月，D先生因疾病身故。中国人寿接到客户家属理赔申请后，立即核实处理，及时给付客户家属保险金合计1029万元。

启示：保险是对父母的孝道，是对爱人的承诺，是对孩子的责任。疾病无常不可测，保险有爱有保障。爱家，从一份保障开始。

案例五　（赔付金额979万元）：客户E女士，从事财务工作多年，家境殷实的她和丈夫于2016年投保了国寿鑫易宝年金保险和国寿鑫账户两全保险（万能型）（钻石版）。2019年年底，E女士感觉头痛，并且伴有记忆力变差的情况，最终确诊为脱髓鞘性脑病。2020年12月，E女士不幸病故。中国人寿接到客户家属理赔申请后，立即核实处理，及时向客户家人给付保险金979万元。

启示：在未知的人生道路上，保险虽不能杜绝可能发生的意外和疾病，却能够为风险来临时悲伤无措的家庭及时送去温暖。

案例六　（赔付金额962万元）：客户F先生经营一家生化科技类企业，年收入很高，保险意识较强。2015—2019年，F先生先后投保国寿鑫尊宝终身寿险（万能型）、国寿鑫享金生年金保险、国寿鑫如意年金保险（白金版）等多份保险。2020年10月，F先生因肺恶性肿瘤抢救无效去世。中国人寿接到客户家属理赔申请后，立即核实处理，及时给付客户家属保险金合计 962 万元。

启示：保险不是击退风险的武器，但它是抵御风险的盾牌，让每一个家庭在风险面前拥有更多选择。当风险降临时，保险可以为您的父母、爱人和子女撑起一个避风港。

案例七　（赔付金额 885 万元）：客户 G 女士，是一家企业的负责人。2004—2017 年，G 女士先后投保康宁终身寿险、国寿美满一生年金保险（分红型）、国寿福禄金尊两全保险（分红型）等多份保险。2020 年 10 月，G 女士因肝癌病故。中国人寿接到客户家属理赔申请后，立即核实处理，及时向客户家属给付保险金 885 万元。

启示：生活从不偏爱任何一个人，意外和疾病随时都有可能不期而至。购买保险，并不是一次简单的消费，保险带给我们的是一份保障，一份对自己和家人满满的爱。

案例八　（赔付金额 828 万元）：客户 H 先生，是一家企业的负责人。自 2001 年起，H 先生先后于中国人寿投保国寿鸿寿年金保险（分红型）、国寿金彩明天两全保险（B款）（分红型）、国寿福禄鑫尊两全保险（分红型）等多份保险。2020 年 3 月，H 先生因突发脑溢血，经抢救无效不幸身故。中国人寿接到客户家属理赔申请后，立即核实处理，及时向客户家人给付保险金 828 万元。

启示：对于家庭的中流砥柱而言，在收入稳定期为自己购买保险，不仅能为未来做好准备，也可以实现对家人爱的传承。

案例九　（赔付金额 594 万元）：客户 I 先生，经商多年，辛勤创下一番事业。1997—2020 年，I 先生陆续投保中国人寿 99 鸿福终身保险、康宁终身保险、美满一生年金保险（分红型）、福禄双喜两全保险（分红型）等多份保险。2020 年 4 月，I 先生突发心源性猝死。中国人寿接到客户家属理赔申请后，立即核实处理，及时向客户家属给付保险金 594 万元。

启示：近年来，随着社会经济和人类疾病谱的变化，猝死已成为人类和医学界面临的重大挑战之一。我们感慨于疾病的不期而至，也庆幸还有保险能为生活披上一件防护衣。

案例十　（赔付金额 549 万元）：客户 J 先生，作为中国人寿多年的老客户，2001—2016 年陆续投保康宁终身保险、国寿鑫福一生两全保险（分红型）等多份保险。2020 年 7 月，J 先生因意外不幸身故。中国人寿接到客户家属的理赔申请后，立即核实处理，及时向客户家属给付保险金 549 万元。

启示：风雨总在不经意间来临。一份适合的保险，正如一把及时撑起的雨伞，为您和家人遮风挡雨，陪伴您与家人坚定前行。

资料来源：佚名. 最高赔 1 581 万元！中国人寿 2020 年十大理赔案例发布［EB/OL］.［2021-04-06］. https://baijiahao.baidu.com/s？id=1696278483659259957&wfr=spider&for=pc.

问题：

（1）上述案例反映了保险的哪些职能？请阐述保险的作用。

（2）上述案例涉及哪几种保险类型？各类保险之间有何区别？

（3）简述保险公司业务范围。

项目二

保险的基本原则

学习目标

知识目标：领会保险各项基本原则的含义；明确最大诚信原则的主要内容及违反这一原则的法律后果。

技能目标：掌握保险利益的种类及其存在和转移对保险合同效力的影响；掌握损失补偿原则的量的规定及重复保险条件下损失分摊的方式；学会运用近因原则确定保险责任。

素养目标：通过保险基本原则的讲解和经典案例的介绍，引导学生加强对诚信的理解和践行，践行社会主义核心价值观。

任务一　最大诚信原则

微课 2-1

　　诚实守信是当今世界各国法律对民事主体行为尤其是商业行为的基本要求。保险行为是民事主体的商业行为，当然要诚实守信。由于保险关系的特殊性，人们在保险实务中越来越感到诚信原则的重要性，要求保险当事人各方最大程度地遵守这一原则。

一、最大诚信原则的含义和原因

（一）最大诚信原则的含义

　　诚信就是诚实和守信。所谓诚实，是指一方对另一方坦诚相待，不进行隐瞒和欺骗；所谓守信，是指双方都应如实全面地履行自己的义务。保险活动中的最大诚信原则，其基本含义是保险合同当事人在签订合同及履行合同时，应依法向对方提供足以影响对方作出订约与履约决定的全部实质性重要事实，同时信守合同订立的约定与承诺；否则，受到损害的一方，按法律规定可因此宣布合同无效或拒绝履行合同约定的义务，甚至还可要求对方对因此而受到的损害予以赔偿。最大诚信原则虽然是基于对投保人或被保险人的要求形成的，但对保险人也是适用的。例如，保险人及其代理人在展业时不能利用虚假宣传诱保；在保险标的发生保险责任范围内的损失后，不能违背在保险合同中承诺的赔偿或保险金给付等。

（二）规定最大诚信原则的原因

1.保险信息不对称

保险信息不对称主要表现在两个方面：一方面，保险双方掌握的保险标的的信息不对称。在整个保险经营期间，保险标的始终控制在投保人和被保险人的手中，加之保险标的具有广泛性和复杂性的特点，投保人对保险标的的风险情况最为了解，保险人却不一定十分清楚，只能根据投保人的介绍和叙述来确定是否承保并确定保险费率。可见，投保人的陈述是否真实和准确直接影响着保险人的承保决策和条件。因此，为了保护保险人的利益，各国保险法律法规都要求投保人按照最大诚信原则履行告知与保证的义务。另一方面，保险双方对于保险合同条款的信息不对称。保险合同属于附和合同或格式合同，合同条款一般由保险人单方面制定，投保人只能同意或不同意。同时，保险合同条款又比较复杂，专业性又强，一般的投保人不易理解和掌握。这样，保险费率是否合理，承保条件及赔偿方式是否苛刻等，在一定程度上是由保险人决定的。因此，为了维护投保人的利益，要求保险人基于最大诚信原则向投保人履行告知义务。

2.保险合同的射幸性

保险合同具有射幸性质，投保人在投保时只需支付少量的保险费，保险标的一旦发生风险事故，投保人或被保险人所能获得的赔偿或给付将是保费支出的数十倍甚至数百倍。从个体保障角度来看，保险人可能承担的保险责任远远高于其所收取的保险费。如果投保人采取不诚实、不守信的手段来投保和骗取保险金，保险人将无法长久地进行保险经营。因此，最大诚信原则的规定有利于保险业稳健经营。

3.保险关系的成立要求双方当事人必须遵循最大诚信原则

保险体现的是"人人为我，我为人人"的互助协作精神。所以，当事人之间真诚合作是保险关系成立的重大前提。如果一方缺乏诚信，或故意促使保险事故的发生，或另一方在保险事故发生之后拒不履行赔付保险金的义务，则无异于欺诈，与保险宗旨背道而驰。在保险关系中，保险人与被保险人休戚相关，双方必须遵守最大诚信原则，只有少发生保险事故，保险公司的偿付能力才有保障，被保险人的损失才能得到充分补偿。因此，保险人与被保险人之间利益相通，有相依为命的关系，应强调最大诚信原则。

☑ 知识拓展 2-1

保险最大诚信原则的起源

1766年，具有判例法上第一个里程碑意义的卡特诉鲍曼一案被毫无争议地认定为保险最大诚信原则的最初渊源。该案中，保险单是在伦敦购买的，保险标的物为位于苏门答腊岛上的一座英国堡垒，承保危险为被敌军占领的危险。当这座堡垒被法国人占领后，被保险人提出了赔偿要求，保险人却以被保险人对其隐瞒了重大事实为由进行抗辩。此案的主审大法官曼斯菲尔德提出："保险合同是射幸合同，评价风险的特定情况大都只有被保险人知道，保险人信赖被保险人的陈述，相信被保险人对其所知道的任何情况都没有保留，从而诱使保险人确信某一情况不存在，并在此基础上作出错误的风险评估。"作为最大诚信原则的最初缔造者，曼斯菲尔德大法官的上述言辞构成了保险最大诚信原则最为原始但又最为权威的论断，并将最大诚信原则确立为英国保险法告知义务的基础性原则。

最大诚信原则在英国《1906年海上保险法》中首先得到确定，该法第十七条规定："海上保险合同是建立在最大诚信原则基础上的契约，如果任何一方不遵守最大诚信原则，他方可以宣告契约无效。"（原文为：A contract of marine insurance is a contract based upon the utmost good faith and，if the utmost good faith be not observed by either party，the contract may be avoided by the other party.）这也成为保险法中最大诚信原则的源头。此后，各国相继效仿，均在其保险法中作了相应的规定。这些规定要求保险合同的当事人不但要遵循诚实信用原则，而且要做到最大诚信。我国于2002年修订《保险法》时特别增加了一条，即第五条，单独就诚实信用原则作了规定："保险活动当事人行使权利、履行义务应当遵循诚实信用原则。"2009年和2015年修订的《保险法》继续沿用了这一条。

资料来源：程太和. 浅析保险最大诚信原则（上）[N]. 中国保险报，2014-09-04.

二、最大诚信原则的基本内容

最大诚信原则的基本内容包括告知、保证、弃权与禁止反言三个方面。

（一）告知

1.告知的定义与目的

最大诚信原则中的告知是指广义的告知，即在保险合同订立时及合同有效期内，双方当事人均应如实申报、陈述。也就是说，在合同订立时，根据保险人的询问，投保人必须将保险标的的危险状态等有关的实质性重要事实向保险人作口头或书面陈述，并且在订立合同后，应将危险程度的变化情况如危险的增加通知保险人，保险人也应将与投保人利害相关的实质性重要事实据实通知投保人。

告知义务不是保险合同本身的内容，但可以诱使保险合同订立。保险人是否愿意承保，以及保险人应向投保人收取多少保险费，都取决于其对危险发生程度的正确估计或者判断。而保险人只有以投保人的告知为前提和基础，结合自己的调查结果，才能对保险风险作出正确的估计和判断。

告知强调的是诚实，其目的在于使保险人能够正确估计其承担的风险损失是否可保，从而判断是否接受承保或以什么条件承保，同时使投保人能够确知未来的风险损失是否能够得到保障，从而判断是否应该向保险人投保。

2.告知的内容与形式

（1）投保人的告知内容与形式。

投保人告知的内容主要有五个方面：①在保险合同订立时，保险人就保险标的或者被保险人的有关情况提出询问时，投保人应当如实告知；②在保险合同订立后，如果保险标的风险程度增加，应及时告知保险人；③在保险标的发生转让或保险合同有关事项有变动时，应及时通知保险人，经保险人确认后可变更合同并保证合同的效力；④如果发生保险事故，应及时通知保险人；⑤如果有重复保险，投保人应将有关情况通知保险人。

投保人告知的形式有无限告知和询问回答告知两种。无限告知是指法律或保险合同对告知的内容没有明确规定，只要是与保险标的或被保险人有关的重要事实，投保人都有义务主动地告知保险人；询问回答告知是指投保人根据保险人的询问如实回答，保险人没有询问的，投保人不承担告知义务。目前，大多数国家的保险立法规定采用询问回答告知的形式。在保险实务中，保险人通常将需要投保方告知的内容列在投保单上，要求投保方如实填写。

（2）保险人的告知内容与形式。

保险人作为保险关系中的当事人，也应遵守最大诚信原则中对告知义务的要求，《保险法》第十七条关于保险人告知的主要内容有：

① 明确列示。订立保险合同，采用保险人提供的格式条款的，保险人向投保人提供的投保单应当附格式条款，保险人应当向投保人说明合同内容。

② 明确说明。对保险合同中免除保险人责任的条款，保险人在订立合同时应当在投保单、保险单或者其他保险凭证上作出足以引起投保人注意的提示，并对该条款的内容以书面或者口头形式向投保人作出明确的说明；未作提示或者明确说明的，该条款不产生效力。

③ 违反告知的法律后果。由于保险合同当事人双方均有告知的责任和义务，所以双方违反告知都将承担法律后果。

第一，投保人违反告知义务的法律后果：A.投保人故意或者因重大过失未履行如实告知义务，足以影响保险人决定是否同意承保或者提高保险费率的，保险人有权解除合同。B.投保人故意不履行如实告知义务的，保险人对于合同解除前发生的保险事故，不承担赔偿或者给付保险金的责任，并不退还保险费。C.投保人因重大过失未履行如实告知义务，对保险事故的发生有严重影响的，保险人对于合同解除前发生的保险事故，不承担赔偿或者给付保险金的责任，但应当退还保险费。

为防止保险人恶意利用该项合同解除权，2015年修订的《保险法》对上述保险人的合同解除权作了适当限制：A.自保险人知道有解除事由之日起，超过30日不行使，权利消灭。B.合同成立之日起超过2年的，保险人不得解除合同；发生保险事故的，保险人应当承担赔偿或者给付保险金的责任。

另外，被保险人或受益人在未发生保险事故的情况下，谎称发生了保险事故，向保险人提出赔偿或给付保险金请求的，保险人有权解除保险合同，并不退还保险费。投保人、被保险人或者受益人故意制造保险事故的，保险人有权解除保险合同，不承担赔偿或给付保险金的责任，并不退还保险费；特别地，若该合同为人身保险合同且已交满两年保费，保险人可以退还保单现金价值。

第二，保险人违反告知义务的法律后果：A.保险人在订立保险合同时没有向投保人明确说明合同中关于保险人责任免除条款的，该条款不产生效力。B.保险人及其工作人员在保险业务中隐瞒了与保险合同有关的重要情况，欺骗投保人，构成犯罪的，依法追究刑事责任；不构成犯罪的，由保险监管机构责令改正，对保险人处以5万元以上30万元以下的罚款；情节严重的，吊销业务许可证。C.保险人及其工作人员给予或者承诺给予投保人、被保险人、受益人合同约定以外的保险费回扣或其他利益，构成犯罪的，依法追究刑事责任；不构成犯罪的，由保险监管机构责令改正，对保险人处以5万元以上30万元以下的罚款；情节严重的，限制其业务范围、责令停业整顿或者吊销业务许可证。

案例分析 2-1

如何防止保单变成"空头支票"？

近年来，随着民众对健康问题的日益重视，重疾险、医疗险等产品成为越来越多人的健康保障选择。然而，面对保险公司的保前询问，一些投保人出于种种原因，对自身健康状况未进行如实告知。那么，这是否会影响最终的保险理赔呢？

【案情】

2021年5月，张先生为其妻子王女士在某寿险公司购买一款医疗险。2023年1月，王女士因身体不适入院就诊后诊断为乳腺癌。本次治疗结束后，张先生收集齐全相关资料向保险公司提交理赔申请，保险公司核实发现，王女士于2015年体检时就查出有乳腺结节，但两人在购买这款医疗险时没有说明该情况，公司认为张先生存在隐瞒病情带病投保的情况。

张先生对此的解释是，妻子体检时查出来的乳腺结节，医生说是小问题，且在投保前每年有体检，身体一直很健康，不知道这个小问题会对保险理赔有影响，并非刻意隐瞒。后续，保险公司与客户进行沟通协商，认为投保人张先生在主观心态上不存在故意隐瞒，属于重大过失未履行如实告知义务，本着以人为本的原则，对被保险人前期已产生的医疗费用在合理范围内进行了赔付，但终止了保险合同。

【分析】

类似的"未如实健康告知"情形并不鲜见。来自北京金融法院的数据表明，自建院以来，其受理的保险纠纷收案数呈连年增长趋势。其中，人身保险纠纷矛盾化解难度较大，相关案件上诉率显著高于其他保险纠纷。投保人一方与保险机构争议相对突出，主要体现在保险范围、如实告知义务、提示说明义务的履行等方面。

所谓"健康告知"，是指消费者在向保险公司申请投保时，将被保险人的身体健康情况，如实反馈给保险公司。保险公司会根据客户的健康告知情况进行风险评估，最后确定消费者是否可以购买该类保险产品。是否如实健康告知会影响投保结果，如是否加费承保、除外承保以及被保险人出险后的理赔结果。

实际上，如实告知义务的履行方式有两种，即无限告知主义和询问告知主义。无限告知要求投保人、被保险人需要告知的事项不以询问为限，只要是与保险标的或被保险人有关的任何重要事实，投保人都有义务告知保险人。显然，这种告知方式会增加投保人、被保险人的义务，一旦发生保险纠纷，保险公司容易随意以违反如实告知义务为借口逃避承担赔偿责任。因此，我国采用询问告知模式，即投保人的告知范围仅限于保险人询问的问题，对于保险人没有询问的事项不需要告知。

这点在我国法律规定中有所对应。根据《中华人民共和国保险法》第十六条规定，订立保险合同，保险人就保险标的或者被保险人的有关情况提出询问，投保人应当如实告知。投保人故意或者因重大过失未履行前款规定的如实告知义务，足以影响保险人决定是否同意承保或者提高保险费率的，保险人有权解除合同。相关司法解释进一步规定，投保人的告知义务限于保险人询问的范围和内容。当事人对询问范围及内容有争议的，保险人负举证责任。而且，告知义务的内容应是"重要事项"而不是所有事项。

从保险公司的角度来讲，保险人应对投保人进行明确引导。哪些是与保险标的有关的重要事项，投保人难以判断。而保险人在保险关系中居于有利地位，作为具有保险专业知识的人员，应制定出书面询问表或在投保书列出询问项目，由投保人进行填写，以使投保人能够履行重要事项告知义务。

与此同时，消费者也应认识到，如实告知义务是保险合同中非常重要的一环。它不仅是法律的约束，更是诚信的体现。就像我们在日常生活中，待人处事也需要诚实守信一样。有时候，诚实不仅是美德，更是保护自己权益的重要手段。消费者在投保时都要做到如实告知，不要因为一时疏忽或故意隐瞒，让自己买的保险变成"空头支票"。毕竟，保险就像是一把伞，晴天时你可能觉得它派不上大用场，雨天时却能为你遮挡风雨。

资料来源：戴梦希. 如何防止保单变成"空头支票"［N］. 金融时报，2024-07-31.

（二）保证

1.保证的概念

最大诚信原则中的保证，是指保险人要求投保人在保险期间对某一事项的作为与不作为、某种事态的存在或不存在作出的许诺。可见，保证是最大诚信原则对投保人的要求，是保险人承保或承担保险责任的条件。也就是说，保险合同的成立是以不存在某种促使风险增加的事实为先决条件，保险人所收取的保险费也是以保证事项的存在为前提，或以不能存在其他危险标的为前提。如果投保人任意违反保证事项导致风险增加，显然对保险人不利。例如，某人在为其房屋投保火险时，在合同内保证不在房屋内堆放易燃、易爆品，保险人以此作为收取保险费的依据。如果此人违反以上保证，在屋内放置易燃、易爆品，就增加了房屋发生火灾的风险，这当然影响保险人是否接受承保和所适用的费率。因此，保证是影响保险合同效力的重要因素，是保险合同成立的基本条件。

2.保证的形式

（1）明示保证。它是以文字或书面形式在保险合同中载明，成为合同条款的保证。例如，机动车辆保险中有遵守交通规则、安全驾驶、做好车辆维修和保养工作等条款。保险合同一旦生效，即构成投保人对保险人的保证，对投保人具有作为或不作为的约束力。

（2）默示保证。它是指未在保险合同中载明，而是以社会上普遍存在或认可的某些行为规范为准则，并将此视作投保人保证作为或不作为的承诺，故为默示保证。默示保证主要表现在海上保险中，包括三项：船舶适航保证和适货保证、不得绕航保证、航行合法保证。

3.违反保证的法律后果

任何不遵守保证条款或保证约定、不信守合同约定的承诺或担保的行为，均属于破坏保证。凡是投保人或被保险人违反保证，无论其是否有过失，也无论是否对保险人造成损害，保险人均有权解除合同，不予承担赔付责任。

保证条款对投保人或被保险人是一种不利的约束，保险业也曾出现过滥用保险合同中的保证条款致使被保险人不利的情况。现在，各国保险立法均对此加以限制，以维护保险合同中保证条款制度的正常运作。立法内容涉及三个方面：第一，要求保证的事项必须是重要的；第二，投保单中的保证条款应在保险单中加以确认或重新载明；第三，如被保险人违反保证义务，保险人应向被保险人发出书面通知，方可解除合同。

保证和告知都是对投保人或被保险人诚信的要求，但二者是有区别的。告知强调的是诚实，要求对有关保险标的的重要事实如实申报；而保证则强调守信，恪守诺言，言行一致，许诺的事项与事实一致。所以，保证对投保人或被保险人的要求比告知更为严格。此外，告知的目的在于使保险人能够正确估计其所承担的风险；而保证则在于控制风险，减少风险事故的发生频率。

（三）弃权与禁止反言

最大诚信原则中的告知和保证主要是针对投保人的规定，特别是保证更是对投保人单方面的约束。为了体现保险活动的公平性，最大诚信原则规定了约束保险人的内容，这就是弃权与禁止反言。

弃权是指保险合同一方当事人放弃其在保险合同中可以主张的权利，通常是指保险人放弃合同解除权与抗辩权。例如，保险合同规定，投保人不缴付保险费时，保险人有解除合同的权利，但保险人可能放弃这一权利，使保险合同继续生效，这就是弃权。保险人弃权，可以采用明示或默示的方式。明示弃权就是用书面或口头言辞放弃解约的权利；默示弃权就是默认放弃解约的权利。保险人之所以弃权，有可能是疏忽，也有可能是出于扩大业务的需要。

禁止反言与弃权有密切联系，是指保险人既然放弃了该项权利，日后就不得向投保人或被保险人再主张这项权利。比如，投保人如实告知重要事实后，保险人明知不能承保，却为了扩大业务、招揽生意而签发了保单，这就属于放弃拒保权利的行为，发生保险事故后，保险人不得以此（不具备承保条件）为由拒绝赔偿。

弃权与禁止反言往往因保险代理人的原因产生。保险代理人出于增加保费收入以获得更多佣金的目的，可能不会认真审核标的情况，而以保险人的名义对投保人作出承诺并收取保险费。一旦保险合同生效，即使发现投保人违背了保险条款，也不得解除合同，因为代理人放弃了本可以拒保或附加条件承保的权利。从保险代理人关系来看，保险代理人以保险人的名义从事保险活动的，其在授权范围内的行为所产生的一切后果应由保险人来承担。所以，代理人的弃权行为应视为保险人的弃权行为，保险人不能解除保险代理人已接受的不符合保险条件的保险单，即禁止反言。

任务二　保险利益原则

微课2-2

保险利益存在是保险合同成立的必要条件。规定保险利益显示了保险合同与赌博的区别，有利于减少人寿保险中的道德风险因素，同时也便于财产保险中的损失衡量与赔偿金的支付。

一、保险利益的含义和必备条件

（一）保险利益的含义

保险利益又称可保利益，是指投保人或被保险人对保险标的所具有的法律上所承认的经济利益。判断投保人或被保险人对保险标的是否具有保险利益的标准，是保险标的的存在状态与他们是否具有利害关系。如果保险标的发生灭失或损毁能够引起被保险人在利益上的损失，一般可以认为投保人或被保险人对保险标的具有保险利益；如果保险标的发生灭失或损毁不引起被保险人经济利益上的损失，一般可以认为投保人或被保险人对保险标的不具有保险利益。

（二）保险利益的必备条件

投保人对保险标的可能具有多方面的利益关系，但并非都可作为保险利益。作为保险利益必须具备以下条件：

1. 保险利益必须是合法的利益

合法的利益是法律上认可并受到法律保护的利益，即法律上可以主张的利益。采用非法手段占有或获得的利益不能成为保险利益，对于走私物品、违禁品等也无保险利益。

2. 保险利益必须是已经确定的或可以实现的利益

那种人们主观臆想的或无法确定的利益不能成为保险利益。保险利益包括现有利益和预期利益。现有利益是指在投保时已经确定的利益，如房屋所有者对其房屋所具有的利益、企业所有者对本企业资产所具有的利益等；预期利益是指在投保时尚未存在，但根据法律或有效合同的约定可以在保险期限内实现的利益，如预期的营业利润、运费、租金等。现有利益与预期利益都可以作为投保时确定保险金额的依据，但在发生保险事故进行受损索赔时，预期利益已成为现实利益的才能得到赔付，保险人的赔偿以实际损失的保险利益为限。

3. 保险利益必须是经济利益

投保人或被保险人对保险标的的利益必须是可以通过货币计量的利益。因为保险保障是通过货币形式的经济补偿或给付来实现的，投保人对保险标的的保险利益必须能用货币来计量，否则，保险人的承保和补偿就难以进行。在财产保险中，保险利益一般可以精确计算，对于如纪念品、日记、账簿等不能用货币衡量其价值的财产，虽然对投保人有利益，但一般不作为可保财产。在人身保险中，由于人的身体和生命无价，一般情况下，只要求投保人与被保险人具有利益关系，就认为投保人对被保险人具有保险利益。在个别情况下，人身保险的保险利益也可以计算和限定，如债权人对债务人生命的保险利益可以确定为债务的金额加上利息及保险费。

☑ **知识拓展 2-2** ┈┈┈┈┈┈┈┈┈┈┈┈┈┈┈┈┈┈┈┈┈┈┈┈┈┈┈

保险利益的法源

"保险利益"这一概念的出现，与发源于 13 世纪末北意大利的海上保险有很大关系。在 18 世纪中叶以前，海上保险人通常并不要求被保险人提供他们对投保的船舶或者货物拥有所有权或其他合乎法律规定的利益关系的证明，这样就导致了相当多的人以被承保的船舶能否顺利完成航程作为赌博的对象，令海事欺诈的现象大量出现。

针对上述情况，英国《1746年海上保险法》第一次正式以法律条文的形式规定：被保险人对承保财产具有利益是有法律约束力的海上保险合同成立的前提条件。而后，英国国会又在1774年通过了英国《人身保险法》，该法指出：这是一部管理以生命为对象的保险和禁止所有投保人对被保险人的生存或者死亡不具有利益的保险的法律，并且规定无可保利益不得投保人身保险，保险单必须指明受益人的姓名和赔偿仅以所具有的利益为限。

英国《1788海上保险法》修改了英国《1746年海上保险法》允许出具无被保险人姓名的保险单的做法，改为船舶或货物保单至少要列明一个具有可保利益的被保险人。《1906年海上保险法》则不仅规定了没有可保利益的海上保险合同和保险单证明可保利益的保险合同无效，而且还具体规定了可保利益的定义、具有可保利益的时间和可保利益的种类。

资料来源：林宝清. 保险法原理与案例［M］. 北京：清华大学出版社，2006.

二、保险利益原则的运用

（一）坚持保险利益原则的意义

在保险活动中，坚持保险利益原则主要基于以下考虑：一是防止赌博行为的发生。如果保险关系不以保险利益为必要条件，由于保险费与保险金额相差很大，有可能使没有保险利益的人对任何一个保险标的进行投保，以期得到几十倍于保费的保险赔偿，这无异于赌博，是违背保险初衷的，也会有损社会公共利益。二是防止道德风险的发生。由于保险费与保险赔付额的悬殊，如果不以投保人对保险标的具有保险利益为前提条件，就可能诱发被保险人或受益人为获取保险人的赔偿或保险金给付而故意违反道德规范，甚至故意犯罪，促使保险事故发生或在保险事故发生时放任损失的扩大的道德风险发生，而保险利益原则能最大程度地控制这种不道德行为的发生。三是便于衡量损失和保险赔付。保险利益原则规定了保险保障的最高限度，并限制了赔付的最高额度。以保险利益作为保险保障的最高限度，既能保证被保险人能够获得足够的补偿，又能防止被保险人因保险而获得额外利益。也就是说，保险利益原则为投保人确定了保险保障的最高限度，同时为保险人进行保险赔付提供了科学依据。

（二）保险利益原则的运用

由于各类保险的保险责任不同，在保险合同订立及履行过程中，保险利益原则的运用也有所不同。

1.保险利益原则在财产保险（狭义的财产保险）中的运用

（1）保险利益的形成条件。财产保险的保险标的是财产及有关利益，因此，投保人对其拥有的受到法律承认和保护的财产所有权、占有权和债权等权利的财产及有关利益具有保险利益。其具体包括：财产所有人对其财产具有保险利益；财产占有人对其财产具有保险利益；抵押权人对抵押物具有保险利益；经营者对合法的预期利益具有保险利益。例如，如果某人为自己的住房投保是可以的，因为他对自己的住房有保险利益；但是，如果他想为动物园里的老虎投保，则是不可以的，因为他对老虎没有保险利益。

（2）保险利益的时间规定。在财产保险中，一般要求从保险合同订立到保险合同终止的全过程中存在保险利益，即在合同订立时，投保人对保险标的须有保险利益，否则，保险人不承保；损失发生时，被保险人对保险标的必须具有保险利益，否则，保险人不承担赔偿责任。但是，海上货物运输保险比较特殊。投保人在投保时可以不具有保险利益，但当保险事故发生时必须具有保险利益，否则，就不能获得保险赔款。这种规定是为了适应国际贸易的习惯做法：买方在投保时货物所有权尚未发生转移，仍属于卖方，但因其所有权的转移是必然的，所以可以投保海上货物运输保险。

在现实生活中，保险利益常常发生变动，即保险利益发生转移、消灭。在财产保险中，保险利益存在因继承、让与、破产等发生转移，因保险标的的灭失而消灭的情况。保险利益的转移是指在保险合同有效期内投保人将保险利益转移给受让人，经保险人同意并履行合同变更的相关手续后，原保险合同继续有效。保险利益的消灭是指投保人或被保险人对保险标的的保险利益随保险标的的灭失而消灭。此外，当被保险人死亡时，保险利益可依法转移给继承人；当被保险人破产时，其财产便转移给破产债权人或破产管理人，破产债权人和破产管理人对该财产具有保险利益。

2. 保险利益原则在责任保险中的运用

在责任保险中，投保人与其所应负的损害经济赔偿责任之间的法律关系构成了责任保险的保险利益。例如，车主对司机的责任具有保险利益，企业对其产品的责任具有保险利益。

3. 保险利益原则在信用与保证保险中的运用

在经济合同关系中，义务人的信用涉及权利人的利益，信誉好，权利人受损失的机会就少；反之，受损失的机会就多。因此，权利人对义务人的信用、义务人对自己的信用具有保险利益。例如，银行对借款客户的信用有保险利益；借款人对自己的信用有保险利益。合同保证保险中的权利人对义务人的履约信用同样具有保险利益。

4. 保险利益原则在人身保险中的运用

（1）保险利益的形成条件。人身保险的保险利益取决于投保人与被保险人之间的关系，只有当投保人对被保险人的生命或身体具有某种利益关系时，投保人才能对被保险人具有保险利益。我国《保险法》第三十一条规定："投保人对下列人员具有保险利益：（一）本人；（二）配偶、子女、父母；（三）前项以外与投保人有事实上的抚养、赡养或者扶养关系的家庭其他成员、近亲属；（四）与投保人有劳动关系的劳动者。除前款规定外，被保险人同意投保人为其订立合同的，视为投保人对被保险人具有可保利益。"

（2）保险利益的时间规定。人身保险的保险利益必须在保险合同订立时存在，而不要求保险事故发生时具有保险利益。例如，孙女士以丈夫为被保险人、自己为受益人投保了终身寿险。后来夫妻离婚，但孙女士仍按期缴付保险费。如果孙女士的前夫因保险事故死亡，她就能够向保险公司申请保险金给付。

（3）不存在重复投保的问题。重复保险是损失补偿原则的扩展，目的是限制被保险人的不当得利机会。由于人的生命不能用金钱价值来衡量，人身保险的保险金额实际上是根据投保人的需要与付费能力来确定的，因此不存在重复投保问题。

（4）人身保险的保险利益变动。在人身保险中，投保人对被保险人的保险利益分为两种情况，即被保险人的保险利益专属投保人和非专属投保人。如果人身保险合同为债权债务关系而订立，这时被保险人的保险利益专属于投保人（债权人），当投保人死亡时，保险利益可由投保人的合法继承人继承。如果人身保险合同为特定的人身关系而订立，如血缘关系、抚养关系等，这时被保险人的保险利益非专属于投保人，保险利益一般不得转移。

（5）有关父母为其未成年子女投保以死亡为给付条件的人身保险的保险金额限额的规定。我国《保险法》规定，投保人不得为无民事行为能力人投保以死亡为给付保险金条件的人身保险，保险人也不得承保。按照《中华人民共和国民法典》（以下简称《民法典》）的规定，无民事行为能力人是指不满八周岁的未成年人及不能辨认自己行为的成年人。法律之所以作出这一禁止性规定，是基于无民事行为能力人不能辨认自己的行为，也没有自我保护能力，不能独立从事民事活动。投保人有可能为了获得高额保险金而为无民事行为能力人投保死亡保险并将其谋害。

但基于父母与子女的血亲伦理关系及未成年人获得保险保障的需求，在绝大多数情况下，父母不会为了获得保险金而将未成年子女杀害，法律同时规定父母可以为其未成年子女投保以死亡为给付保险金条件的人身保险，保险公司也可以承保，但是仍然从保险金的给付上作了限制性规定。根据保监会①2015年9月14日发布的《中国保监会关于父母为其未成年子女投保以死亡为给付保险金条件人身保险有关问题的通知》（保监发〔2015〕90号），父母为其未成年子女投保的人身保险，在被保险人成年之前，各保险合同约定的被保险人死亡给付的保险金额总和、被保险人死亡时各保险公司实际给付的保险金总和按以下限额执行：对于被保险人不满10周岁的，不得超过人民币20万元；对于被保险人已满10周岁但未满18周岁的，不得超过人民币50万元。

案例分析 2-2
财产保险投保人身份认定不以与保险标的具有保险利益为要件

【案情】

肇事车辆在中国人民保险股份有限公司济宁市分公司（以下简称人保公司）投保商业三者险100万元及不计免赔，投保单上投保人为A公司，被保险人及受益人均为B公司（登记车主）。肇事车辆的实际所有人为李某。李某雇用司机石某驾驶肇事车辆在保险期间内发生交通事故，致1人死亡。经"道路交通事故认定书"认定，石某肇事逃逸，承担事故的全部责任。交强险保险公司承担保险责任后，李某赔偿受害人家属剩余部分损失共计21万余元。现李某请求人保公司在商业三者险范围内承担保险责任，人保公司认为石某肇事逃逸符合保险条款中免责条款的情形，故拒绝赔偿。李某随即提起诉讼。

---

① 2018年，保监会与银监会合并为中国银行保险监督管理委员会。2023年3月，中共中央、国务院决定在中国银行保险监督管理委员会基础上组建国家金融监督管理总局，不再保留中国银行保险监督管理委员会。2023年5月18日，国家金融监督管理总局揭牌。

【结论】

山东省临邑县人民法院经审理认为，人保公司承保险种为"不计免赔"，人保公司作为提供格式合同的一方，应承担不利于自己的解释。任何单位和个人不得从自己或他人的违法犯罪行为中获益，若因为驾驶员肇事逃逸使保险公司从中获益，违背社会公德和法律规定。人保公司在合同中设定因驾驶员交通肇事的免责条款，没有法律依据。遂判决，人保公司赔偿李某21万元。

宣判后，人保公司不服，提起上诉。山东省德州市中级人民法院经审理认为，因A公司与涉案车辆没有保险利益，没有理由为肇事车辆办理保险业务，且人保公司不能提供缴费发票来证实A公司为投保人，故认定A公司不是投保人，人保公司办理保险时未向投保人履行免责事项的提示义务，遂判决，驳回上诉，维持原判。

后人保公司申请再审，山东省高级人民法院审查后裁定，指定济南铁路运输中级法院再审。

济南铁路运输中级法院经审理认为，虽然A公司与保险标的不具有保险利益，但这不能成为阻碍A公司作为肇事车辆投保人的法定事由。人保公司提交的投保单可以证明其向投保人A公司尽到了明确说明义务。驾驶员肇事逃逸，故人保公司无须承担保险赔偿责任，遂判决，撤销一、二审判决，驳回李某的诉讼请求。

【分析】

本案争议焦点在于财产保险投保人身份认定是否应以与保险标的具有保险利益为要件，以及人保公司是否履行了明确说明义务。

1.投保人是否应对保险标的具有保险利益的判定。根据《保险法》第十二条的规定，财产保险合同与人身保险合同不同，财产保险合同订立时，并不要求投保人对保险标的具有保险利益，但是必须符合被保险人在保险事故发生时对保险标的具有保险利益的条件。本案中，虽然李某不认可A公司为投保人，在案证据也无法证明A公司与保险标的具有保险利益，但这不能成为阻碍A公司作为肇事车辆商业三者险投保人的法定事由，李某提出的因A公司与肇事车辆没有保险利益，不能作为该车投保人的主张，无法律依据，不应予以支持。

从合同相对性理论出发，投保人应为与保险人签订保险合同的人。人保公司提交的投保单可以证实A公司为投保人，A公司作为投保人亦符合保险法的相关规定，故应认定A公司系肇事车辆商业三者险投保人。

银保监会《关于实施车险综合改革的指导意见》于2020年9月19日开始施行，车险实名缴费制度在全国范围内落实，投保人未进行身份验证、未实名缴费的情况已被禁止。投保人实名制的实施意味着投保人必须进行身份验证、实名缴费，但并未要求投保人必须对保险标的具有保险利益。本案发生在投保人实名制改革之前，投保人与保险标的没有保险利益的情况在货物运输领域并非个案，法院不应因投保人与保险标的不具有保险利益而否定其投保人资格。

2.保险公司是否履行明确说明义务的判定。根据《保险法》第十七条第二款，保险人应当向投保人说明合同的内容。根据《最高人民法院关于适用〈中华人民共和国保险法〉若干问题的解释（二）》第十一条第二款，保险人对免责条款以书面或者口头形式向投保人作出常人能够理解的解释说明的，应当认定保险人履行了《保险法》第十七条第二款规定的明确说明义务；根据第十三条第二款，投保人对保险人履行了符合本解释第十一条第二款要求的明确说明义务在相关文书上签字、盖章或者以其他形式予以确认的，应当认定保险人履行了该项义务，但另有证据证明保险人未履行明确说明义务的除外。

本案中，投保单的投保人声明处载明，"保险人已向本人详细介绍并提供了投保险种所适用的条款，并对其中免除保险人责任的条款……及其法律后果向本人作了明确说明，本人已充分理解并接受上述内容，同意以此作为订立保险合同的依据"，且其后有A公司盖章确认，故应认定人保公司已向投保人A公司就免责条款尽到了明确说明义务。

资料来源：庞伟杰.财产保险投保人身份认定不以与保险标的具有保险利益为要件〔N〕.人民法院报，2021-07-15.

任务三　损失补偿原则

微课2-3

经济补偿是保险的基本职能，也是保险活动的出发点和归宿，所以损失补偿原则是保险的重要原则，对财产保险合同和其他补偿性合同来说是保险理赔的首要原则。坚持这一原则，对维护保险双方的正当权益，履行好保险的经济补偿职能，防止被保险人通过保险赔偿而得到额外利益及道德风险的发生具有重要意义。当然，损失补偿原则不适用于人寿保险。

一、损失补偿原则的基本内容

（一）损失补偿原则的含义

损失补偿原则是指当保险事故发生并导致被保险人的经济损失时，保险人给予被保险人的经济损失赔偿数额，恰好弥补其因保险事故所造成的经济损失。可见，这一原则包括两层含义：一是保险合同订立后，一旦发生保险责任范围内的损失，被保险人有权按保险合同的约定，获得全面、充分的赔偿；二是保险人对被保险人的赔偿恰好使保险标的恢复到保险事故发生之前的状况，即保险补偿以被保险人的实际损失为限，被保险人不能因保险赔偿而获利。

（二）损失补偿原则的量的限定

根据损失补偿原则的要求，保险人承担的赔偿责任有一个量的限定，具体规定如下：

1.以实际损失为限

损失补偿原则的宗旨是防止被保险人因保险标的遭受损失而获利，所以保险赔偿不能超过保险标的的实际损失。实际损失通常是根据保险标的的受损时的市场价值确定的（定值保险和重置价值保险除外）。例如，某企业将其拥有的一台机器投保火险，保险金额为200万元，在保险期内，因发生保险事故导致该机器全部损毁，出险时该机器的市价为180万元，则保险公司只能赔偿180万元，而不能赔偿200万元。

2.以保险金额为限

保险金额是保险人所承担的赔偿责任的最高限额，赔偿金额只能等于或低于保险金额，而不能超过保险金额。例如，某房屋投保了火险，保险金额为200万元。在保险期内因发生保险事故使房屋全部焚毁，由于房价上涨，出险时该房屋的市价已达240万元，则保险公司只能赔偿200万元，而不是240万元。

3.以保险利益为限

保险人对被保险人的赔偿以被保险人所具有的保险利益为前提条件和最高限额，即被保险人所得的赔偿以其对受损标的的保险利益为最高限额。例如，某仓库投保了火险，保险金额为400万元，在保险有效期内，被保险人将该房屋的50%出售给另一个企业，保险事故发生使房屋全部焚毁，保险公司只能赔付该房屋50%部分的损失即200万元，因为被保险人对保险标的只有50%的保险利益。在具体的实务操作中，上述三个限额同时起作用，其中金额最小的限额为保险赔偿的最高额。

（三）损失补偿原则的例外情况

1.定值保险

定值保险是指保险合同双方当事人在订立合同时约定保险标的的价值，并以此确定保险金额，不论保险事故发生时保险标的的市场价值有何变化，赔偿都是以签订保险合同时所约定的金额计算赔款。因此，定值保险的被保险人有可能获得超过实际损失的赔偿。例如，某进出口公司将一批出口货物投保了海上货物运输保险，约定保险价值为20万元，投保的保险金额为20万元，途中发生保险事故导致货物全损，此时货物市价仅为16万元，对此，保险公司要按定值保险合同所约定的20万元赔付。

2.重置价值保险

重置价值保险是指以被保险人重置或重建保险标的所需费用或成本来确定保险金额的保险。其目的在于满足被保险人对受损财产进行重置或重建的需要。这样保险人按重置或重建费用赔付时，可能出现保险赔款大于实际损失的情况。

3.人身保险不完全适用损失赔偿原则

人身保险是以人的生命或身体为保险标的，被保险人的生命或身体不能用金钱来表示其价值，并且一旦保险事故发生，也不能用金钱衡量其损失。因此，补偿原则在人身保险中的适用不像财产保险那样充分。人寿保险、人身意外伤害保险、健康保险中的重大疾病保险，属于给付性保险，一般不适用补偿原则。而健康保险中的医疗保险、收入损失保险和长期护理保险，由于保障的分别是医疗费用、收入损失费用和护理费用，所以也适用补偿原则。

（四）损失补偿额的计算方式

1.比例赔偿方式

在不定值保险方式下，若保险金额大于或等于保险价值，即足额保险或超额保险时，其赔偿金额等于损失金额。若保险金额小于保险价值，即不足额保险时，赔偿金额为：

$$赔偿金额 = 损失程度 \times 保险保障程度$$

$$保险保障程度 = \frac{保险金额}{出险时的保险价值} \times 100\%$$

对于不足额保险，保险保障程度小于1；对于足额保险，保险保障程度等于1；对于超额保险，保险人按照足额保险处理，因此，保险保障程度也等于1。

在定值保险方式下，保险赔偿金额按照保险保障程度，即保险金额与损失当时保险财产的实际价值比例，计算赔偿金额。

$$保险赔偿金额 = 保险金额 \times 损失程度$$

$$损失程度 = \frac{保险财产的受损价值}{保险财产的完好价值} \times 100\%$$

$$= \frac{保险财产的完好价值 - 残值}{保险财产的完好价值} \times 100\%$$

2. 第一危险赔偿方式

这种赔偿方式是将实际上不可分的保险财产价值分为两个部分：第一部分价值与保险金额相等，视为足额投保；第二部分价值是超过保险金额的部分，视为未投保。这种划分只是价值上的，而不是实物上的，所以任何一部分保险财产发生保险事故引致损失，只要在保险金额以内，保险人必须予以赔偿，并且按照实际损失赔付，第二部分损失则由投保方自行负担。这种赔偿方式多用于家庭财产保险。

3. 限额赔偿方式

事先规定一个限额，保险公司只负责赔偿实际损失与限额之间的差额。这种方式主要适用于农作物保险、工程保险和责任保险。例如，某种作物在正常年份的平均亩产为200千克，保险合同按照该平均产量的80%确定保险产量，差额在40千克以内属于免责限额，保险人不负责赔偿。只有当该作物的实际亩产低于160千克时，保险人才按实际损失赔偿。

二、损失补偿原则的派生原则

（一）重复保险的损失分摊原则

重复保险的损失分摊原则，是指在重复保险的情况下，对于保险标的损失应采取适当的方式在各保险人之间分摊赔偿责任，以使被保险人所获得的保险赔偿金额不超过其保险标的的实际损失额。按这一原则进行赔偿，既可以补偿被保险人的全部损失，又不会出现被保险人额外获利的现象。由此可见，重复保险的损失分摊原则是损失补偿原则的一个派生原则，可以确保损失补偿原则的实现。重复保险的损失分摊主要有比例责任分摊、限额责任分摊和顺序责任分摊三种方式。

微课 2-4

1. 比例责任分摊方式

比例责任分摊方式是由保险人按各自承保的保险金额与所有保险人承保的保险金额的总和的比例来分摊保险赔偿责任的一种损失分摊方式。其计算公式如下：

$$某保险人承担的赔偿金额 = 损失金额 \times 承保比例$$

$$承保比例 = \frac{该保险人承保的保险金额}{所有保险人承保的保险金额总和} \times 100\%$$

例如，某投保人将其价值100万元的财产分别向甲、乙、丙三家财产保险公司投保同一险种，三家保险公司承保的金额分别为40万元、60万元、100万元。当发生保险事故时，保险标的遭受的损失为80万元，则该投保人所获得的保险赔付总额为80万元。其中，甲保险公司的赔偿金额为16万元（80×40÷（40+60+100）），乙保险公司的赔偿金额为24万元（80×60÷（40+60+100）），丙保险公司的赔偿金额为40万元（80×100÷（40+60+100））。

2.限额责任分摊方式

限额责任分摊方式是指保险人承担的赔偿责任以单独承保时的赔款作为分摊的比例，而不是以保额为分摊的基础。其计算公式如下：

某保险人承担的赔偿金额=损失金额×赔偿比例

$$赔偿比例=\frac{该保险人单独承保时的赔偿金额}{所有保险人单独承保时的赔款金额的总和} \times 100\%$$

上例中，保险赔款若按限额责任分摊，则甲保险公司的赔款金额为17.78万元（80×40÷（40+60+80）），乙保险公司的赔款金额为26.67万元（80×60÷（40+60+80）），丙保险公司的赔款金额为35.56万元（80×80÷（40+60+80））。

3.顺序责任分摊方式

顺序责任分摊方式是各保险人按其签订保单的时间顺序在保险金额界限内承担赔偿责任。也就是说，由先出单的保险人首先承担损失赔偿，只有在全部损失超过先出单的保险人承保的保险金额时，超过的部分才由后一个出单的保险人赔偿。例如，某投保人于2024年1月向甲保险公司投保50万元家庭财产险，于2024年2月就同一标的又向乙保险公司投保80万元同一险种，同年8月保险事故发生，造成损失60万元。对此，由甲保险公司首先赔偿50万元，乙保险公司赔偿10万元。

在保险实务中，对于重复保险究竟采用哪一种分摊赔偿的方式，取决于不同国家或地区的保险法律规定。我国对于重复保险条件下的赔偿采用的是比例责任分摊方式。

微课2-5

（二）代位原则

1.代位原则的含义

代位原则是指保险人依照法律或保险合同约定，对被保险人所遭受的损失进行赔偿后，依法取得向对财产损失负有责任的第三者进行追偿的权利或取得被保险人对保险标的的所有权。代位原则也是损失补偿原则的派生原则，同样确保了损失补偿原则的实现。

代位原则在保险活动中具有重要意义：①防止被保险人因同一损失而获得超额赔偿。当由于第三方的疏忽、过失或故意行为造成保险标的发生保险责任事故并致损时，被保险人既可以依法向第三方责任人要求赔偿，也可以依据保险合同向保险人提出索赔。这样，被保险人因同一损失所获得的赔偿将超过保险标的的实际损失额，从而获得额外利益。同理，在保险标的发生保险事故而导致实际全损或推定全损时，在保险人的全额赔付下，被保险人将保险标的的剩余物资处理后，其所得的利益将超出实际损失额。而坚持代位原则的规定，就能防止上述违背损失补偿原则的现象发生。②使肇事者对其因疏忽或过失所造成的损失负有责任，既有利于维护公平，也有利于维护保险人的利益。③有利于被保险人及时获得经济补偿。

代位原则包括两个部分：代位追偿和物上代位。

2.代位追偿

（1）代位追偿的含义及条件。

代位追偿是指当保险标的遭受保险责任事故造成损失，依法应由第三者承担赔偿责任时，保险人在支付了保险赔款后，在赔偿金额的限度内，依法取得对第三者追偿的权利。代位追偿只存在于保险标的的损失由第三者造成，但同时又属于保险责任范围的条件下。如果按照有关法律或保险合同的规定，被保险人既可以选择第三者作为索赔对象，也可以选择保险人作为索赔对象，在被保险人选择保险人作为索赔对象时，就会存在保险人先赔偿，然后再行使代位权向第三者追偿的情况。可见，代位追偿权的实施应具备三个条件：一是保险标的的损失是由第三者造成的，第三者依法应对被保险人承担民事赔偿责任；二是造成保险标的的损失的原因必须在保险责任范围之内；三是保险人已经履行了赔偿责任。

（2）代位追偿的金额限定。

第三者对被保险人的赔偿责任属于民事损害赔偿责任，赔偿的数额应依法裁定。保险人对被保险人的赔偿责任属于合同责任，赔偿的数额不仅取决于保险标的的损失金额，且取决于保险金额以及保险合同对保险赔偿责任和方式的规定。这两种赔偿责任在性质上的差别，决定了二者在数量上可能存在着差别甚至是较大的差别。对此，在保险实务中，主要有以下三种情况：如果保险人向第三者追偿所得金额大于其对被保险人的赔偿金额，则保险人应将二者间的差额返还给被保险人，保险人不能因行使代位追偿权而获利；如果在保险人对被保险人进行赔偿之前，被保险人已经从第三者处取得赔偿，但赔偿金额小于保险人应该赔偿的金额，则不足的部分保险人应予以补足；如果保险人的赔偿金额小于保险标的的损失金额，则被保险人可以就未得到保险赔偿的部分向第三者索赔，而不受保险人行使代位追偿权的影响。

案例分析 2-3
事故双方已达成协议，保险公司还能追偿吗？

【案情】

2023年7月，马某驾驶小轿车与何某驾驶的小轿车相撞造成交通事故，经事故所在地交通警察大队认定，二人负同等责任，并于当日达成道路交通事故损害赔偿协议书，约定自行承担各自车辆的维修费用。不久之后，何某向投保的某保险公司出具了机动车辆索赔权转让书，同时保险公司向何某支付了车损赔偿款25 770元，保险公司认为事故系同等责任，其应当享有代位求偿权，遂将马某起诉至湟源县人民法院，要求马某支付代偿款13 985元。

【分析】

本案中，被告马某与案外人何某因交通事故造成车辆受损的事实发生后，在交警主持下，双方已经在现场达成了车辆维修费用自行承担的意见并签订了协议，经法庭审理认为，该协议内容合法有效，且在审理中也未有证据证实双方协议存在可撤销或无效的情形，证实何某已明确放弃了对被告马某请求赔偿的权利。依据《保险法》第六十一条第一款规定：保险事故发生后，保险人未赔偿保险金之前，被保险人放弃对第三者请求赔偿的权利的，保险人不承担赔偿保险金的责任。由于何某已经放弃对第三者马某请求赔偿的权利，原告保险公司也不再有承担赔偿保险金的责任。但事故发生后，何某未及时向原告保险公司告知该事实，致使原告保险公司向何某进行了赔偿，也引起了后续的诉讼。

代位求偿权的实现条件之一，是作为被保险人的何某享有对第三者责任方马某的索赔权，而何某自愿放弃向对方索赔的权利，致原告保险公司失去了向第三者代位求偿的法律基础，最终法院作出判决：驳回原告保险公司的全部诉讼请求。原被告双方均表示服判，现该案已经发生法律效力。

资料来源：王瑞．来雯艳．事故双方已达成协议，保险公司还能追偿吗［N］．青海法治报，2024-04-29．

3.物上代位

（1）物上代位的含义。

物上代位是指保险标的遭受保险责任事故，发生全损或推定全损，保险人在按保险金额全额给付赔偿金之后，拥有对该保险标的的物的所有权。

物上代位的产生有两种情况：一是在发生实际全损后尚有残余物，保险人全额赔付后，残余物归保险人。二是发生推定全损，即保险标的发生保险事故后，认为实际全损已不可避免，或者为避免发生实际全损所需支付的施救或修复费用将超过保险价值，而按全损予以赔偿。由于是推定全损，保险标的并未完全损毁或灭失，所以保险人在按全损赔付后，理应取得保险标的的所有权。

（2）保险委付。

保险委付是被保险人在发生保险事故造成保险标的的推定全损时，将保险标的的一切权益转移给保险人，而请求保险人按保险金额全数予以赔付的行为。委付是被保险人放弃物权的法律行为，在海上保险中经常采用。委付的成立需要具备以下条件：①委付必须以保险标的的推定全损为条件；②委付必须由被保险人向保险人提出；③委付须经保险人同意；④委付的对象应是保险标的的全部，而不能只就保险标的的一部分申请委付；⑤委付不得附有任何附加条件。委付一经成立，便对保险人和被保险人产生法律约束力：一方面，被保险人在委付成立时，有权要求保险人按照保险合同约定的保险金额全额赔偿；另一方面，保险人将被保险人对该保险标的的所有权利和义务一并转移接收。

案例分析 2-4

推定全损后保险公司获得物上代位权

【案情】

个体运输专业户张某将其私有的东风牌汽车向某保险公司足额投保了车辆损失险，保险金额为10万元，以及第三者责任险，保险金额为4万元，保险期为1年。

在保险期限内的某一天，该车在外出办事途中坠入悬崖下一条湍急的河流中，该车驾驶员有合格驾驶证，系张某的堂兄，其随车遇难。事故发生后，张某向保险公司报案索赔。该保险公司经过现场查勘，认为地形险要、无法打捞，按推定全损处理，当即赔付张某人民币10万元；同时声明，车内尸体及善后工作保险公司不负责任，由车主自理。后来，为了打捞堂兄尸体，张某与王某达成协议，双方约定：由王某负责打捞汽车，车内尸体及死者身上采购货物的2 800元现金归张某，残车归王某，王某向张某支付4 000元。残车终于被打捞起来，张某和王某均按约行事。保险公司知悉后，认为张某未经保险公司允许擅自处理实际所有权已转让的残车是违法的。双方争执未果，遂提起诉讼。

【分析】

第一，保险公司推定该车全损，给予车主张某全额赔偿。按照《保险法》第五十九条规定："保险事故发生后，保险人已支付了全部保险金额，并且保险金额等于保险价值的，受损保险标的全部权利归于保险人。"因此，本案保险人已取得残车的实际所有权，只是认为地形险要而暂时没有进行打捞。因此，原车主张某未经保险公司同意转让残车是非法的。

第二，保险公司对车主张某进行了推定全损的全额赔偿，而张某又通过转让残车获得4 000元的收入，其所获总收入大于总损失，显然不符合财产保险中的损失补偿原则，即俗话说的"买保险不能赚钱"。因此，保险公司要求追回张某所得额外收入4 000元，正是保险损失补偿原则的体现。

第三，王某获得的是张某非法转让的残车，但由于他是受张某之托打捞，付出了艰辛的劳动，且获得该车是有偿的，可视为善意取得，保险公司如果要求其归还残车，则应该补偿王某打捞付出的艰辛劳动，以及支付给张某的4 000元。

资料来源：作者根据相关资料整理。

任务四　近因原则

微课2-6

　　风险事故的发生与损失结果的形成是否有直接的因果关系在保险理赔中至关重要。近因原则就是判断保险事故与保险标的损失之间的因果关系，从而确定保险赔偿责任的一项基本原则，处理理赔案必须遵循这一原则。

一、近因原则的内涵

（一）什么是近因

近因是指造成保险标的损失的最直接、最有效的因素，是在损失结果发生中起决定作用的原因。但在时间上和空间上，它不一定是离损失最近的原因。

在实际生活中，造成保险标的损失的原因不一定是单一的，常常是由于共同的或连续的多种原因所致，而且其因果关系也有连续和中断等情况。同时，保险人所承保的风险和除外的风险因素往往都出现在其中。因此，保险人如何确定损失的原因及理赔就成为一个复杂的问题，近因原则也就由此而生。

☑ **知识拓展 2-3** --

近因的判定——从时空标准观到效力标准观

近因，与远因相对。谚语"只看近因，不看远因"，就是通常所说的近因原则。那么，"近"和"远"又如何界定？以时空距离来划分，还是以效力主次来划分？从历史上看，近因的认定经过了从"时空标准观"到"效力标准观"的转变。

1.时空标准观

1918 年之前，对近因的认定多从排除远因着手，认为时空上最接近的原因为近因。即所谓的"过远的远因不构成近因"和"间隔时间过长的原因不构成近因"规则。例如，某人因为距其寓所数十家之隔的某处失火，仓皇失措，急忙将家具衣物移到屋外，因搬移不慎，导致物件损失。物件的损失并非火灾之故，由于火与其屋尚有数十家之隔，因果关系过远，保险人无须承担责任。又如，1890 年的 Pink 诉 Fleming 案中，一批柑橘投保了碰撞损失险，船舶发生碰撞而入港修理，由于卸载和重装，部分货物受损，另有部分货物因延误而腐烂。法官在庭审中依据英国海上保险法，认为发生时间在最后的原因才是近因，因此，判决被保险人的损失是因卸载、重装以及延误所致，损失的近因不是承保风险，保险人无须赔偿。

2.效力标准观

1918 年，英国上议院对 Leyland Shipping Co.Ltd. 诉 Norwich Union Fire Insurance Society Ltd. 一案的判决，使近因的认定开始转向"效力标准"，即认为只有在导致损失发生过程中起决定作用的原因才是近因。

该案中，一艘船在第一次世界大战中被德国潜水艇的鱼雷击中，致使船体受损而进水，并被拖往法国的勒阿弗尔港。次日，狂风突起，该船频频撞击码头，港口当局担心船沉没港内，勒令其移泊。该船最终停泊在该港口的防波堤外。但因为靠泊处洋底不平，而且船体有伤，该船最终座浅并沉没。该船投保了"海上危险"保险，保单中将"敌对行为和类似战争行为的一切后果"列为除外责任。被保险人依据时间上最接近损失结果的原因为近因的理论，认为船舶的沉没是因为船舶座浅，因而属于承保范围。上议院否定了以时间先后来判定近因的"时空标准"，并进而提出了效力上占主导地位的原因为近因的"效力标准"。

本案中船舶的沉没是由两个原因造成的，即鱼雷轰击和座浅。该船在遭受鱼雷轰击受损以后一直未得到修复，虽然之后发生了座浅，但是座浅这一原因并未消除、削弱或者超过鱼雷轰击在造成损失方面所起的作用，鱼雷轰击才是船舶沉没的决定性原因。最终法院提出效力上占主导地位的原因为近因，因而判定保险人免责。大法官 Lord Shaw 进一步指出，近因不是指时间上的接近，真正的近因是指效果上的接近，是导致承保损失的真正有效的原因。如果多个因素或原因同时存在，要选择一个作为近因，必须选择可以将损失归因于那个具有现实性、决定性和有效性的原因。

在许多法律中，因果关系的概念很重要，但没有比在保险中更重要的了。每个事件都是特定原因的结果，继而又成为此后其他事件的原因。这个原因并不关心对造成特定事件的全部各种原因进行分析，也不关心该事件可能引发的所有后果，而主要考察最有效、起决定作用的原因及其后果。

资料来源：林宝清．保险法原理与案例［M］．北京：清华大学出版社，2006.

（二）近因原则的含义

近因原则，是指在多个原因导致保险标的损失的情况下，只有导致保险标的损失的近因在保险责任范围之内，保险人才对保险标的的损失负赔偿责任；如果导致保险标的损失的近因在保险责任范围之外，那么保险人对保险标的的损失不负赔偿责任。所以在保险理赔中，首先要在造成保险事故的众多原因中确定哪一个是近因，然后判断损失的近因是否属于承保的风险。如果近因属于承保风险，那么保险人就要给予赔付；否则，保险人不予赔付。

（三）对近因原则的把握

因果关系本身是哲学上的一个概念，哲学上的因果关系对近因的确定具有一定的借鉴和指导意义，但二者又有不同。保险中的近因更加强调事故发生的后果和损失分摊的公平性、合理性。

1.间接原因也可构成近因

直接原因是能够直接引起结果的发生，不需要中间因素传递的原因，但是直接原因并不恒等于近因。例如，某轮船在航行途中由于船员疏忽，舱盖关闭不严，雨水渗入船舱造成货物湿损。此事件中下雨是造成湿损的直接原因，在船员的疏忽和湿损之间介入了下雨这个中间因素，使得船员的疏忽成为湿损的间接原因。但下雨这个直接原因不过是为湿损的发生创造了条件，下雨并不能必然引起货物的湿损，船员的疏忽是本案的近因。如果该批货物的湿损是在保险人的责任范围内，那么保险公司应该负赔偿责任，但是由于该湿损是由于船员的疏忽造成的，保险公司对被保险人履行赔偿后，可以向船员进行追偿。

2.近因的确定应依据"常识标准"

近因在多数情况下是一个事实问题，需要依据常识和事件的具体情况综合判断，要求人们对事故依赖发生的外部自然条件、当时的背景及人员的心理状态进行全面的考察，因为即使是细微的差别也可能导致两个相类似的事件有不同的近因。因此，因果关系应该按普通人而不是科学家或哲学家的眼光来衡量，并且在衡量的过程中，也应该使用较为宽泛的理解。比如，对"爆炸"的理解应由其普通含义来决定，而不是像化学上定义的"一种异常迅速的燃烧现象"。1916年的一个判例是关于"常识标准"的典型案例。

1916年7月30日，一场不明原因的大火造成了停在纽约港码头货场上的一些货车爆炸，爆炸又引起了另一场大火，大火继而又引起了更剧烈的爆炸。最后爆炸造成的冲击波损坏了原告停泊在300多米以外的船舶。该船并未着火，损失纯粹是由于第二次爆炸引起的冲击波造成的。

初审法院同意被保险人的索赔，但是二审法院推翻了一审判决，理由有二：首先，损害是冲击波造成的，但冲击波并不是火灾，也不是火灾的直接后果；其次，冲击波经过了很长的距离才造成损失，二者距离如此之远，风险并不在正常和可能的预期之内，正常情况下，人们提到的火灾造成的损失，并不包括由于这样的巨大破坏力量造成的后果。

3.近因的确定应该强调保险合同和当事人的意图

一般来说，选择一种而不是另一种原因往往取决于所要达到的目的，从不同的目的出发得出的结论可能完全不同。比如火灾，如果是寻求损失近因，可能会得出一个结论：火源在哪里，起火的原因是什么；如果是寻求分配责任，可能会得出另一个结论：肇事者是谁，应负什么责任。确定保险损害的近因还应该寻找保险合同的含义，强调保险合同和当事人的意图。这时侵权法律法规中适用的因果关系规则并不适用。事实上，法院也很少在合同本身规定的原因之外作进一步的调查。

近因被描述为直接的、有效的、起决定作用的原因，意味着它是在事件发生时的所有情况中，依据当时的人力而言不可避免地导致有关的损失的那一个。如果损失是当时情况下该原因的一个自然的结果，那么它就是近因。

二、近因原则的运用

运用近因原则的关键是对近因的分析和认定。在保险理赔中，一般有以下几种认定近因、确定保险责任的情况。

(一)单一原因情况下的近因认定

如果导致损失的原因只有一个，则该原因就是近因。若该近因在保险责任范围之内，保险人应对损失负赔偿责任；若该近因不在保险责任范围之内，保险人不予赔偿。例如，某人投保家庭财产险，并附加盗窃险，保险期内家中被盗，保险人负责赔偿；若此人只投保家庭财产险而未附加盗窃险，被盗仍是近因，保险人不负赔偿责任。

(二)多种原因存在时的近因认定

如果导致损失的原因不止一个，应区别不同情况对近因作出判断，确定保险责任。

1.多种原因同时致损时近因的认定

造成保险标的损失的原因有多个，且难以确定先后顺序，可视为多种原因同时作用。保险人赔偿的处理方式有以下几种：

(1)多种原因都是保险责任范围内的原因，保险人对这些原因所致损失均负赔偿责任；反之，多种原因均属除外责任，则保险人不负赔偿责任。

(2)多种原因中有些属于保险责任，有些属于除外责任，有些属于难以划分的责任：对属于保险责任的给予赔付；对属于除外责任的不予赔付；对属于难以划分的责任的一般不予赔付，有时与被保险人协商解决。

2.多种原因连续发生致损时近因的认定

如果损失的发生由多个有因果连续关系的原因造成，则最初的原因为近因。保险人赔偿的处理方式有以下几种：

(1)若连续发生的原因都是保险责任，则对保险事故发生后的一切损失，由保险人负责赔付。

(2)在连续发生的原因中，若前因是保险责任，后因不属于保险责任，但后因是前因的直接延续和后果，则保险人对所有损失负责赔付。

（3）在连续发生的原因中，若前因不是保险责任，后因是保险责任，后因是前因的必然结果，则保险人对所有损失均不予赔付。

（4）在连续发生的原因中，前因与后因都不属于保险责任，则保险人对损失不负赔偿责任。

案例分析 2-5

同时遇险，所获赔付不同

【案情】

新婚夫妇贺先生与张女士参加旅行团去九寨沟旅游，途中他们所乘坐的旅游大巴车与一辆大货车相撞，夫妇两人均受了重伤，被送往医院急救。张女士因颅内受到重度损伤且失血过多抢救无效，于1小时后身亡。贺先生在车祸中丧失了左肢，在急救中因急性心肌梗死，于第二天死亡。在此之前，他们购买了人身意外伤害保险，每人的保险金额均为10万元。保险公司接到报案后立即着手调查，了解到张女士一向身体健康，而贺先生婚前就有多年心脏病史。最后，保险公司根据《人身意外伤害保险条款》及《人身意外伤害保险伤残给付标准》，给付张女士死亡保险金10万元，给付贺先生意外伤残保险金5万元。

【分析】

两位被保险人遭遇的人身意外伤害程度和实质是不同的，张女士的死亡是因为车祸，属单一原因的近因。贺先生死亡的近因是心肌梗死，因意外伤害与心肌梗死无内在联系，心肌梗死并非由意外伤害所造成，属于新介入的独立原因。而这个新介入的原因并不属于保险责任范围，只能按照丧失左肢的标准赔付。

资料来源：作者根据相关资料整理。

3.多种原因间断发生致损时近因的认定

当发生并导致损失的原因有多个，且一连串发生的原因中有间断情形，即有新的独立的原因介入，使原有的因果关系断裂，并导致损失，则新介入的独立的原因为近因。如果近因属于保险责任，保险人应负赔偿责任；如果近因不属于保险责任，则保险人不负赔偿责任。

案例分析 2-6

近因原则在意外伤害保险合同纠纷中的应用

【案情】

2018年8月29日，投保人温县武德镇村村民委员会与保险人中国人寿保险焦作分公司（以下简称人保公司）签订保险合同。该合同载明的被保险人为包括苏某亲属李某在内的215人。其中保险责任条款约定，被保险人遭受意外伤害，并自该意外伤害发生之日起180天内因该意外伤害导致身故的，人保公司按该被保险人的保险金额扣除已给付伤残保险金后的余额给付身故保险金，之后本合同对该被保险人的责任终止。2019年5月6日，被保险人李某摔倒了，因神志不清、恶心呕吐，入住温县人民医院治疗。经治疗，李某病情无明显好转，病情仍较重，家属放弃治疗。李某于5月11日出院后死亡。后苏某等亲属起诉至法院，要求人保公司理赔。

河南省温县人民法院经审理认为，意外伤害保险合同是以被保险人遭受意外伤害及由此致残或者死亡为保险标的的保险合同。意外伤害应为遭受外来的、突发的、非本意的、非疾病的客观事件直接致使身体受到的伤害。本案中，现有证据不能证明被保险人李某是因为意外摔倒导致的死亡还是因为疾病导致的死亡，在没有确切证据证明其死亡原因的情况下，对于原告要求给付保险金的诉讼请求，综合本案案情，酌定对于李某的死亡，人保公司应承担50%的保险责任。

宣判后，人保公司不服，提起上诉。河南省焦作市中级人民法院经审理认为，李某死亡是因承保事故导致的，还是因其自身疾病造成的，难以确定。本案符合《最高人民法院关于适用〈中华人民共和国保险法〉若干问题的解释（三）》（以下简称《解释（三）》）第二十五条规定的情形。一审法院据此判决上诉人承担部分保险金并无不当，上诉人的上诉理由不能成立。遂判决，驳回上诉，维持原判。

【分析】

本案的争议焦点在于如何确定引发事故的近因，以及在穷尽措施后近因仍无法确定的情况下应如何合理分担责任。

1.近因原则的实质和判定方法。近因原则是判定损害发生因果关系的一种特定逻辑思维，通常是指只有在造成保险事故的最直接、最有效原因属于承保范围之内时，保险人才承担保险责任，对承保范围外的原因引起的损失，不承担赔偿责任。

2.近因原则的新发展——分摊原则。实践中，引发被保险人损失的原因多种多样，因而近因确定的过程相对较为复杂，此时若一味按照"谁主张、谁举证"的一般举证责任规则，要求原告方承担被保险人损害系承保事故引起的举证责任，或者反过来，要求由保险人承担被保险人损害的原因系非承保事故引发的举证责任，可能强人所难，容易产生不公平的裁判。近年来，随着公平原则的引入，近因原则出现了新发展，衍生出分摊原则。该原则体现在《解释（三）》第二十五条的规定中，即被保险人的损失系由承保事故或者非承保事故、免责事由造成难以确定，当事人请求保险人给付保险金的，人民法院可以按照相应比例予以支持。

3.本案可适用分摊原则。本案中，原告提交的病历显示，被保险人李某存在颅脑骨折、颅脑出血的症状，系连续多因引发的损害。根据医学理论，李某死亡的原因存在两种可能：一种是因摔倒导致颅脑骨折引发脑出血，进而导致死亡。近因系摔倒，摔倒属于意外事件，符合保险合同约定的意外事件导致死亡，属于承保的保险事故；另一种是因脑出血导致摔倒和死亡。颅脑出血系近因，颅脑出血属于自身疾病，不符合意外事件的定义，不能认定该事故属于承保的意外事故。故本案裁判的关键在于引起损失的具体原因的确认，即近因的确定，从而判断是否系承保事故。

关于李某死因的确定，原告方已经根据自身条件尽最大可能提供了所能提供的诸如保险单、保险合同、主治医生出庭作证证明，并申请鉴定机构鉴定李某死亡的原因，但因超出鉴定机构鉴定范围而未被受理，导致出现李某系摔倒引发的颅脑出血死亡还是颅脑出血引发的摔倒的事实无从确定的情形。从近因判定的角度出发，就出现了被保险人的损失系由承保事故还是非承保事故引发的争议，符合《解释（三）》第二十五条规定的情形，故应适用分摊原则，根据实际情况酌情分配保险金，从而达到合理分担损失、法律效果与社会效果相统一的结果。

资料来源：夏宁群，廉慧慧. 近因原则在意外伤害保险合同纠纷中的适用［N］. 人民法院报，2021-09-09.

知识掌握

1.简述最大诚信原则的含义及其主要内容。
2.在保险经营中为何要规定保险利益原则？
3.财产保险的保险利益与人身保险的保险利益有什么异同？
4.如何运用损失补偿原则进行损失赔偿？
5.简述代位追偿权产生所具备的条件。
6.举例说明在保险实务中如何运用近因原则确定保险责任。

知识应用

·案例分析
案例一

2017年2月27日、28日和3月14日，武大爷的大儿子武先生在北京某保险公司为他分别投保了三份人身保险，保单均在投保后次日生效。保险金额分别为15万元、10万元和2万元，保险期限均为终身，约定的理赔条件为被保险人即原告患有重大疾病或者因病死亡。保险合同签订后，投保人武先生分别依约缴纳了首期保费和第二期保费。

2018年3月20日，武大爷因身体不适住院治疗，经医院诊断确诊为下咽恶性肿瘤，即喉癌，属于保险合同中约定的重大疾病。随后，武大爷向保险公司申请理赔。保险公司经调查发现，原告在2017年2月13日至3月2日期间因病住院治疗，并经医院诊断为脑梗死、脑动脉瘤、颈椎病，该情况发生在投保人为原告购买保险之前，投保人未如实告知，而这一情况事实上会影响保险公司是否决定承保或者提高保险费率，投保人未如实履行告知义务，违反了合同规定，保险公司不再承担保险义务。

2018年9月3日，保险公司出具"理赔决定通知书"，单方解除保险合同，并表示不予退还保险费用。武大爷因此诉至法院，要求被告给付重大疾病医疗保险金27万余元，同时承担本案诉讼费用。

资料来源：高扬. 带病投保，保险公司会赔付吗？[N]. 检察日报，2018-12-05.

问题：你认为保险公司的拒赔是否合理？依据是什么？

案例二

某年8月20日，王某乘坐某航空公司的客机，从A市前往B市联系业务。在乘机前，王某向某保险公司投保了人身意外伤害险，保险金额为人民币20万元。途中，飞机遭雷电袭击，机尾被折断，驾驶员将飞机紧急迫降在C市机场。在迫降时，由于机身剧烈震动，王某突发脑溢血，虽然经医院抢救脱离了生命危险，却导致全身瘫痪。王某要求保险公司给付自己的医疗费、护理费、残疾补助费等费用共计25万元。保险公司在受理后进行了调查，同意承担15万元的赔偿金，对超过部分拒绝给付。保险双方协商不成，王某诉至人民法院。

资料来源：作者根据相关资料整理。

问题：你认为保险公司的赔付方案合理吗？请简述理由。

项目三

保险合同

学习目标

知识目标：领会保险合同的概念和特点；弄清保险合同的种类和形式；明确保险合同的主体、客体和内容。

技能目标：掌握保险合同的订立、履行等实务技术原理；提高订立、履行保险合同以及处理保险合同争议的能力。

素养目标：通过保险合同订立、履行及争议处理等业务知识的介绍，强化学生的法律意识，引导学生弘扬中华传统美德，恪守道德底线，践行社会主义核心价值观。

任务一　保险合同概述

微课 3-1

商业保险活动体现的是一种民事法律关系，这种民事法律关系是以保险合同的存在为前提的，也是以保险合同为依据的。学习保险合同，首先应了解保险合同的概念、特点、种类和形式。

一、保险合同的概念

保险合同也称保险契约，是商业保险中投保人与保险人约定保险权利义务关系的协议。就总体而言，其约定的投保人义务主要有：支付保险费、维护保险标的安全、危险增加通知、施救和出险报案，其中最突出的是按时向保险人支付保险费；其约定的保险人义务主要有：赔偿或给付保险金、承担施救及其他合理费用，其中最突出的是在合同约定的保险事故发生后，对其造成的财产损失承担赔偿责任，或者当被保险人死亡、伤残、生病或达到合同约定的年龄、期限时，承担给付保险金的义务。保险合同应在双方当事人平等自愿、协商一致的基础上订立。

☑ **知识拓展 3-1**

第一份保险合同——比萨保单

意大利是海上保险的发源地。早在 11 世纪末，十字军东征以后，意大利商人就控制了东方和西欧的中介贸易。在经济繁荣的意大利北部城市，特别是热那亚、佛罗伦萨、比萨和威尼斯等地，由于其地理位置是海上交通的要冲，这些地方已经出现类似现代形式的海上保险。

1347年10月23日，意大利热那亚风和日丽，阳光明媚。清晨，刚到营业时间，商人乔治·勒克维伦的办事处的门被推开了，进来的是"圣·克勒拉"号商船的主人，他要求订立一张承担"圣·克勒拉"号商船从热那亚至马乔卡的航程风险"保险单"。这是一张目前世界上所发现的最古老的保险单，如今被保存在热那亚国立图书馆内。保险单上的措辞类似一份虚设的借款单，它规定在"圣·克勒拉"号商船航海前，由乔治·勒克维伦以借款人的身份，名义上向商船的主人借入一笔款项。船舶如果在6个月内安全到达，借款合同随即宣告失效。如果船舶在航海中遇到海难事故，借款人承担风险，并负责赔偿。这种危险赔偿金就相当于今天的保险金额。至于乔治·勒克维伦承担危险的费用，由贷款人（商船的主人）事先支付，并不写明在合同中。由于这张保险单没有写明保险人应承担的风险责任，所以它还不是一张完整的现代式保单。

可以称得上现代含义的保险合同的是1384年订立的比萨合同。这张保险单的内容是承保从法国南部的阿尔兹至意大利比萨的一批货物和运输风险。到1397年，佛罗伦萨出立的保单已经有承保"海上灾难、天灾、火灾、抛弃、王子的禁止、捕捉"等字样，当时的保险单如同其他商业合同一样，是由专业的撰状人起草的。13世纪中叶在热那亚一带就有撰状人200个。据一位意大利的律师调查，1393年有位热那亚的撰状人，一年就起草了80多份保险单。这个时期，意大利在海上保险中独领风骚。莎士比亚在《威尼斯商人》中就提到海上保险及其种类。第一家海上保险公司也于1424年在热那亚出现。

资料来源：佚名. 世界上第一份保单的起源［EB/OL］.［2018-09-27］. http://yingyu.100xuexi. com/view/examdata/20100419/A3D16071-D121-4FE6-B5AA-ED0E7C050528.html.

二、保险合同的特点

保险合同作为经济合同的一种，不仅具有经济合同的所有共性，而且具有自身的特性。

（一）保险合同是附和与约定并存性合同

附和性合同又称格式合同，是指合同条款由一方当事人先拟定，另一方当事人只能表示接受或不接受，而不能就该条款进行修改或变更的合同。保险合同就是此类合同，合同条款事先由保险人拟定，经监管部门审批，投保人只能对其表示接受与否，即同意合同条款并购买保险，或不同意合同条款并拒绝购买保险。

使用格式合同减少了磋商谈判的过程，降低了交易的成本，提高了经济效益，有利于保险行业的发展。但格式条款是由保险人单方面拟定的，可能存在损害投保人一方利益的情况。在实务中，为了避免格式条款对投保人不利的情况出现，可以采取增加非格式条款的方法，以批单的形式附在正式保单后面。当保单格式条款与非格式条款不一致时，以非格式条款为准。

（二）保险合同是要式合同

要式合同是指必须具备一定形式和履行一定手续的合同。为了保证保险合同的严肃性和切实履行，避免空口无凭，各国的保险法都规定，保险合同必须以书面方式订立。

（三）保险合同是射幸合同

射幸是传统民法的术语，就是偶然、不确定的意思。射幸合同是指当事人在签订合同时不能确定各自的利益或结果的协议。保险合同就是如此，除人寿保险合同外，其他保险合同都具有射幸性，即保险事故的发生具有偶然性和不确定性，能获得赔付的永远只是少数人。当然，这种射幸性只是就单个保险合同而言的，从保险合同整体上说，收取保险费与支付保险赔偿金是建立在精确的数理计算基础之上的，如果就全部保险合同而言，总体上双方当事人的权利和义务是对等的。

（四）保险合同是双务有偿合同

双务有偿合同是指合同双方当事人的权利和义务彼此关联，一方当事人的权利即意味着另一方当事人的义务，享受权利的代价是承担相应义务的合同。保险合同具有双务有偿合同的一般特点，保险人有向投保人收取保险费的权利，但是要承担约定保险事故所致损失的经济补偿或给付保险金的义务；投保人则是以缴付保险费为代价，以取得经济补偿或保险金给付的权利。保险双方当事人的权利、义务是对等的，而且是有偿的。

（五）保险合同是最大诚信合同

由于保险经营的特殊性，保险合同对诚信的要求更甚于其他合同。最大诚信原则是保险的基本原则之一。《保险法》规定，订立保险合同，保险人就保险标的或者被保险人的有关情况提出询问的，投保人应如实告知；否则，保险人有权解除合同，对合同解除前发生的保险事故不承担赔偿责任，并不退还保费。同时，《保险法》也规定，订立保险合同时，保险人对保险合同中的免责条款也负有如实告知义务，否则免责条款无效。

三、保险合同的种类

保险合同的种类很多，可以依据不同的标准进行分类。常见的分类有以下几种：

（一）按保险标的的性质划分

按保险标的的性质，保险合同可分为财产保险合同和人身保险合同。财产保险合同是以财产及其有关利益为保险标的的保险合同，如企业财产保险合同、家庭财产保险合同、机动车辆保险合同等；人身保险合同是以人的身体和生命为保险标的的保险合同，如人寿保险合同、人身意外伤害保险合同和健康保险合同。

（二）按保险合同的性质划分

按保险合同的性质，保险合同可分为补偿性合同和给付性合同。补偿性合同是保险人根据保险标的所遭受的实际损失进行经济补偿的合同。财产保险合同就属于补偿性合同，人身保险中的健康保险合同也属于补偿性合同。给付性合同是指保险事故发生后，保险人按双方当事人事先约定的保险金额支付保险金的合同。大部分人身保险合同属于给付性合同，因为人身价值不能以金钱估价补偿，所以只能以事先约定的数额给付保险金。

案例分析 3-1

私家车跑"顺风车"时出事故，保险公司赔不赔？

【案情】

罗某某为其车辆在某保险公司南宁分公司投保了机动车损失险，投保单中的"机动车使用性质"为家庭自用汽车。保险条款用黑色字体载明，被保险人机动车被转让、改装、加装或改变使用性质等，导致被保险人机动车危险程度显著增加，且未及时通知保险人，因危险程度显著增加而发生保险事故的，被保险机动车的损失和费用，保险人不负责赔偿。

某天晚上，罗某某从广东省东莞市出发，到虎门镇接罗某梅、罗某汉、李某广、李某之后回广西，罗某某等三人是回玉林北流市老家过年，李某光、李某是到玉林市容县六王镇。罗某某由岑溪往容县六王镇方向行驶途中，因操作不当造成交通事故。

交警部门认定罗某某承担全部责任。事故发生后，罗某某申请车辆全损理赔，某保险公司南宁分公司认为罗某某改变车辆使用性质，因此拒赔，罗某某遂诉至法院。另查明，罗某某在某网约车平台上注册了"顺风车"。乘客李某光、李某两人通过"顺风车"平台下单，罗某某获得平台结算金400元。根据车主端账单情况记载，罗某某有多达几十次的接单收费行为，且时间、金额均不固定。

【分析】

1月5日，北京市中闻律师事务所赵朋乐律师表示，此类案件的争议焦点在于顺风车车主是否将车辆用于营运。根据《保险法》第五十二条规定，因保险标的的危险程度显著增加而发生的保险事故，保险人不承担赔偿保险金的责任。投保人擅自改变车辆使用性能致使保险标的危险程度增加，保险公司可以拒赔。

【结论】

法院认定，罗某某使用平台载客收费行为性质上属于导致保险标的危险程度显著增加的行为，客观上增加了私家车发生交通事故的风险，符合保险条款约定以及《保险法》第五十二条规定的保险公司免责情形，判决某保险公司南宁分公司免于承担保险责任。

资料来源：佚名. 私家车跑"顺风车"时出事故，保险公司赔不赔？[EB/OL]. [2025-01-09]. https://baijiahao.baidu.com/s? id=1820742354152830778&wfr=spider&for=pc.节选。

（三）按保险价值是否约定划分

对以实物财产为保险标的的财产保险合同而言，按保险价值是否约定，保险合同可分为定值保险合同和不定值保险合同。定值保险合同是指订立保险合同时，双方当事人约定保险标的的保险价值并载明于合同中的保险合同。保险事故发生后，无论保险标的出险时的实际价值是多少，保险人都以保险合同中载明的保险价值为基础进行损失赔偿。海洋货物运输保险合同就属于定值保险合同。不定值保险合同是指订立保险合同时，双方当事人不预先约定保险标的的保险价值，并在合同中载明发生保险事故后，以保险标的的实际价值确定损失额进行赔偿的保险合同。一般的财产保险合同都属于不定值保险合同。

（四）按保险金额与保险价值的关系划分

按保险金额与保险价值的关系，保险合同可以分为足额保险合同、不足额保险合同和超额保险合同。足额保险合同是指保险金额与保险价值相等的保险合同，这种保险合同可以使被保险人获得充分的经济保障；不足额保险合同是指保险金额小于保险价值的保险合同，当保险事故发生并造成保险标的损失时，保险人根据保险金额与保险价值的比例承担赔偿责任；超额保险合同是指保险金额大于保险价值的保险合同，对于这种保险合同，当保险事故发生并造成保险标的损失时，保险人仅按照保险价值进行赔偿，高于保险价值的保险金额部分则视为无效。

（五）按承保的保险风险的多少划分

按承保的保险风险的多少，保险合同可以分为单一（或特定）风险保险合同、综合风险保险合同和一切险保险合同。单一（或特定）风险保险合同是指在保险合同中载明保险人只对某一种风险（或特定风险）承担保险责任的合同；综合风险保险合同是指承保多种风险责任的保险合同，这种保险合同对承保的风险必须在条款中一一列明；一切险保险合同是指保险人承保除列明"除外责任"（即不保风险）以外的其他所有风险责任的保险合同，这种保险合同在条款中不明确列举所承保的风险，而是以"除外责任"条款的方式来确定不承保的风险，以此界定承保风险的范围。

四、保险合同的形式

保险合同是要式合同，当事人订立保险合同要采用书面形式，目前保险合同的书面形式主要包括以下几种：

（一）投保单

投保单也称要保书，是投保人要求参加保险时所填写的书面要约，也是保险人根据具体的保险要求，决定是否承保、保险险别、保险条件、保险费率等的重要依据。投保单通常由保险人事先印就，投保人投保时按其所列的内容逐一填写，保险人据此核实情况，决定是否接受承保。投保单一经保险人签章承保，保险合同即告成立，保险人凭投保单出具保险单。

保险人出立正式保单后，投保单成为保险合同的重要组成部分。一份完整的投保单经投保人填具后，如果其内容被保险人完全接受，并在投保单上加盖承保印章，则保险合同视为成立。

（二）保险单

保险单也称保单，是保险人和投保人双方订立保险合同的正式书面文件，是由保险人签发给投保人收执的凭证。保险单将保险合同的全部内容详尽列明，是投保人与保险人履行权利义务的依据。当保险标的遭受保险责任范围内的灾害事故致损时，被保险人凭保险单向保险人索赔，保险人则凭保险单向被保险人或受益人支付赔款或给付保险金。

（三）保险凭证

保险凭证是保险人签发给投保人的承保凭证，是保险单的一种简化形式，与保险单具有同等的法律效力。保险凭证中只记载投保人与保险人约定的主要保险内容，凡是保险凭证中未列明的事项，均以同类保险单上所载内容为准。保险凭证可以单独使用，也可以与保单一并使用，目前主要在货物运输保险、团体人身保险及某些强制保险中使用。

（1）在货物运输保险中，根据预约保险单而出立。保险人将预约保险单的详细内容印制在已经保险人签署的空白保险凭证上，由被保险人在每批货物启运前自行填写承运船舶的名称、航程、开航日期、货物名称、标记、数量以及保险金额等项目，必要时加副签。通常被保险人应将保险凭证的副本送交保险人存档。保险凭证的副本可以替代启运通知书，作为被保险人根据预约保险合同向保险人所作的申报。

（2）在某些强制保险中，用来证明投保人已按规定办理了保险手续（如机动车辆第三者责任险），以便投保人等随身携带，以备有关部门检查。

（3）在团体保险中，总保险单一般由该团体的主持人保管，而团体内部的其他被保险成员则由保险人另外发给保险凭证，作为已办理保险的证明文件。

（四）暂保单

暂保单又叫临时保险单，是正式保险单或其他保险凭证签发前，保险人或保险代理人签发给投保人的临时保险凭证，表明投保人已经办理了保险手续，等待保险人出立正式保险单。它与正式保险单具有同等效力，只是有效期较短（一般为30天）。当正式保险单出具后，暂保单即自动失效，其效力归并到保险单中。

使用暂保单一般有下列几种情况：

（1）保险代理人在招揽到保险业务时尚未向保险人办妥保险单，临时向投保人开出的证明；

（2）保险公司的分支机构，在接受投保时，还须请示总公司审批，在核准前先向投保人开出的证明；

（3）在保险条件不能确定是否符合承保标准前，为避免草率出立保险单，可出立暂保单；

（4）在没有标准条款的险种中，出立正式保险单需要花费较多时间，保险人通常也采用出立暂保单的形式以保护被保险人的利益。

（五）批单

批单是保险合同双方当事人就保险单内容进行修改和变更的证明文件。批单不是订立保险合同的凭证，而是变更原保险合同的单证。批单一经签发，就成为保险合同的有机组成部分。在保险合同有效期内，如果投保人需要就保险单某些条款作个别修改，由投保人提出书面申请，经保险人同意后，出具批单附贴在保险单上（或在原保险单上签章背书即批注），以资证明。凡经过批改的内容，以批单为准，多次批改的，以最后批改为准。

✎ 知识拓展 3-2

保单生效前出事故可获赔付　英国财险的暂保单制度

在英国的财产保险中，为了保障被保险人的利益，设置了暂保单制度。暂保单的英文原文是 cover note，是指当被保险人将投保单交予保险公司或其代理人之后，在保险公司同意承保之前，如果发生保险事故，保险公司将予以赔付的保险凭证。这种暂保单通常出现在汽车保险、盗抢保险或者火灾保险等财产保险中，人寿保险中通常不会出现暂保单。

暂保单之所以出现，是因为保险公司不会马上接受被保险人的投保，在接到被保险人的投保单之后，保险公司需要一定的时间进行核保，亦需要一定的时间报请相关部门批准保险单，而这段时间被保险人所面临的风险没有保障。为了使被保险人的风险有所保障，同时也为留住客户，保险公司采取了暂保单的办法。特别是当保险公司将投保单交予保险公司的代理人时，从投保到承保的时间更长，因此更需要暂保单确保保险标的的损失能够获得补偿。

一、暂保单、信件、口头约定均有法律效力

空白暂保单由保险公司印制，通常采取格式文本的形式。在被保险人直接将投保单交予保险公司时，由保险公司出具暂保单，该暂保单上保险公司已经签章。签章表明，在暂保期间发生保险事故，保险公司将予以赔付。多数情况下，暂保单由保险公司交予代理人，再由代理人转交给被保险人。

关于保险公司与代理人之间转交暂保单的关系，通常有两种模式：第一种模式是，代理人具有直接签发暂保单的权利，即保险公司授权代理人签发暂保单。在这种模式下，保险公司将已经盖好保险公司印章的空白暂保单直接交给代理人，由代理人根据需要签发。此种情形下，暂保单虽由代理人签发，但保险公司将接受暂保单的约束，于发生保险事故时承担保险责任。第二种模式是，保险公司并没有将大量空白暂保单交予代理人，当代理人收到投保单之后，保险公司将已签章的暂保单交给代理人，再由代理人交给被保险人。当然，此种模式下保险公司仍然应当接受暂保单的约束。这两种模式的区别是：在第一种模式下，代理人具有广泛的签发暂保单的权利；而在第二种模式下，代理人签发暂保单的权利限于特定的投保单，每张暂保单都应当向保险公司申请。

不过，财产的暂保也不见得非得采取格式暂保单的形式，有时保险公司对被保险人发出的信件也可以作为暂保的依据。例如，当被保险人向保险公司递交投保书之后，保险公司没有对其发出暂保单文书，而是写信给被保险人，表示愿意对正式保单签发之前的期间予以暂保，这一信件就是暂保合同。在某些情况下，甚至保险公司或者代理人的口头表示也可以作为保险公司愿意暂保的依据。例如，保险公司或代理人当面或者打电话给被保险人，向其表示愿意暂时予以承保的意思，就可能构成口头的暂保合同。

二、暂保期间问题如何赔付最为关键

暂保期间问题是暂保制度中最重要的问题，保险合同当事人因暂保单发生的纠纷，十之八九因暂保期间而起。在保险公司通过核保以后决定接受保险的情形，暂保期间通常不成问题，因为保险公司将会签发保险单，保险单签发之后，暂保单自然失效。只有在保险公司不接受被保险人投保的情况下，暂保期间问题才显得非常重要。

当保险公司拒绝接受承保时，如果暂保单规定其效力截止于保险公司拒绝投保时，

则不会发生太大问题，暂保期间截止于被保险人知道保险公司拒绝其投保时。但是，当暂保单中规定了一个固定的期限作为暂保期间，譬如，从20×5年4月15日至20×5年5月14日，保险公司对被保险人在这一期间内的风险并不都予以承保；如果保险公司提前拒绝承保，比如保险公司在20×5年5月1日拒绝承保，则暂保期间只能截止到20×5年5月1日。

但是，也有可能出现这样的情形，即暂保单确定了某一期间作为暂保期间，在这一期间过去之后，暂保单依然有效的情形。这种情形的产生，一般是因为保险公司在暂保单中给自己附加了一定的义务，在这个义务没有完成之前，暂保单依旧有效。

通常情况下，暂保单最终被保险公司签发的保险单所代替，一旦被保险人收到保险公司签发的保险单，暂保单自动失效。

资料来源：梁鹏．保单生效前出事故可获赔付　英国财险的暂保单制［N］．中国保险报，2008-08-01.

任务二　保险合同的要素

任何法律关系都包括主体、客体和内容三个不可缺少的组成部分。保险合同的法律关系也是由这三个要素组成的，即保险合同的主体、保险合同的客体和保险合同的内容。

微课3-2

一、保险合同的主体

保险合同的主体是保险合同订立、履行过程中的参与者，包括保险合同的当事人和关系人。

（一）保险合同的当事人

保险合同的当事人，是指保险合同的双方缔约人。就订立保险合同时的缔约人而言，保险合同的当事人包括保险人和投保人。

1.保险人

保险人又称承保人，是指与投保人订立保险合同，并承担赔偿或者给付保险金责任的保险公司。其法律特征是：

（1）保险人必须是依法成立的经营保险业务的公司法人，任何自然人、未经许可的法人都不得擅自经营保险业务。

（2）保险公司必须采取法定的组织形式，在我国，保险公司必须是股份有限公司或国有独资公司。

（3）保险人是保险合同的一方当事人，与另一方当事人构成平等主体间的合同关系。

（4）保险人在保险合同中享有收取保险费的权利，承担赔付保险金的义务。

2.投保人

投保人也称要保人，是指与保险人订立保险合同，并按照保险合同负有支付保险费义务的人。其法律特征是：

（1）投保人可以是自然人，也可以是法人。投保人为自然人时，应当具有完全民事行为能力；投保人为法人时，应当具有民事权利能力。

（2）投保人必须对保险标的具有保险利益。

（3）投保人在保险合同中承担缴费义务，因此须具有缴付保险费的能力。

（二）保险合同的关系人

保险合同的关系人是指与保险合同有利害关系的人，他们虽然不是保险合同的缔约人，却享有保险合同规定的某些权利或承担保险合同规定的某些义务，包括被保险人和受益人。

1.被保险人

被保险人是指其财产或人身受保险合同保障，享有保险金请求权的人。在财产保险中，被保险人对保险标的具有保险利益，标的因保险事故发生而受损，会使被保险人的利益受损；在人身保险中，以被保险人的身体和生命为保险标的，直接受保险合同的保障。财产保险的被保险人可以是自然人，也可以是法人。人身保险的被保险人只能是自然人，且以死亡为给付保险金条件的保险合同，不能是无民事行为能力的人（未成年子女除外）。

2.受益人

受益人是指人身保险合同中由被保险人或投保人指定的享有保险金请求权的人。其法律特征是：

（1）受益人由被保险人或投保人在人身保险合同中指定，投保人指定受益人时，必须经被保险人同意。

（2）受益人不承担缴付保险费的义务而享有保险金的请求权，体现出特殊的权利和义务的不对等性。

（3）受益人没有主体资格限制，即使没有民事权利和行为能力的人，甚至胎儿也可以是受益人。若受益人有数人，被保险人或投保人可以指定受益顺序和份额；未指定顺序和份额的，由数个受益人均等分割保险金。

（4）受益权是一种期待权和请求权，受益人只有在被保险人死后才享有保险金请求权，受益人受领的保险金归受益人独享，不作为被保险人遗产，也不用于清偿被保险人的生前债务。

（5）出现投保人或被保险人未指定受益人、受益人先于被保险人死亡、受益人和被保险人同时死亡、受益人依法丧失受益权或放弃受益权而没有其他受益人等情况时，由被保险人的法定继承人受领保险金。

（6）被保险人或投保人有权变更受益人，无须经保险人认可或同意，但应当书面通知保险人。

3.投保人、被保险人和受益人的关系

投保人、被保险人和受益人合称投保方，三者之间的关系表现为：当投保人为自己的利益投保时，投保人即被保险人，但在其订立合同时只能称为投保人，只有当合同成立后，才称为被保险人；当投保人为他人利益投保时，投保人和被保险人为两个人，投保人缴费，被保险人享有保险金请求权；投保人可以为受益人，但必须由被保险人指定

或同意。从理论上说，被保险人也可以为受益人，就财产保险合同而言，保险标的损失的补偿，受益的就是被保险人。就人身保险合同而言，被保险人虽然可以指定自己为受益人，但受益人只有在被保险人死后才享有保险金请求权，被保险人指定自己为受益人毫无意义。

（三）保险合同的辅助人

保险合同的辅助人也叫保险中介人，是指在保险合同订立、履行过程中起辅助作用的人，包括保险代理人、保险经纪人和保险公估人。

1.保险代理人

保险代理人是代理保险人招揽、办理授权范围内保险业务而向保险人收取代理手续费的单位或个人。

2.保险经纪人

保险经纪人是投保方的代理人，是指基于投保方的利益，为投保人与保险人订立保险合同提供投保、缴费、索赔等中介服务，并依法收取佣金的中介人。

3.保险公估人

保险公估人是指接受保险当事人委托，专门从事保险标的评估、勘验、鉴定、估损、赔偿额的核算、洽商等业务的单位和个人。

二、保险合同的客体

保险合同的客体是投保人或被保险人对保险标的所具有的保险利益，它是保险合同的重要组成因素。

保险标的是作为保险对象的财产及其有关利益或者人的身体和寿命。它是有可能发生保险事故的本体，也是保险利益的载体。没有保险标的，保险利益就无从谈起。当标的遭受损失时，投保人或被保险人的利益就遭到损害。以财产或人身作为保险标的，财产或人身就是保险事故可能发生的本体。保险人对财产及其相关利益的损失或人身伤害及其费用损失承担赔偿或给付责任。除了人身保险、责任保险之外，保险标的是保险人进行保险估价和确定保险金额的依据。

保险合同的客体虽然与保险标的联系在一起，但是保险合同的客体不是保险标的本身，而是保险标的所体现的保险利益。这是因为保险合同保障的不是保险标的本身的安全，而是保险标的受损后投保人或被保险人、受益人的经济利益。风险是客观存在的，保险合同的订立并不能保证保险标的不发生危险和产生损失，当保险事故发生后，保险人不可能赔偿原有的保险标的，而只能对保险标的损毁给被保险人造成的经济利益损失或者遭受的精神痛苦予以补偿或给付保险金。因此，保险合同中规定的权利义务所指的对象，即保险合同的客体是投保人或被保险人对保险标的所具有的保险利益。

三、保险合同的内容

保险合同的内容，即保险合同的条款，是规定保险合同双方当事人的权利和义务及其他有关事项的文字条款，是当事人双方履行合同义务、承担法律责任的依据。保险合同条款有基本条款和特约条款两类。

（一）基本条款

基本条款是按照法律规定必须在保险合同中列明的内容，缺少这些内容，保险合同就不能成立。《保险法》规定，保险合同的基本条款包括以下事项：

1.保险合同当事人和关系人的情况

该条款主要包括保险人的名称、地址，投保人、被保险人的姓名、性别、年龄、身份证号码和住址，受益人的姓名、性别和受益份额。明确当事人的上述情况，是履行保险合同的必要保证，且具有以下作用：

（1）便于保险人对投保方进行通知、催告、理赔等；

（2）便于投保方履行危险增加通知义务、出险通知义务、变更合同等；

（3）明确了保险合同的履行地点和合同纠纷的诉讼管辖。

2.保险标的

该条款通常包括保险对象的名称、数量、坐落地点和状况等事项。保险标的是保险合同客体——保险利益的载体，明确保险标的，便于确定保险合同的种类、判断保险利益是否存在，也是保险人确定承担保险责任范围的重要依据。

3.保险责任和责任免除

保险责任条款和责任免除条款是保险合同的核心内容，也是各险种相区别的重要标志。保险责任是指保险合同约定的、保险人承担赔付保险金责任的范围，也称承保责任。保险责任通常由保险人根据不同险种事先确定，载明于保险合同中。投保人根据保险标的性质和自身需要选择投保相关险种。责任免除是指保险合同约定的、保险人不承担保险责任的具体范围，也称除外责任，具体包括不保风险、不赔损失和不保标的，如战争、核辐射、暴乱、正常磨损、自然损耗等风险造成的损失。除外责任必须是明示的，不允许以默示的方式作出。

4.保险期限和保险责任开始时间

保险期限即保险合同的有效期，是指保险合同从生效到失效所持续的时间，也就是保险人对被保险人承担保险责任的起讫时间。其确定方式有两种：一是自然时间界限，即当事人双方从起保日的零时开始到期满日的24时止直接约定合同期限；二是按某一事件的起始和终止日确定。例如，旅客意外伤害保险、货物运输保险是以旅程、航程的开始与结束为一个保险期限。保险责任开始时间，是指保险人开始承担保险责任的某一确定时刻。就一般保险合同而言，其生效日往往就是保险责任开始的时间；有免责期规定的保险合同，超过免责期的那天零点，才是保险责任真正开始的时间，如健康保险合同；还有些保险合同的责任开始时间是附条件而不确定的，如高速公路乘客意外伤害险，只有车辆驶入高速公路收费口这一条件形成了，保险人才开始承担保险责任。

5.保险价值和保险金额

保险价值是保险标的的价值，是保险金额确定的基础。它可以由投保人和保险人约定并在合同中载明，也可以根据在发生保险事故时保险标的的实际价值来确定。保险金额简称保额，是投保人对保险标的的实际投保金额，它是计算保险费的依据，也是保险人承担赔偿或给付保险金责任的最高限额。一般情况下，财产保险的保额必须以保险价值为依据来确定，人身保险的保额根据被保险人的实际需要、投保人的缴费能力等因素，由保险双方当事人协商确定。

6.保险费及其交付办法

保险费简称保费，是订立保险合同后，投保人交付给保险人的，以获得保险保障的代价。保险费是保险基金的来源，也是投保人应履行的基本义务，其多少取决于保险金额、保险期限和保险费率等因素。依照《保险法》的规定，主要险种的保险费率由保监会（现为国家金融监督管理总局）制定，其他险种的保险费率应报国家金融监督管理总局备案。交付保险费是投保人的义务，也是保险合同生效的条件之一。保费交付办法一般根据保险期限确定，期限较短的财产保险、人身意外伤害保险和健康保险，通常在订立合同时一次性交清，即趸交；人寿保险期限较长，可以趸交，也可以分期交付。投保人可以选择按月交付、按季交付、按半年交付、按年交付等方式，同时确定交付日期并在合同中注明。

7.保险金的索赔与理赔

索赔是在保险合同有效期内发生约定的保险事故并受到损失后，被保险人向保险人提出赔偿或者给付保险金请求的活动。理赔是保险人对被保险人的索赔申请进行赔偿处理的活动。其中关于保险金的赔偿或给付办法，要根据具体险种在合同中加以确定。

8.违约责任和争议处理

违约责任是指保险合同当事人违反合同约定的义务而应当承担的法律后果。明确违约责任，在一定程度上可以防范违约行为的发生。争议处理是指保险合同发生争议时的解决方式。

9.订立保险合同的时间

订立保险合同的时间，是指保险人同意承保后，在投保单上签字盖章所注明的时间，而不是投保人填写投保单时注明的时间（当然，二者也有一致的可能）。订立保险合同的时间，对于判断保险合同何时成立、保险期限何时起算、保险责任何时开始、投保人对保险标的是否具有保险利益、投保时保险事故是否发生等都具有重要意义。

（二）特约条款

特约条款是允许保险合同当事人自由协商约定的条款。特约条款主要有两类：附加条款和保证条款。

1.附加条款

附加条款是指保险人为满足投保人或被保险人的特殊需要，在保险合同基本条款的基础上，增加一些补充内容，以扩大承保责任范围的条款。附加条款是对基本条款的变更补充，其效力优于基本条款。

2.保证条款

保证条款是在保险合同中要求投保方在合同有效期内保证遵守的规定。保证条款一经约定，投保方必须严格遵守，否则，保险人有权解除合同或拒绝承担赔付责任。

任务三　保险合同的订立与履行

微课 3-3

　　保险合同的订立，是指投保人和保险人在意思表示一致的情况下订立保险合同的行为。保险合同的履行，是指保险合同成立后，双方当事人完成各自承担的义务，保证对方权利实现的整个行为过程。保险合同的订立与履行过程中有许多方面区别于其他经济合同。

一、保险合同的订立

（一）保险合同订立的程序

　　保险合同的订立，是当事人之间的一种合意行为，需要经过一方当事人提出保险要求，另一方当事人表示同意承保的程序，即保险合同只有经过要约和承诺两个阶段才能成立。

1.要约

　　保险上的要约又称为要保，是指投保人向保险人提出保险要求的意思表示。投保人要约是订立保险合同必需的、首要的程序。要约在我国必须是书面形式，需要填写投保单。投保单是保险人事先印好向投保人提供的，可以称为要约邀请。只有投保人按照投保单所列举的内容逐一填写好并交给保险人或其代理人时，才构成要约。投保人填写的内容准确与否，直接关系到投保人是否履行了如实告知义务。

2.承诺

　　保险上的承诺也叫承保，是指保险人同意投保人提出的保险要求的意思表示。具体地说，就是保险人认可了投保人在投保单上填写的所有内容，接受了投保人在投保单上提出的所有条件，同意在双方合意的条件下承担保险责任。保险人承诺是保险合同订立的必需程序。保险人承诺，既可以由保险人自己作出，也可以由其代理人作出。

　　在订立保险合同的过程中，投保人通常为要约人，保险人通常为承诺人，但保险人的承诺必须是无条件的。如果保险人在同意承保的同时，又提出一些附加条件，不能视为承诺而只能视为新的要约。这种新的要约必须经原要约人（投保人）承诺，保险合同才能成立。可见，保险合同的订立过程也可能是一个反复要约，直至承诺的过程。

（二）保险合同的成立与生效

　　保险合同的成立是指投保人与保险人经过要约、承诺的程序而达成了协议。在实际工作中，保险人在投保单上签字盖章后，保险合同即告成立。保险合同成立后，保险人应及时签发保险单或其他保险凭证。保险合同成立不一定标志着保险合同生效，保险合同成立与生效是两个既有联系又有区别的概念。

　　保险合同生效是指在合同成立的前提下，合同条款开始对签约双方产生法律约束力。一般情况下，保险合同一经成立就开始生效（在我国，保险合同的生效起始时间采用"零时起保"方式确定），但也有特殊情况，例如，有些保险合同双方当事人在合同中约定了生效时间；有些保险合同约定以投保人交付第一笔保险费的时间为生效时间；有些保险合同过了试保期后才开始生效，试保期即观察期，被保险人在此期限内发生类似的保险事故，保险人不承担保险责任；还有些保险合同，如涉外保险业务，根据某些国家的法律规定，承诺须传达给要约人时才生效。

案例分析 3-2

投保当天出事故理赔频遭拒，谁在制造车险时效"盲区"

【案情】

2022 年 4 月 19 日，黑龙江省铁力市的金先生通过电子承保的方式为其车辆投保了交强险，交费时间、出单时间均为 4 月 19 日 12 时 48 分，但保单确定的保险生效时间却是 4 月 20 日零时，二者相差近 12 个小时。

不幸的是，该车辆在当天 19 时 55 分发生了交通事故，驾驶员被判负主要责任。出险后，金先生要求保险公司给予理赔，对方以保险尚未生效为理由拒绝。金先生不接受保险公司的说法，将其诉至黑龙江省铁力市人民法院。

【分析】

一审法院铁力市法院和二审法院伊春市中级人民法院均认为，保单中"保险期间"一栏系打印体文字，根据《民法典》规定：格式条款是当事人为了重复使用而预先拟定，并在订立合同时未与对方协商的条款。由于保险合同是标准合同，"次日零时起生效"是保险公司为了重复使用而事先拟定的，而且将该条加入保险合同的行为事先并未与投保人协商，是由保险公司单方确定的，因此，该条款性质属于格式条款。"次日零时生效"条款实质上形成了对保险公司一定责任的免除，加重了投保人的责任，排除了投保人从缴纳保费到格式条款起保这一段可能获得的期待利益的权利，故该免责条款无效。

【结论】

之后保险公司执行了法院判决，向消费者支付了理赔款。

资料来源：刘传江.谁在制造车险时效"盲区"[N].中国消费者报，2023-06-27.节选。

二、保险合同的履行

保险合同的履行是双方当事人依法全面完成合同义务，保证对方权利实现的整个行为过程，包括当事人权利义务的履行以及保险合同的变更、中止和终止等内容。

（一）当事人权利义务的履行

1.投保方权利义务的履行

投保方在合同履行过程中，主要有以下义务：

（1）按期、足额交付保险费。交付保险费是投保人最基本的义务，投保人必须按照保险合同约定的交费期限、交费数额和交费方式履行交费义务。投保人未履行义务的，保险人可以中止乃至终止保险合同效力，或者拒绝承担保险责任。

（2）维护保险标的安全。在财产保险中，保险合同生效后，投保人或被保险人应当遵守有关规则，正常使用、管理保险标的，维护标的安全。同时，在合同有效期间，保险人可以对保险标的的安全状态进行检查，向投保人或被保险人提出消除不安全因素和隐患的建议，投保方应当予以配合。否则，保险人有权要求增加保费或解除合同。

（3）履行危险增加通知义务。当保险标的出现了订立保险合同时双方当事人未曾估计到的危险情况，投保人或被保险人应及时通知保险人。保险人接到通知后，根据新的情况，有权要求增加保费或解除合同；如果保险人接到通知后未做任何表示，即为"默认"，以后不得再要求增加保费或解除合同，发生保险事故后，应当承担保险责任。

（4）履行出险通知义务。当保险事故发生了，投保人或被保险人应当在合同约定的期限内向保险人通报。规定出险通知义务的目的在于使保险人及时采取施救措施，避免事故蔓延和损失扩大，同时便于保险人得以迅速调查事实真相、确定责任。如果投保人或被保险人未在规定时间内将出险情况通知保险人，由此造成的损失扩大，保险人将不承担扩大部分的保险责任。

（5）履行积极施救义务。保险事故发生时，被保险人应当采取一切必要的抢险措施，阻止事故的继续和蔓延，尽量避免损失的扩大。

（6）履行协助追偿义务。如果保险事故的发生依法应当由第三者承担赔偿责任，在保险人支付保险赔偿金后，投保方应履行协助追偿义务。

投保人或被保险人的权利主要有两个：一是发生保险事故造成损失时，有向保险人索赔的权利；二是有了解保险条款真实情况的权利。

2.保险人权利义务的履行

保险人在合同履行过程中的义务主要有：

（1）履行说明义务。它是指保险人应当向投保人说明保险合同条款内容，尤其是对其中的责任免除条款更要明确说明。

（2）履行及时签单义务。保险合同成立后，保险人应及时向投保人签发保险单或其他保险凭证，以作为书面合同的证明，使投保方尽早获得保险保障。

（3）履行保密义务。投保人在订立保险合同时，应向保险人如实告知重要事实，那么保险人对在办理保险业务中知道的投保人和被保险人的业务、财务等情况负有保密义务。

（4）承担赔偿或给付保险金的责任。承担赔付保险金的责任，是保险人履行合同最基本的义务。只要保险事故一经确认，保险人应及时、准确地履行赔付保险金的责任，不得无故拖延。否则，由此造成被保险人或受益人损失的，保险人除赔付保险金外，还要承担损失赔偿或违约责任。

（5）承担施救及其他合理费用。投保方于保险事故发生时有积极施救的义务，这样可以避免损失的扩大，减少保险人的赔付责任，由此发生的合理费用由保险人承担，且保险人承担的这些费用不能从应当赔付的保险金中支付，而要在赔付的保险金之外支付，但金额以不超过保额为限。

保险人的权利主要有收取保费权、防损建议权和代位追偿权。

案例分析 3-3

保险公司未尽免责说明义务，免责条款无效

【案情】

2022 年 8 月 2 日，被告刘某驾驶电动自行车沿达拉特旗某街由西向东行驶至 A 酒吧门前时，将在此处站立的行人苏某碰撞倒地，造成原告苏某受伤及车辆受损的道路交通事故。后相关部门认定被告刘某承担此次事故的全部责任，原告苏某无责任。原告被诊断为左侧胫骨平台骨折，左足跗跖关节复合体骨折。原告申请伤残及三期鉴定，某司法鉴定中心出具司法鉴定意见书，结论为原告伤残等级为十级。

发生事故后，原告向保险公司申请理赔，保险公司辩称：案涉保单三者保险责任范围为死亡伤残赔偿金、医保内医疗费用、误工费、财产损失赔偿金，余项不属于保险责任范围，无须履行明确说明义务；关于答辩人保险责任免除条款部分，也视为答辩人已经尽到明确说明义务，因此拒绝赔付。

【分析】

法院审理后认为，行为人因过错侵害他人民事权益造成损害的，应当承担侵权责任。本案中双方当事人对事故认定书均无异议，依据该事故认定书结合事故发生的经过，本院对双方承担民事赔偿责任认定为被告刘某承担全部赔偿责任。因事故发生时，被告刘某在配送"美团"订单，其与被告某公司形成雇佣关系，被告刘某在配送"美团"订单时将原告撞伤，应由被告某公司承担。因被告某公司在被告保险公司处投保了骑手雇主责任险，保障内容分为雇主责任、第三者责任，其中第三者责任每人赔偿限额为 65 万元。其投保的目的在于，如遇工作人员在工作过程中致第三者损害的，将赔偿责任转由保险公司承担。故被告保险公司应当在保险责任限额范围内优先赔偿，不足部分由被告某公司承担。

被告保险公司辩称，被告某公司和被告保险公司签订的保险单为格式条款，该条款特别约定："前述列明以外的项目和费用为除外责任"，包括但不限于"营养费、护理费、交通费、丧葬费、精神损害赔偿……"，该特别约定为免除责任条款。

【结论】

依据《保险法》第十七条规定："订立保险合同，采用保险人提供的格式条款的，保险人向投保人提供的投保单应当附格式条款，保险人应当向投保人说明合同的内容。对保险合同中免除保险人责任的条款，保险人在订立合同时应当在投保单、保险单或者其他保险凭证上作出足以引起投保人注意的提示，并对该条款的内容以书面或者口头形式向投保人作出明确说明；未作提示或者明确说明的，该条款不产生效力。"

依据被告保险公司现有证据不足以证明其尽到提示或说明义务，法院对被告保险公司关于免责条款的辩称不予支持，依法支持原告的诉讼请求。一审判决作

出后，双方当事人均未上诉，目前该判决已生效，且保险公司已全部履行了赔偿义务。

资料来源：达拉特旗人民法院.【以案释法】保险公司未尽免责说明义务，免责条款无效，拒赔不成立［EB/OL］.［2024-09-29］. http://dltqfy.nmgfy.gov.cn/article/detail/2024/09/id/8136869.shtml.

（二）保险合同的变更

保险合同的变更是指在保险合同有效期内，由于订立保险合同时所依据的主客观情况发生变化，双方当事人按照法定或合同规定的程序，对原保险合同的某些条款进行修改或补充的行为。

1.保险合同主体的变更

保险合同主体的变更有两个基本特征：一是不改变合同权利义务和客体；二是合同主体变更的对象主要是被保险人、投保人或受益人，保险人一般是不可能变更的。

（1）被保险人变更。被保险人变更的情况主要出现在财产保险中，大都是由保险标的的权利发生转移而引起的，如因继承、赠与、买卖等活动导致的所有权转移使原被保险人丧失对该保险标的的保险利益，因而须变更被保险人。此外，被保险企业的分立或合并、被保险家庭的分家等，也会引起被保险人变更。在财产保险中（除货物运输保险外），保险合同主体的变更都须征得保险人同意，在原保单上批注或附贴批单后，保险合同才能转移并且继续有效；人身保险合同中的被保险人一般不存在变更，因为人身保险合同的承保与否及保费的多少与被保险人的年龄、健康状况等紧密联系，若投保人变更被保险人，相当于重新投保。因此，人身保险合同不存在被保险人变更的情况。

（2）投保人变更。财产保险合同由于期限短、保费一次缴清等特点，投保人不存在变更的情况；人身保险合同由于期限长、分期缴费等特点，会出现投保人变更的情况，如缴费期间因投保人死亡、婚变等而无法继续缴费或不愿继续缴费，为了使保险合同继续有效，就要变更投保人。

（3）受益人变更。在人身保险合同中，被保险人或投保人可以变更受益人，投保人变更受益人应经被保险人同意。被保险人或投保人变更受益人无须经保险人同意，但应书面通知保险人，并在保险单上批注或附贴批单。

2.保险合同客体的变更

保险合同客体的变更是指保险标的价值增减变化引起保险利益发生变化时，需要变更客体以获得足够的保险保障。保险客体的变更一般由投保人提出，也须经保险人同意加批后才能生效。保险人通常根据变更后的保险合同客体同时调整保险费。

3.保险合同内容的变更

保险合同内容的变更主要是指双方当事人权利和义务关系的合同条款的变更，例如，财产保险中保险标的的种类、数量、存放地点、危险程度、保险责任、保险期限、保险金额等的变更，人身保险中被保险人的职业、保险金额、缴费方式等的变化。这些变化都会影响到保险人所承担的风险大小，因而需要变更原合同条款。保险合同中任何一方当事人都有变更合同内容的权利，但通常是由投保人提出，经保险人同意加批后才能生效。

案例分析 3-4

转让车辆但未办理保险变更手续的赔偿责任

【案情】

周某驾驶轿车与骑电动车的郑某发生碰撞，致郑某死亡。二人对事故负有同等责任。周某轿车系从李某处购得，该车投保了机动车交通事故责任强制保险（以下简称"交强险"）和商业第三者责任险，但未去保险公司办理变更手续。郑某之妻以周某及保险公司为被告提起诉讼。保险公司辩称，该车已经转让但未办理保险变更手续，根据法律规定和保险合同约定，其在交强险和商业第三者责任险范围内均免责。

【分析】

1. 未办理变更手续不影响在交强险范围内承担赔偿责任

虽然《机动车交通事故责任强制保险条例》第十八条规定，被保险机动车所有权转移时，应当办理机动车交通事故责任强制保险合同变更手续。但其并没有对未办理变更手续发生交通事故的责任承担作出规定。从立法初衷来看，交强险制度的设立是为了最大程度保护受害人的合法权益，对车不对人，也即"随车主义"，即使车辆转让未办理保险合同变更手续，发生事故后保险公司还是应当赔偿，否则不利于保护受害人，也违背了投保的目的。而且无论车辆转让是否导致危险程度显著增加，保险公司均不得解除交强险保险合同，这充分体现了交强险强制性的特点，从而有别于其他商业险。因此，《最高人民法院关于审理道路交通事故损害赔偿案件适用法律若干问题的解释》（法释〔2020〕17号）第二十条明确规定，机动车所有权在交强险合同有效期内发生变动，保险公司在交通事故发生后，以该机动车未办理交强险合同变更手续为由主张免除赔偿责任的，人民法院不予支持。

2. 商业第三者责任险应依据合同约定进行处理

商业第三者责任险属于商业保险范围，受到《民法典》《保险法》的影响。根据《保险法》第四十九条第一款和第二款的规定，保险标的转让的，保险标的的受让人承继被保险人的权利和义务；保险标的转让的，被保险人或者受让人应当及时通知保险人。根据上述规定，实践中，车辆所有权发生变动的，被保险人或者受让人应当及时通知保险人。根据《保险法》第四十九条第三款的规定，因保险标的的转让导致危险程度显著增加的，保险人自收到前款规定的通知之日起30日内，可以按照合同约定增加保险费或者解除合同。因此，即时履行通知义务是被保险人和受让人的义务。

同时，商业保险是由投保人与保险人根据平等、自愿、协商一致的原则，通过订立保险合同而建立的民商事法律关系。因此，保险合同是确定合同当事人之间权利义务关系的基础，当事人应当遵守合同约定，按照合同内容享有权利、履行义务。本案中，保险合同约定："被保险机动车转让他人，未向保险人办理批改手续的，保险人不负责赔偿。"根据该条款约定，结合本案实际情况，保险公司在商业第三者责任险范围内免责。

资料来源：王勇. 转让车辆但未办理保险变更手续的赔偿责任〔N〕. 人民法院报，2016-11-09.

（三）保险合同的中止

保险合同的中止，是指在保险合同有效期内，由于某种原因的发生使保险合同无法继续履行，合同效力暂时停止的状况。例如，人身保险合同约定分期缴付保险费，超过规定期限未缴付当期保费的，保险合同中止。在合同中止期间发生的保险事故，保险人不承担赔付责任。根据有关规定，被中止的保险合同可以在合同中止后的2年内申请复效，同时补缴保费及其利息。复效后的合同与原保险合同具有同样的效力，可继续履行。

（四）保险合同的终止

保险合同的终止，是指保险合同的效力永久停止，即保险合同规定的当事人的权利义务归于彻底消灭。保险合同的终止可以分为自然终止和提前终止两类。

1.自然终止

自然终止是指无须当事人行使终止权的意思表示，保险合同的效力永久停止。保险合同自然终止的原因主要有：（1）保险期限届满；（2）保险合同履行完毕；（3）人身保险合同中被保险人死亡；（4）财产保险合同中保险标的的灭失。

2.提前终止

提前终止即保险合同的解除，是由于当事人行使终止权的意思表示，保险合同的效力永久停止。保险合同的解除分为投保人解除和保险人解除两种。

各国保险法都规定，除非法律另有规定或合同另有约定，保险合同成立后，投保人可以随时解除保险合同。这说明，投保人享有广泛的合同解除权，如果不考虑经济损失的话，保险合同成立后，投保人可以在任何时间解除保险合同。投保人不能解除合同的主要是特殊险种，如货物运输保险合同和运输工具航程保险合同。

对保险人来说，保险合同成立生效后，不得任意解除合同。从法律规定看，保险人得以解除合同的前提是投保人、被保险人或受益人有违约或违法行为。在我国，保险人可以解除合同的情况主要有以下几种：（1）投保人未履行如实告知义务；（2）投保人未履行维护标的的安全义务；（3）投保人未履行危险增加通知义务；（4）投保人谎称发生保险事故骗保；（5）投保人故意制造保险事故；（6）人身保险合同中止后未能复效。

任务四　保险合同的争议处理

微课3-4

保险合同的争议是指在保险合同履行过程中，合同当事人之间因为对合同的条款理解有分歧而发生纠纷。能否及时、准确地解决保险纠纷，对规范保险活动、保护合同当事人的合法权益具有十分重要的意义。

一、保险合同的解释原则

保险合同应该做到条款齐全、文字准确，使之成为保险合同双方履行权利和义务的可靠法律依据。但在实际工作中，保险双方当事人由于多种原因仍会对合同条款的理解产生分歧。对此，应遵循以下原则对保险合同进行合理解释：

（一）文义解释原则

文义解释原则，是指保险合同条款中的文字应按普遍的理解、通常的含义进行解释。在一个合同内出现的同一个用语采用相同的解释；在合同中所用的专门术语，应按该术语所属专业部门的标准解释。

（二）意图解释原则

意图解释原则，是指当保险合同的条款因使用的文字用词概念混乱、意思表示不清而产生纠纷时，应根据双方当事人订立合同时的真实意图进行解释。这种真实意图一般要根据订立合同时的背景、客观情况、合同条款所用文字等综合因素进行分析判断。

（三）有利于被保险人或受益人的解释原则

有利于被保险人或受益人的解释原则，是指当保险合同条款出现逻辑混乱、语义不清等情况而产生纠纷，按照其他解释原则难以判明当事人真实意图时，应当作出有利于被保险人或受益人的解释。规定这一原则的根本原因在于保险合同是由保险人事先拟定的，投保人只能表示接受与否，且在专业知识、保险信息等方面投保人也处于弱势地位。为体现公平，在解释保险合同条款时，就要充分考虑投保人的利益。

（四）效力从优原则

效力从优原则的意思是保险合同的当事人在合同中所约定的事项出现相互冲突的情况时，为了尊重保险合同当事人的真实意图，法律规定其中某些约定的效力优于其他的一些约定。在具体实践中，这一原则主要表现为以下几个方面：

（1）当口头约定与书面约定不一致时，由于书面约定更能体现当事人的意图，所以书面约定优于口头约定。

（2）根据《最高人民法院关于适用〈中华人民共和国保险法〉若干问题的解释（二）》第十四条规定，保险合同中记载的内容不一致的，按照下列规则认定：

① 投保单与保险单或者其他保险凭证不一致的，以投保单为准。但不一致的情形经保险人说明并经投保人同意的，以投保人签收的保险单或者其他保险凭证为准。

② 非格式条款与格式条款不一致的，以非格式条款为准。

③ 保险凭证记载的时间不同的，以形成时间在后的为准。

④ 保险凭证存在手写和打印两种方式的，以双方签字、盖章的手写部分的内容为准。

（3）当保险合同的特约条款与一般条款出现不一致时，由于特约条款是当事人对一般条款的补充，更能体现当事人的意图，所以特约条款优于一般条款。

（4）当保险合同的内容以不同形式记载时（如除了印就的保险单外，还有加贴印就的条款、出立的批单、以手写或打印的方式在保险单上批注等），如果不同形式的条文在内容上相互冲突，根据其具有真实性程度的大小，后加的条款优于原有的条款，手写的条款优于打字的条款，打字的条款优于贴上的附加条款，贴上的附加条款优于保险单原有的条款。

（五）尊重保险惯例的原则

保险业是一种特殊的行业，也是一种专业性极强的行业，在长期发展过程和经营活动中，保险业产生了许多专业用语和行业习惯用语，这些用语已经为世界保险业所接受，但往往与人们在日常生活中的用法有一定的区别，所以在对保险合同进行解释时就要充分考虑到这一点，要尊重保险惯例。

二、保险合同的争议处理方式

保险合同的争议处理一般有以下三种方式：

1. 协商

协商是在争议发生后，双方当事人在平等互利、互谅互让的基础上对争议事项进行协商达成共识以解决纠纷的方式。这种解决方式气氛比较友好，既能解决争议，又可以节约费用，有利于保险合同的继续执行。

2. 仲裁

仲裁是指当事人双方发生的合同纠纷诉诸有关仲裁机构作出裁决的一种争议处理方式。当通过协商不能解决争议或不愿采用协商解决争议时，可以通过仲裁方式进行处理。该方式依据有关仲裁法律进行，具有一裁终局的特点，一经作出便产生法律效力，必须执行。

3. 诉讼

诉讼是指保险合同的一方当事人按有关法律程序，通过法院对另一方提出权益主张，并要求法院通过审判予以裁决的争议处理方式。该方法实行二审终审制度，当事人对已生效的判决必须执行，同时法院有权强制执行判决。

案例分析 3-5

当事人对保险合同中格式条款发生争议的解释原则

【案情】

2023 年 9 月 15 日，李某在保险公司投保百万住院医疗保险，保险期限为一年，承保项目包括一般医疗保险及重大疾病医疗保险等。2024 年 1 月 2 日，李某突发胸闷等症状住院治疗，被诊断为急性前壁心肌梗死 killp I 级。经过一系列检查和手术治疗，李某于 2024 年 1 月 8 日出院，住院 6 天，花费医疗费 25 764.41 元，其中统筹支付 16 424.87 元，现金支付 9 339.54 元。李某向保险公司提出理赔被拒，遂诉至焦作市中站区人民法院，要求保险公司按照保险合同约定赔付自费住院医疗费用 9 339.54 元及住院津贴保险金 900 元。

【分析】

双方争议焦点在于原告的伤情是否属于保险条款约定的重大疾病。被告认为原告检测的是高敏肌钙蛋白，而非合同约定的肌钙蛋白，二者是不同指标，故原告病情不应认定为重大疾病。原告则认为高敏肌钙蛋白是对常规肌钙蛋白检测的升级，该检测符合保险合同约定，病情应认定为重大疾病。

【结论】

法院认为，原告在被告处投保，双方保险合同关系成立。高敏肌钙蛋白和肌钙蛋白虽属于两项检测指标，但都是对心肌损伤时进入血液的肌钙蛋白含量的测定。

依据《民法典》第四百九十八条规定："对格式条款的理解发生争议的，应当按照通常理解予以解释。对格式条款有两种以上解释的，应当作出不利于提供格式条款一方的解释。"被告对保险合同中"心肌损伤标志物肌钙蛋白升高"解释为仅指临床治疗中对肌钙蛋白检测项目测定时升高，法院不予采信；被告以原告未对肌钙蛋白进行检测进而拒绝对原告理赔的理由亦不成立。原告被诊断为急性前壁心肌梗死，且高敏肌钙蛋白检测超过正常值20倍，符合保险合同中关于较重急性心肌梗死的约定。法院判决被告某保险公司于判决生效后10日内支付原告李某 10 239.54 元赔偿款。

资料来源：刘俊华，时俊亚，徐耀军. 保险合同格式条款有争议［N］. 河南法治报，2024-10-30.

☑ 知识拓展 3-3

公证书不能证明受益人变更

吴先生以自己为被保险人在保险公司投保了一份人寿保险，身故保险金为10万元，并指定其妻子赵某为身故受益人。两年后，吴某与赵某感情不和离婚。其后不久吴某再婚，并于次年11月9日到当地司法局的公证处办理了一份写有"自本日起受益人由吴某的前妻赵某变更为现任妻子林某"的公证书。由于拿到了司法局出具的公证书，吴某认为该变更已经产生法律效力，但并未将变更受益人一事通知保险公司。

后来，吴某外出时遭遇车祸身亡。之后，林某以受益人身份向保险公司报案，并申请理赔，要求领取身故保险金。保险公司审核相关资料和公证书后认为，吴某的意外身故属于保险责任范围内的保险事故，可以赔付，但是吴某未将变更受益人的情况书面通知保险公司，该变更无效。

公证书效力分三种：

1.证据上的效力。一切公证书都有法律上的证据效力。因为公证是对法律行为、有法律意义的文书或事实的真实性与合法性予以确认证明，一旦发生纠纷，公证书就成为特殊的书证，证明力较强。人民法院对经过公证证明的法律行为、法律事实和文书，应当确认其效力。在审判人员认为没有异议的情况下，即可将公证书作为证明事实的证据。

2.执行上的效力。我国公证暂行条例规定，对于追偿一定数额的金钱或物品的债权文书，经审查，该项债权的权利与义务关系明确，当事人双方对债权本身无争议，债务人应履行、能履行而不履行时，公证机关可以给予有强制执行效力的证明。这种证明具有强制执行的效力，债权人可据此向人民法院提出执行申请。

3.法律上的效力。法律规定或当事人约定必须公证证明的法律行为，是该项法律行为生效的条件之一，如没有进行公证，该项法律行为就没有生效。

吴某作为投保人，也是被保险人，能够自由行使变更受益人的权利，而且他一旦行使这个权利，保险人和受益人是无权拒绝的。但是，《保险法》第四十一条第一款规定："被保险人或者投保人可以变更受益人并书面通知保险人。保险人收到变更受益人的书面通知后，应当在保险单或者其他保险凭证上批注或者附贴批单。"

知识掌握

1.保险合同有哪些特征？如何理解？

2.保险合同的种类有哪些？

3.保险合同的书面形式主要有哪些？它们有何区别？

4.简述保险合同的主体、客体和内容。

5.保险合同在什么情况下需要变更？

6.比较保险合同的中止与终止。

7.保险合同的解释应遵循哪些原则？

8.保险合同的争议处理有哪些方式？

知识应用

·案例分析

案例一　　　　　车主不是被保险人，保险公司该赔吗？

黄某拥有一辆二手的标致小轿车，车牌为闽C×××××号，仅向保险公司投保了交强险。2020年10月，黄某与妻子拟前往外省的儿子家居住一年，遂将汽车借给朋友张某使用。张某接到车后发现车辆仅投保了交强险，于是就以自己的名字作为投保人和被保险人向保险公司为闽C×××××号小轿车投保了机动车损失险和商业第三者责任险，并交纳了保险费。保险期限自2020年11月3日至2021年11月2日止。2021年7月，黄某夫妇提前回家了。张某就将小轿车交还黄某。2021年9月1日，黄某驾驶该辆小轿车冲撞了路中花圃，造成黄某轻微受伤及车辆损失的道路交通事故，之后黄某向交警大队和保险公司报案。交警大队认定黄某负全部责任。保险公司也及时赶到现场查勘，车辆损失119 046元。当黄某向保险公司索赔时，保险公司认为，黄某不是被保险人，不具有保险索赔主体资格。而后，黄某又让张某前往索赔，张某又被以对车辆没有保险利益为由拒赔。

资料来源：李毅文. 车主不是被保险人，保险公司该赔吗？[EB/OL].[2022-04-20]. https://baijiahao.baidu.com/s?id=1620244356032099818&wfr=spider&for=pc.有修改。

问题：车主不是被保险人，保险公司该赔吗？

案例二　　　　　受益人身份和姓名不一致，保险公司该不该赔？

2017年7月21日，中央电视台《今日说法》栏目播出了一个保险案例，颇引人关注。江苏的石某给自己买了一份人寿保险，保险合同上受益人栏填写的是钟某，与被保险人关系填写的是"配偶"。不幸的是，几个月后石某因事故去世。其死亡符合保险赔偿条件，但保险公司拒绝向钟某理赔，理由是投保人石某虽然指定钟某为受益人，但在保单上注明受益人关系为配偶，可钟某与他并没有领取结婚证，不存在法律意义上的配偶关系。

资料来源：王卫国，张城赫. 受益人身份和姓名不一致，保险公司该不该赔？[N]. 中国保险报，2017-07-27.

问题：保险公司是否需要向钟某赔付保险金？

案例三　　　　　　　　保险公司是否应承担赔偿责任？

高女士为自己向保险公司投保了重大疾病险，保险公司予以承保。高女士在保险期限内患病，经三家医院诊断，一致认为其患有急性心肌梗死。高女士心想自己刚好有保险，算是不幸中的大幸，随即向保险公司提出理赔，要求保险公司给付保险金，保险公司却拒绝赔付。因为保险公司认为，高女士虽患心肌梗死，但其病不符合保险条款中关于"心肌梗死应同时具备的3项医学指标"的要求，根据合同约定，如果不能同时具备上述3项医学指标，保险公司应当免除赔付的责任。高女士不服，请求法医对自己所患疾病进行鉴定。法医鉴定后得出了不利于高女士的结论：高女士所患的心肌梗死确有1项不符合保险条款规定的指标。高女士认为，在订立合同时保险公司并未对"心肌梗死只有同时具备3项医学指标才给予保险赔付"的规定作出说明，自己并不知道这3项指标的医学含义，特别是该份保险单在字面上没有对保险公司的免责条款作出着重说明，保险公司也未做清楚的交代。而保险公司辩称，订立合同时，其已将免责条款对投保人进行了口头说明，该免责条款是有效的。

资料来源：杜逸东. 保险基础与实务 [M]. 北京：中国人民大学出版社，2015.

问题：保险公司是否需要承担赔付责任？

项目四
保险市场

学习目标

知识目标：了解保险市场及其种类；掌握保险市场的主要构成要素，了解保险市场的主体和客体；熟悉我国保险经营机构和保险中介机构的组织形式。

技能目标：能结合我国实际认识保险市场的供求状况及其影响因素。

素养目标：通过保险市场相关知识的介绍，深刻领会保险市场作为金融市场的重要组成部分，在社会主义市场经济发展和人民美好生活目标实现中的重要作用。

任务一　保险市场概述

一、保险市场的定义、特征和种类

（一）保险市场的定义

微课4-1

保险市场是指保险商品交换关系的总和，也是保险商品供给与需求关系的总和。

我们可以从狭义和广义两个角度来理解：狭义的保险市场是保险商品交换的场所，如保险交易所这样固定的交易场所；广义的保险市场是指所有实现保险商品让渡的交换关系的总和，既是各种保险商品交换的场所，又是与保险商品交换有关的需求与供给关系和活动的场所。保险市场的交易对象是保险人为消费者所面临的风险提供的各种保险保障及其他保险服务，即各类保险商品。在市场经济条件下，保险市场的内涵实质上就是市场机制。保险市场是金融市场中一个非常重要的子市场，在保障国民经济发展和人民生活稳定方面有着重要贡献。

（二）保险市场的特征

1.保险市场是直接的风险市场

这里所说的直接风险市场，是对交易对象和风险的关系而言的。尽管任何商品交易都存在风险，也都可能因此而使交易双方遭受经济损失，但是一般商品市场所交易的商品并不直接与风险相关联。而保险公司经营的商品就是风险，其向市场提供的是建立在各类可保风险基础上的风险损失经济保障。保险商品的交易过程，本质上就是各类可保风险的聚集与分散过程。风险的客观存在是保险市场形成和发展的基础和前提，保险市场及保险商品的交易既是投保人或被保险人分散或转移风险的途径，又是其得到风险损失补偿的途径。"无风险，无保险"，保险公司是经营风险的企业。无风险，保险公司也就失去了其存在和发展的基础。

2.保险市场是一个集保障和投资于一体的市场

传统的保险市场是给投保人提供保障的市场，投保人通过缴纳保险费，将自身的风险进行转移，保障功能显现无遗。但现今的保险市场，除了具有与生俱来的保障功能外，还有投资功能，资金盈余者可以将闲置的资金通过购买保险产品来进行间接投资，保险人以收取保费的形式融集资金，然后投资到其他的货币市场或资本市场，进而使资金保值增值，最后将投资所得以红利的形式向投保人支付报酬。因此，现代的保险市场已是集保障和投资于一体的市场。

3.保险市场是一个特殊的"期权"交易市场

保险市场所成交的任何一笔交易都依赖于未来事故的不确定性，被保险人是否能获得经济补偿或给付也取决于未来约定时间内的保险事故是否发生。从投保人或被保险人的角度来看，保险产品实际上已经成为未来投保标的的一种"期权"。期权的标的物是投保人的标的物的价值，而期权费就是保险费。因此，保险市场也是一种特殊的"期权"交易市场。

4.保险市场是非即时清结市场

即时清结市场是指市场交易一旦结束，供需双方立刻就能确切知道结果的市场。一般商品交易的市场大多都是即时清结市场。比如，需求方需要供给方提供什么样的商品，在交易前或交易时供需双方对交易的结果都是很明确的。保险市场交易的商品是风险，而风险的不确定性、射幸性使得交易双方都不可能确切地知道交易的结果，因此不能立刻清结。保险单的签发，看似保险交易的完成，实则是保险保障的开始，最终的交易结果还需由约定的风险事故是否发生并造成损失以及双方履行合同条款的情况而定。因此，这一系列的不确定性，使保险市场成为非即时清结市场。

（三）保险市场的种类

保险市场是一种无形的市场，这种市场通常又以各种形态存在，根据分类标准的不同，可以将保险市场分为以下几种类型：

1.根据保险业务是否再次转移划分

根据保险业务是否再次转移，保险市场可以分为原保险市场和再保险市场。原保险市场又称直接业务市场，是保险人与投保人之间通过订立保险合同而直接建立保险关系的市场。再保险市场又称分保市场，是原保险人将已经承保的直接业务通过再保险合同转分给再保险人而形成保险关系的市场。

2.根据承保标的的不同划分

根据承保标的的不同，保险市场可以分为人身保险市场和财产保险市场。人身保险市场是专门为社会公众提供各种人身保险商品的市场，其承保标的是人的寿命和身体。财产保险市场是从事各种财产保险商品交易的市场，广义上的财产保险市场的承保标的可以包括各类财产、责任、信用等。

3.根据业务开展范围的不同划分

根据业务开展范围的不同，保险市场可以分为国内业务市场和国际保险市场。国内业务市场是专门为本国境内提供各种保险商品的市场。按其经营区域的范围，国内业务市场又可以分为全国性保险市场和区域性保险市场。目前，我国多数保险公司都是在国内开展业务的。国际保险市场是国内保险人经营国外保险业务的保险市场。在西方发达国家，许多保险公司都开展跨国业务。

4.根据市场本身的竞争程度划分

根据市场本身的竞争程度，保险市场可以分为自由竞争型保险市场、垄断型保险市场和垄断竞争型保险市场。自由竞争型保险市场是保险市场上存在数量众多的保险人，保险商品交易完全自由，价值规律和市场供求规律充分发挥作用的保险市场。西方发达国家早期的保险市场大多属于这种类型。垄断型保险市场是由一家或几家保险人占有全部市场份额的保险市场，包括完全垄断保险市场和寡头垄断保险市场。完全垄断保险市场目前在世界上几乎不存在，但寡头垄断保险市场的存在较为普遍，如日本、韩国的保险市场。垄断竞争型保险市场是各类保险公司在自由竞争中并存，少数大型保险公司在某种业务上具有局部垄断的地位，在西方发达国家，多数的保险市场属于该类型，如美国、英国、德国的保险市场。

知识拓展 4-1

《2024中国保险发展报告》发布，我国连续7年居世界第二大保险市场

《2024中国保险发展报告》在中南财经政法大学权威发布，这是中南财经政法大学胡宏兵教授团队连续第四年发布此项报告。该研究团队长期致力于宏观经济、风险管理和保险发展研究。本次报告的发布，是胡宏兵教授团队与保险科技新秀燕道数科携手努力的成果，充分展示了产学研合作的智慧结晶。

该报告指出，2023年保险行业快速发展，是中国经济的一大亮点。我国总保费收入首次突破5万亿元，保费增速达9.14%，远高于5.2%的经济增速。报告中提到，我国保险密度呈现大幅增长，2023年达3 635元/人，从2013年以来10年间增幅为187%；保险资产规模逐年增加，2019年总规模首次突破20万亿元，2023年约为30万亿元，连续7年稳居世界第二大保险市场。

胡宏兵教授指出，2023年我国保费收入大幅提高的主要原因是受到疫情消退、预定利率调整、银保渠道发力等的影响。自2019年《商业银行代理保险业务管理办法》实施以来，2019年和2020年银保渠道保费收入增速逐步回升。2023年，受预定利率下调限期的影响，居民保险需求提前释放，银保渠道收入增速大幅提高到21.63%，同比增加12.65个百分点。

资料来源：李碗容.《2024中国保险发展报告》发布，我国保险资产规模增至30万亿元，连续7年居世界第二大保险市场［EB/OL］.［2024-05-29］. https://news.qq.com/rain/a/20240529A02J3F00.

二、保险市场的构成要素

通常保险市场由保险市场的主体、客体和价格三个要素构成，其中最为主要的构成

要素是保险市场的主体和保险市场的客体。

（一）保险市场的主体

一个完整的保险市场，其主体一般由供给方、需求方、中介方和监管方构成。

1.保险市场的供给方

保险市场的供给方是指保险商品的卖者，在保险市场上提供各种保险产品、分散和转移他人风险的各类保险人，即保险业务的经营者，也是保险市场中最主要的部分。它们以各类保险组织形式出现在保险市场上，如国有保险人、私营保险人、合营保险人和合作保险人等。它们在提供和销售保险产品的同时，对维护社会的稳定有一定的帮助，所以各国都对保险人的存在形式和定位给予极大的关注。

2.保险市场的需求方

保险市场的需求方是指保险商品的买者，在保险市场上所有现实的和潜在的保险产品的购买方，即投保人。它由有保险需求的消费者、为满足保险需求的缴费能力和投保意愿三个主要因素构成。保险市场的需求方根据保险需求方投保时的数量，可以划分为个人投保人和团体投保人；根据保险需求的层次，可以划分为当前投保人和未来投保人。具体而言，保险市场的需求方可以是个人、企业、事业单位或其他组织。

3.保险市场的中介方

它既包括活动于保险人与投保人之间，充当保险供需双方的媒介，把保险人和投保人联系起来并建立保险合同关系的人，如保险代理和保险经纪人，也包括独立于保险人与投保人之外，以第三者身份处理保险合同当事人委托办理的有关保险业务的公证、鉴定、理算、精算等事项的人，如保险公证人（行）、保险律师、保险理算师、保险精算师等。

4.保险市场的监管方

从世界各国保险的实践来看，保险市场的监管方主要是指依法设立的保险监管部门，但又不局限于一个部门。通常，政府对保险的监管是保险监管的基础，保险行业自律是保险监管的补充，保险信用评级是保险监管有效的辅助工具。因此，保险市场的监管方应包括政府监管部门、保险行业自律组织和保险信用评级机构。在我国，保险监管机构经历了多次变革，目前主要由国家金融监督管理总局负责保险行业的监管工作，保险行业自律组织为中国保险业协会，保险信用评级机构是独立的社会信用评级机构，采用一定的评级办法对保险人的信用等级进行评定，并用一定的符号予以表示，保险信用评级具有非官方性。

（二）保险市场的客体

保险产品是保险市场的客体，也是保险市场交易的对象，是保险人向被保险人提供的在保险事故发生时给予经济保障的承诺。其形式是保险合同，保险合同实际是保险商品的载体；其内容是保险事故发生时提供经济保障的承诺。通常所说的保险市场价格，是指保险商品的价格，即保险费率，它是被保险人为取得保险保障而由投保人向保险人支付的金额。保险费率的确定除了受到市场供求关系规律的影响外，最主要的影响因素就是事故发生概率的大小，但这些影响因素主要由保险人来考虑。

保险市场的客体是一种特殊形态的商品，又是一种无形的抽象的商品。由于保险市场是一种特殊的"期权"市场，因此保险产品的质量往往很难在销售时就判断出来，保险产品质量的高低取决于保险人的信誉状况和保险业务人员的专业素质。

任务二　保险市场的组织形式

保险市场的组织形式主要是指保险市场供给方的组织形式，即保险经营组织的形式。下面我们分别从国际和国内两个方面介绍保险市场供给方的组织形式。

一、国际保险市场的组织形式

（一）国有保险公司

微课 4-2

国有保险公司是由国家、政府或公共团体所有并经营。根据其经营目的，可分为两类：第一类是以增加财政收入为营利目的的，即商业性国有保险公司。它可以是非垄断性的，与私营保险公司自由竞争、平等地成为市场主体的一部分；也可以是垄断性的，具有经营独占权，从事一些特别险种的经营，如美国国有保险公司经营的银行存款保险。第二类是为实施宏观政策而无营利动机的，即强制性国有保险公司。通常各国实施的社会保险或政策保险大都采用这种形式。当前国有保险公司在组织形式上发生了一些新的变化，主要是国有保险公司并非都由政府出资设立，也不是必须由政府设机构经营。有的政府制定法律，规定某些公共团体为保险经营主体；有的政府成为私营保险公司的大股东；有的政府与私营保险公司签订合同，授权其在一定的地区经营某种业务；有的政府给予保险公司补助金或接受再保险等。这些形式只要不改变其国家所有的性质，都可以成为国有保险公司的组织形式。

（二）私有保险组织

私有保险组织是由私人投资设立的保险经营组织，它多以股份有限公司的形式出现。保险股份有限公司是现代保险公司制度下最典型的一种组织形式。保险股份有限公司是将全部资本分成等额股份，股东以其所持股份为限对公司承担责任，公司则以其全部资产对公司债务承担责任的企业法人。它最早出现于荷兰，由于其组织较为严密健全，适合保险经营而逐渐为各国保险业普遍采用。

（三）合作保险组织

合作保险组织是由社会上具有共同风险的个人或经济单位，为了获得保险保障，共同集资设立的保险组织形式，不以营利为目的，是非营利性的保险公司组织形式。其具体组织形式包括：

1.相互保险公司

它是所有参加保险的人为自己办理保险而合作成立的法人组织，它是保险业特有的公司组织形态，是非营利性组织中最重要的一种。此种相互保险公司多适用于寿险的经营。

2.相互保险社

这是最早创立于美国的一种介于相互保险组织与个人保险组织之间的混合体。它由被保险人即社员互相约定交换保险，并约定其保险责任限额，在限额内可将保险责任比例分摊于各社员之间，同时接受各社员的保险责任。此种保险组织形式多适用于火灾保险与汽车保险的经营。

3.保险合作社

它是原始的相互组织形式，由一些对某种危险有同一保障要求的人组成的一个集团，当其中某个成员遭受损失时，由其他成员共同分担。目前，保险合作社在欧美国家普遍存在。

一般而言，保险合作社与相互保险公司最早都属于非营利的保险组织，但二者存在区别：首先，保险合作社属于社团法人，而相互保险公司属于企业法人；其次，就经营资金的来源而言，相互保险公司的经营资金为基金，而保险合作社的经营资金包括基金和股金；最后，保险合作社与社员间的关系比较永久，社员认缴股本后，即使不投保仍与合作社保持关系，而在相互保险公司，保险关系与社员关系是一致的，即保险关系建立，社员关系则存在；反之，社员关系则终止。

（四）个人保险组织

个人保险组织是以自然人为保险人的组织。该组织主要存在于英国。英国的劳合社就是世界上最大的、历史最悠久的个人保险组织。劳合社承保人需要具备一定的条件和审批手续，方可取得执业资格。他们是以自然人的身份进行承保的，承保时还须由劳合社经纪人受投保人委托推销保险标的，由承保人认可承保额度。此外，劳合社承保人承保的是无限责任和无限赔偿额度。

（五）行业自保组织

行业自保组织是指某一行业或企业为本企业或本系统提供保险保障的组织形式，一般是由集团母公司设立一个下属公司专门来从事本集团内部的保险业务。行业自保组织具有一般商业保险所具备的优点，但其适用范围有限制，所以不能像商业保险那样普遍采用。

1.行业自保组织的优点

行业自保组织的优点主要有：

（1）降低被保险人的保险成本；

（2）增加承保弹性，即自保公司承保业务的伸缩性较大，对于传统保险市场所不愿承保的风险，也可予以承保，以解决母公司风险管理上的困难；

（3）减轻税收负担，因自保公司设立的重要动机，在于获得税收方面的利益；

（4）加强损失控制，即通过建立自保公司，可以降低商业企业保险引起的道德风险，母公司会更加主动地监督其风险管理方案。

2.行业自保组织的缺点

行业自保组织的缺点主要有：

（1）业务能力有限，使大数法则难以发挥功能；

（2）风险品质较差，如损失频率颇高，损失额度大，损失补偿所需的时间常拖延甚久，增加了业务经营的困难；

（3）组织规模简陋，无法采用各种损失预防或财产维护的措施，难以创造良好的业绩，仅能获得税负较轻的利益；

（4）财务基础薄弱，即自保公司设立的资本较少，财务基础薄弱，同时外来业务少，不易分散经营的风险。

因此，当今很多大型企业采用行业自保与商业保险两种形式的混合。近年来，由于风险管理技术的发展和传播，自保公司在发达国家得到了迅速发展。

二、我国保险市场的组织形式

2009年2月28日通过的《中华人民共和国保险法》（以下简称《保险法》）第九十四条规定："保险公司，除本法另有规定外，适用《中华人民共和国公司法》的规定。"这意味着，保险公司可以根据《中华人民共和国公司法》的规定，采取股份有限公司、有限责任公司和国有独资公司等形式。2015年4月24日中华人民共和国第十二届全国人民代表大会常务委员会第十四次会议《关于修改〈中华人民共和国计量法〉等五部法律的决定》对《保险法》进行了修正，《保险法》第一百八十一条规定："保险公司以外的其他依法设立的保险组织经营的商业保险业务，适用本法。"

（一）保险公司的组织形式

就我国而言，根据《保险法》的规定，保险公司的组织形式主要有：

1.国有独资保险公司

它又称"国有保险"，是指以国家拨款投资的形式经营保险业务的机构，即把保险业务的国家管理与经营结合起来的一种保险组织形式。

在我国，典型的国有保险公司就是中国人民保险公司。它成立于1949年10月20日，其业务经营范围包括国内财产保险、人身保险、农业保险、涉外保险、出口信用保险及国际再保险。它不仅在我国境内的各省、自治区、直辖市均设有分公司，还在我国港澳地区和国外设立了保险机构。1996年，中国人民保险公司扩建为中保集团，实行产、寿险分业经营，下设财产、人寿、再保险三个子公司，各子公司独立经营、权责明确，为推进我国保险业的发展起到了积极作用。

从中保集团的内部组织机构来看，最为主要的是董事会和监事会。董事会由20~30名董事组成，其职权是：根据国家政策方针，审定公司的经营方针、发展计划；决定分支公司及附属机构的设置、变更或撤销；审定预算、决算和公司每年盈余分配方案及董事会认为重要的事项。监事会由7~9名监事组成，一般由国家主管部门指定。

2.股份制保险公司

股份有限公司和有限责任公司在成立条件和资金募集、股份转让难易程度、公司治理结构要求（包括组织架构，股东会、董事会权限大小及两权分离程度等）、财务状况的公开程度等方面均有很大的不同。这意味着，股东可能根据两种不同形式公司的特点并结合自身需求来选择拟成立公司的组织形式，不排除有些保险控股集团从简化子公司组织架构、加强与子公司的紧密程度等角度，选择所控股的保险子公司采取有限责任公司的组织形式。

股份制保险公司的保险业务属于纯商业保险范围，因此股份制保险公司是以营利为目的的企业。其公司的性质、设立、运行、变更、组织机构类似于一般的股份公司。但是，由于保险产品的特殊性，股份保险公司又具有与其他股份公司不同的特点：在一般的股份公司中，股东缴纳一定股本形成不同的资本金，其收入主要随公司经营业绩的变化而变化，并没有其他保障；而股份保险公司的股东缴纳一定股本后，不但有获得年终分红的权利，更是一种保障（当然事先要约定），一旦发生保险事故，也可以获得补偿。另外，由于现在保险产品的丰富性，有些投保人也不再是单纯的投保人，其投保后由保险人给付的一些金额在一定程度上也与保险公司的业绩相挂钩，如一些购买投资分红型保险产品的保户，其获得的给付额与保险人的投资收益直接相联系。我国多数保险公司已进行股份制改组并以保险公司组织形式为主导，如中国人寿股份有限公司、中国平安人寿股份有限公司、中国平安财产股份有限公司等。

3. 相互保险公司

相互保险公司是由所有参加保险的人自己设立的保险法人组织，其经营目的是为各保单持有人提供低成本的保险产品，而不是追逐利润。作为现代保险业常见的组织形式，相互保险公司与股份保险公司各有优势。相对来说，相互保险公司对消费者更有吸引力，其经营所获得的绝大部分利润将返还给保单持有人，因此消费者能最大限度地降低成本并获得保障，还能更好地防范道德风险。在我国，第一家相互保险公司——阳光农业相互保险公司在黑龙江垦区 14 年农业风险互助基础上于 2005 年 1 月 11 日正式开业。2015 年 1 月，中国保监会发布《相互保险组织监管试行办法》，正式对相互保险公司这一组织机构开闸，目前国内共有 5 家持牌相互保险机构。互助保险组织法律空间的预留对中国保险市场可能产生的影响以及相应的对策，值得各保险公司关注。

其实，保险公司的内部组织形式对投保人来说一样重要。一般的保险公司都设有承保部、理赔部、法律部、投资部、代理部、会计部、再保险部、精算统计部、工程部、教育部等部门。当然，不同的保险公司根据自身的特点设立了一些有特色的部门，还需要保险需求方在确定自己的保险需求以后再去深层次观察。

（二）保险中介机构的组织形式

在我国众多的保险中介机构中，最为常见的是保险代理人、保险经纪人和保险公估人。

1. 保险代理人

《保险法》第一百一十七条规定："保险代理人是根据保险人的委托，向保险人收取佣金，并在保险人授权的范围内代为办理保险业务的机构或者个人。保险代理机构包括专门从事保险代理业务的保险专业代理机构和兼营保险代理业务的保险兼业代理机构。"2013 年 4 月 27 日《中国保险监督管理委员会关于修改〈保险专业代理机构监管规定〉的决定》对《保险专业代理机构监管规定》进行了修改，该规定第五条明确规定："除中国保监会另有规定外，保险专业代理机构应当采取下列组织形式：（一）有限责任公司；（二）股份有限公司。"

不同国家对保险代理人的分类标准不一样，同时称呼也各不一样。在我国，根据相关法律，保险代理人主要分为专业代理人、兼业代理人和个人代理人。专业代理人是指专门从事保险代理业务的保险代理公司，其组织形式为有限责任公司。由于这种公司的专业性较强，因此其设立条件也相对较严格。兼业代理人是指受保险人委托，在从事自身业务的同时，指定专人为保险人代办保险业务的单位，主要有行业兼业代理、企业兼业代理和金融机构兼业代理、群众团体兼业代理等形式。这种保险代理人从业的要求相对于专业代理人要低。个人代理人是指根据保险人委托，在保险人授权的范围内代办保险业务并向保险人收取代理手续费的个人，个人代理人不得签发保险单、不得办理企业财产保险业务和团体人身保险业务，任何个人不得兼职从事个人保险代理业务。

2.保险经纪人

在保险市场中，除了保险代理人之外，另一个占据重要地位的保险中介人是保险经纪人。《保险法》第一百一十八条规定："保险经纪人是基于投保人的利益，为投保人与保险人订立保险合同提供中介服务，并依法收取佣金的机构。"2015年10月19日《中国保险监督管理委员会关于修改〈保险公司设立境外保险类机构管理办法〉等八部规章的决定》对《保险经纪机构监管规定》进行了修订，该规定第六条明确规定："除中国保监会另有规定外，保险经纪机构应当采取下列组织形式：（一）有限责任公司；（二）股份有限公司。"

由于保险经纪人代表投保人的利益，在进行保险合同洽谈时，必须运用其知识和技术，以最优惠的条件为投保人取得最充分的保险保障，并维护他们的利益。若投保人因经纪人的过失而遭受损失，则经纪人在法律上须担负赔偿责任。因此，在专业水平和资格条件方面对保险经纪人的要求要远高于保险代理人。

3.保险公估人

保险公估人是指为保险当事人办理保险标的的查勘、鉴定、估损等，并给予证明，向委托人收取劳务费的公司。保险公估人与保险合同双方没有利害关系，处于中间地位，他们凭借专业特长可以公正地对保险标的进行查勘、定责、检验、估损与赔款的核算等工作，并出具相关证明。保险公估人的具体名称有保险公证行、公估行、理算人等。

中国保险监督管理委员会2015年10月19日修订的《保险公估机构监管规定》第七条规定："保险公估机构应当采取下列组织形式：（一）有限责任公司；（二）股份有限公司；（三）合伙企业。"按资本金性质不同，保险公估机构可分为中资保险公估公司、外资保险公估公司、中外合资保险公估公司。保险公估人的从业资格管理与保险代理人和保险经纪人相比，也更为严格和专业。

☑ 知识拓展 4-2

泰康人寿建设新寿险平台，HWP职业广泛吸引青年人才

泰康人寿绩优白皮书日前发布。数据显示，泰康人寿绩优队伍中，"80后""90后"人群占比超50%，大专以上学历的人占比超70%，有金融、地产、教育、医疗等职业经历的人占比超60%，充分展现了泰康人寿抓住长寿时代市场变化，建设"支付+服务+投资"三端协同的新寿险平台，推出的HWP（健康财富规划师）新职业成为青年人才择业优选。

HWP作为泰康大健康战略创新成果，其诞生紧密顺应了长寿时代发展的深刻趋势。随着人口老龄化进程的加速以及居民财富的快速积累，保险客户的需求已然发生了显著转变，迫切渴望从单纯的保险产品需求升级为对多元化、复杂化且体系化服务的满足。泰康人寿敏锐洞察到这一市场变革，于2018年率先打造出HWP这一具有开创性意义的标杆职业，重塑了寿险营销服务的新边界。

HWP与传统保险销售模式形成鲜明对比，其将"保险顾问+医养顾问+理财顾问"的多元角色深度融合，能够精准且全方位地满足中高净值人群在全生命周期和全财富周期的各类需求。他们的服务范畴从基础的保险保障起步，广泛延伸至医疗健康、品质养老以及财务规划等多个高端领域。

泰康人寿为HWP精心打造的发展体系独树一帜，其2022年发布的首部HWP"基本法"，清晰规划了从储备HWP到逐步成长为HWP健康财富企业家的畅通晋升通道。这一体系不仅充分激发了HWP个体的内在潜能，还极大地推动了团队的自主经营能力提升，为HWP职业的稳健发展筑牢了坚实根基，在金融行业职业发展路径创新方面树立了新的标杆。

资料来源：杜向杰. 泰康人寿建设新寿险平台，HWP职业广泛吸引青年人才［EB/OL］.［2025-01-23］. http://www.cbimc.cn/content/2025-01/23/content_538715.html.

任务三　保险市场的需求与供给

一、保险市场的需求

（一）保险市场需求的概念

保险市场需求是全社会在一定时期内、在一定价格水平下愿意并能够购买保险商品的货币支付能力。保险市场需求是以购买能力和购买意愿为前提的，只有二者同时具备时，这种需求才能成为现实的需求。

微课4-3

从结构上来说，保险市场需求又包括保险商品的总量需求和结构需求。保险商品的结构需求是各类保险商品占保险商品需求总量的比重，如财产保险保费收入占全部保费收入的比重，财产保险和人身保险各自内部的结构。

从表现形式上来说，保险市场需求可以分为有形的经济保障和无形的经济保障。前者主要体现在物质方面，当发生保险事故并造成损失时，被保险人或受益人能够获得经济补偿或给付，进而在物质上得到满足；后者则体现在精神方面，当被保险人或受益人获得保障后，会因为对风险进行了转嫁而在心理上得到安全感，从而提高生活质量。

（二）影响保险市场需求的主要因素

保险市场需求通常比较难以测定，但可以通过分析影响因素来判断保险市场需求的增加或减少。影响保险需求的因素较多，归纳起来主要有以下几种：

1.风险因素

保险保的就是风险，保险需求量与风险因素存在的形式和风险程度都有一定的关系。例如，坐落在鞭炮厂旁边的房屋和坐落在商业区的房屋对火灾保险的需求是不一样的，钢筋混凝土结构的房屋和木屋对火灾保险的需求也会不一样。一般而言，风险因素发生造成损失的概率越大，或发生事故造成的损失越大，保险需求量也就越大；反之，保险需求量就越小。

2.国民经济发展与收入水平

保险是社会生产力发展到一定阶段的产物，并且随着社会生产力的发展而发展。一方面，经济发展带来保险需求量的增加；另一方面，收入水平的提高也会带来保险商品需求总量和结构的变化。衡量保险需求量变化对收入变化反映程度的指标是保险需求收入弹性。它是需求变化的百分数与收入变化的百分数之比，表示收入变化对需求变化的影响程度。保险需求收入弹性一般大于1，即收入的增长引起对保险需求更大比例的增长，但不同险种的收入弹性不同。总体而言，国民经济越发达，居民收入水平越高，对保险的需求量就越大。

3. 保险商品价格

虽然保险商品不同于一般商品，但是它也受市场供求关系规律和价格规律的影响。保险商品的价格是保险费率。保险费率与保险需求量一般存在反比例关系，保险费率越高，则保险需求量越小；反之，则保险需求量越大。也就是说，人们总是想用较少的保险费支出来获得较大的保险保障。

反映保险需求量变化对保险商品价格变化反应程度的指标是保险需求价格弹性，它是保险商品需求变化的百分数与保险商品价格变化的百分数之比，表示保险价格变化对保险商品需求变化的影响程度。不同险种的价格弹性不同。若以 D 表示保险商品需求量，ΔD 表示保险商品需求变化量，P 表示保险商品的价格，ΔP 表示保险商品价格变化量，则保险需求价格弹性 E_d 为：

$$E_d = \frac{\Delta D/D}{\Delta P/P}$$

4. 人口因素

保险业的发展本身就与人口状况有着密切联系，特别是人身保险。影响保险需求的人口因素可以分为人口总量因素和人口结构因素。人口总量因素对保险需求的影响比较直接，在其他因素一定的条件下，人口总量越大，保险潜在的需求量就越大，保险需求的总量也就越多；反之，保险需求的总量就越少。而人口结构因素对保险需求的影响比较复杂，具体又可以分为年龄结构、职业结构、文化和民族习惯结构等。在年龄结构方面，年龄越大的人生理机能有问题的概率越大，就越需要保险保障；在职业结构方面，从事高风险职业的人数占总人口的比重越大，保险需求量就越大，而无职业或从事传统的农业人口数量多就会减少保险需求量；在文化和民族习惯结构方面，如果多数人受传统文化的影响，保险意识淡薄，就会导致保险需求下降。

5. 强制保险因素

如果一国大力发展保险事业，利用一系列政策和国家强制性措施来推动保险，如许多保险选择以强制保险的形式存在，政府以法律或行政的手段强制实施，凡在规定范围内的被保险人都必须投保，这必然会人为地扩大保险需求。

6. 保险商品供给者的信誉

保险商品的存在是给保险需求方提供保障的，但要是保险商品供给方缺少信誉，保险事故发生后不予理赔或理赔率过低，这对保险市场的需求量必然造成影响。

7. 利率水平

现代保险市场中的保险商品已经具有保障和投资的双重功能，所以利率水平的高低也对以投资为目的的保险需求者造成影响。通常，当市场利率下降时，人们会趋向于增加投资，投资连结型保险产品的需求量会增加；当市场利率上升时，人们会趋向于储蓄，储蓄型保险产品的需求量就会增加。但从长期来看，利率水平下降会推动保险市场需求总量的增加。

8.保险替代品

保险是个人金融理财的一个渠道，个人和家庭还可以选择其他金融理财产品。尽管其他产品不能完全替代保险，但是其他产品的价格、功能和回报率则会影响个人和家庭的资金流向。以银行存款为例，如果同期银行利率高于保险利益，资金就会投向银行，保险需求减少；反之，资金则会投向保险公司，从而使保险需求扩大。

9.科技因素

科技进步可能增加或降低保险需求。比如，基因工程对潜在疾病的确诊或预测可能会在一段时间内增加保险需求。而从更长远的角度来看，人类控制疾病的能力无限提高可能会彻底消灭人身保险。

二、保险市场的供给

（一）保险市场供给的概念

保险市场供给是保险人愿意并能够在一定时期内，在一定价格水平下通过保险市场提供给全社会的保险商品数量。与保险需求相同的是，保险供给也包括供给结构和供给总量。保险商品的供给结构体现为险种结构，体现为某种保险品种所提供的经济保障的额度。供给总量是指全社会所提供的保险供给的总量，即全社会的所有保险人对社会经济所担负的风险责任的总量，即所有承保的保险金额之和。

（二）影响保险市场供给的主要因素

影响保险市场供给的因素有很多，但保险供给是以保险需求为前提的，所以在分析影响保险市场供给的因素时，通常以保险需求既定为前提。影响保险市场供给的主要因素包括：

1.保险商品供给者的数量和素质

在商品市场中，若从事该商品的生产者数量较多，则这种商品会充斥市场，供给量会增加。保险供给也不例外，如果保险商品供给者的数量越多，就意味着保险供给量越大。在现代社会中，保险供给不但要讲求数量，还要讲求质量，而质量的提高，关键在于保险供给者的素质。保险供给者素质高，许多新险种就容易开发出来，并容易推广出去，从而扩大保险供给量。

2.保险资本量

保险供给是由全社会的保险人和其他保险组织提供的，而保险人经营保险业务必须有一定数量的经营资本。在一定时期内，社会总资本的量是一定的，因此能用于经营保险的资本量在客观上也是一定的。这个有限的资本量在客观上制约着保险供给的总规模。一般情况下，可用于经营保险业的资本量与保险经营供给存在正比例关系。

3.经营管理水平

由于保险业本身的特点，在经营管理上要有相当的专业水平和技术水平，即风险管理、险种设计、业务选择、再保险分出分入、准备金的提存、费率厘定，以及人事管理和法律知识等方面均要具有一定的水平，其中任何一项水平的高低，都会影响保险的供给，因此经营管理水平的高低与保险供给存在正比例关系。

4.保险价格因素

在保险成本及其他因素一定的条件下，保险价格越高，保险营业利润率就越高，促使保险经营组织去提供更多的保险商品，增加保险市场供给。所以，从理论上来讲，保险商品价格与保险供给成正比，保险商品价格越高，保险商品供给量越多；反之，则保险商品供给量越少。

反映保险供给量变化对保险商品价格变化敏感程度的指标是保险供给的价格弹性，它是保险商品供给量变化的百分数与保险商品价格变化的百分数之比，表示保险价格变化对保险商品供给变化影响的程度。若以 S 表示保险商品供给量，ΔS 表示保险商品供给变化量，P 表示保险商品的价格，ΔP 表示保险商品价格变化量，则保险供给价格弹性 E_s 为：

$$E_s = \frac{\Delta S/S}{\Delta P/P}$$

5.保险成本

对保险人而言，从保险产品开发到保险产品销售、理赔等，都需要支付一定的成本，保险成本一般包括赔款、佣金、工资、房屋和租金、管理费用等。如果保险成本低，在保险费率一定时，所获的利润就多，那么保险人对保险业的投资就会扩大，保险供给量就会增加。显然，在一般情况下，保险成本与保险供给成反比例关系，保险成本高，保险供给就少；反之，保险供给就多。

6.保险市场竞争

保险市场竞争对保险供给的影响是多方面的：从短期来看，激烈的保险竞争会引起保险公司数量的减少，发生保险公司的优胜劣汰现象，从而导致保险供给的减少；但从长期来看，激烈的保险竞争又会使保险人改善经营管理，提高服务质量，开辟新险种，从而扩大保险供给。

7.国家的政策规定

国家的政策规定不但对保险市场的需求有影响，对保险供给同样会造成很大的影响，甚至在很大程度上决定了保险经营的性质，决定了保险市场竞争的性质，也决定了保险业的发展方向。如果政府对保险业采取扶持政策，保险供给会增加；反之，如果政府采取限制发展的政策，则保险供给会减少。

三、保险市场的供需平衡

保险市场供求平衡，是在一定时期、一定保险价格条件下，保险市场供给恰好等于保险市场需求，即保险供给与保险需求达到均衡点，或当 P 不变时，$S=D$。

保险市场供求平衡应包括供求的总量平衡与结构平衡两个方面，而且平衡还是相对的。所谓保险供求的总量平衡，是指保险供给规模与需求规模的平衡。所谓保险供求的结构平衡，是指保险供给的结构与保险需求的结构相匹配，包括保险供给的险种与消费者需求险种的适应性、费率与消费者缴费能力的适应性，以及保险产业结构与国民经济产业结构的适应性等。

　　保险供给与保险需求之间的均衡问题，存在三种情况：第一，保险市场达到了保险供给与保险需求之间的均衡，即 $S=D$；第二，保险市场供给大于保险市场需求，即 $S>D$；第三，保险市场供给小于保险市场需求，即 $S<D$。

　　第二种情况与第三种情况都是保险供求的非均衡状况，需要调整二者之间的关系，以促成二者最终达到均衡状况。对保险供给大于保险需求的第二种情况来讲，要采取措施激发社会公众对保险的需求，同时加强对保险供给方的管理，使二者逐步趋于均衡，即刺激需求，调整供给，尤其要发挥保险价格的作用，适当降低保险价格；对保险需求大于保险供给的第三种情况来讲，只能从增加供给方的保险供入手，新增保险业务，扩大范围，最大限度地满足投保者的需求，必要时适当提高保险价格，促使保险需求与供给达到均衡。

　　保险市场供求平衡受市场竞争程度的制约。市场竞争程度决定了保险市场费率水平的高低，因此市场竞争程度不同，保险供求平衡的水平各异。在不同的费率水平下，保险供给与需求的均衡状态也是不同的。如果市场达到均衡状态后，市场价格高于均衡价格，则保险需求减少，迫使供给减少以维系市场均衡；反之，如果市场价格低于均衡价格，则保险供给减少而迫使需求减少，实现新的市场均衡。所以，保险市场有自动实现供求平衡的内在机制。

知识掌握

1.什么是保险市场？保险市场有哪些特征？

2.保险市场有哪些分类？

3.保险市场的构成要素有哪些？

4.国际保险市场上常见的保险组织形式有哪几种？

5.什么是相互保险组织？其具体组织形式又有哪些？

6.保险市场中的中介组织主要有哪几种？保险代理人与保险经纪人有什么区别？

7.什么是保险市场需求？影响保险市场需求的因素主要有哪些？

8.什么是保险市场供给？影响保险市场供给的因素主要有哪些？

9.如何理解人口因素对保险需求的影响？

10.简要说明我国在大力推进人工智能发展的背景下，保险市场的需求和供给有什么变化。

知识应用

·案例分析

典型诈骗案例，一念之差几百万元拱手送恶人

　　某日，陈某接到一个陌生电话，对方自称为抖音客服，问陈某是否购买百万保险，陈某否认后挂断。对方再致电称可能误拨，又承诺该保险首月免费，次月起每月缴费

2 000元，3年共扣7.2万元，可教陈某怎么取消。陈某同意，对方发QQ号，陈某登录后接语音电话，对方要求录屏录音，让陈某在QQ聊天框点屏幕共享，又给网址让其搜索登录，陈某进入中国银联对话框，按对方指引申请关闭"抖音资金保险业务"。之后对方发来保单，有陈某身份证号及扣费信息，让陈某关闭自动续费功能。陈某不会操作，对方让其打开微信，因屏幕共享看到陈某微信零钱通有19万元，对方要求陈某提现到邮政储蓄银行卡，陈某照做，随后又让陈某打开农村信用社手机App转钱到邮政储蓄银行卡。转款后陈某收到扣款信息，欲查手机银行App却无法登录，打电话告知朋友，朋友告知其被骗。后陈某报警，共计被骗36.19万元。

资料来源：程翠宁.2025最新10起典型诈骗案例，一念之差几百万元拱手送恶人〔EB/OL〕.〔2025-02-25〕.https：//mp.weixin.qq.com/s?__biz=MzA5NTIyODYwOQ==&mid=2650969877&idx=2&sn=120cba61670dd82e0bce64e06e34dc7c.节选。

问题：案例中陈某在不知情的情况下被诱导操作关闭"抖音资金保险业务"，这种行为是否涉及保险欺诈？为什么？

项目五

保险经营

学习目标

知识目标：从保险人的角度来考虑保险经营过程中的几个重要环节，包括掌握保险展业的原则、方式和程序；认识保险承保的一般程序和一般要求；理解保险防灾防损的含义及内容。

技能目标：掌握保险理赔的程序及遵循的原则；在充分认识保险投资原则的基础上，了解保险投资的几种常见形式。

素养目标：通过保险经营各环节业务知识与技能的介绍，强化保险职业道德教育，增强法治意识和诚信意识。

任务一 保险经营概述

保险经营是为了实现保险经营过程的合理化和取得最佳经济效益，对其各个环节进行的计划、组织、指挥和协调活动。它由一系列相互联系、彼此制约的环节组成，包括展业、承保、防灾防损、理赔、资金运用等。由于保险属于服务形态的特殊商品，保险经营也体现出其固有的特征。

微课 5-1

一、保险经营的特征

（一）保险经营活动是一种特殊的劳务活动

保险经营是以特定风险的存在为前提，以集合尽可能多的单位和个人风险为条件，以大数法则为数理基础，以经济补偿和给付为基本功能。因此，保险公司所从事的经营活动，不是一般的物质生产和商品交换活动，而是一种特殊的劳务活动。这种劳务活动依赖于保险业务人员的专业素质，如果保险公司拥有一批高素质的业务人员，提供承保前、承保时和承保后的系列配套服务，社会公众对保险公司的信心就会增强，保险公司的竞争能力就会进一步提高；这种劳务活动还体现在保险公司的产品质量和售后服务上。保险公司根据保险市场需求精心设计保险条款，合理规定保险责任，科学厘定保险费率，保险险种就能切合实际，保险合同数量就能逐渐增加。而保险合同数量愈多，就愈能形成规模效应，保险成本就越节省，保险经营也越稳定。

（二）保险经营资产具有负债性

一般企业的经营资产来自自有资本的比重较大，这是因为它们的经营受其自有资本的约束，所以必须拥有雄厚的资本作为其经营后盾。保险公司也必须有资本金，尤其在开业初期需要一定的设备资本和经营资本。但是，保险公司的经营资产主要来自投保人按照保险合同向保险公司所缴纳的保险费和保险金，具体表现为从保险费中所提取的各种准备金。保险公司的经营活动就是借所聚集的资本金以及各种准备金而建立起来的保险基金，来实现其组织风险分散、进行经济补偿的职能。由此可见，保险公司的大部分经营资产都是来自保险人所收取的保险费，而这些保险费正是保险公司对被保险人未来赔偿或给付责任的负债。

（三）保险经营成本和利润计算具有特殊性

与其他商品成本计算相比较，保险经营成本具有不确定性。由于保险商品现时的价格（保险费率）制定所依据的成本是过去的、历史支出的平均成本，而现时的价格又是用来补偿将来发生的成本，即过去成本产生现时价格，现时价格补偿将来成本。同时，我们在确定保险历史成本时，也需要大量的统计数据和资料。一般保险公司无法获得足够的历史资料和数据，而且影响风险的因素随时都在变动，这就使得保险人确定的历史成本很难与现时价格吻合，更难以与将来成本相一致。因此，保险经营成本的不确定性决定了保险价格的合理度不如其他商品高，保险成本与保险价格的关系也不如其他商品密切。

保险利润的计算也与一般企业不同。经营一般商品时，企业只需将出售商品的收入减去成本、税金，剩下来的就是利润。而保险公司的利润是从当年保费收入中除了减去当年的赔款、费用和税金外，还要减去各项准备金和未决赔款，如果提存的各项准备金数额较大，则保险利润会受较大的影响。

（四）保险经营过程具有分散性和广泛性

一般企业的经营过程是针对单一产品、单一系列产品或少数几种产品进行生产管理或销售的过程，其产品只涉及社会生产或社会生活的某一方面，即使企业破产倒闭所带来的影响也只会涉及某一行业或某一领域。保险经营则不然，保险公司所承保的风险范围之宽、经营险种之多、涉及的被保险人之广泛是其他企业无法相比的。例如，被保险人包括法人和自然人。就法人来说，包括各种不同所有制的工业、农业、交通运输业、商业、服务业和各种事业单位以及国家机关；就自然人来说，有各行各业和各个阶层的人士。无论是自然人还是法人，既可以在国内的不同地区，又可以在世界各国家和地区。一旦保险经营失败，保险公司丧失偿付能力，势必影响到全体被保险人的利益乃至整个社会的安定。因此，保险经营的过程既是风险的大量集合过程，又是风险的广泛分散过程。众多的投保人将其所面临的风险转嫁给保险人，保险人通过承保将众多风险集合起来，而当发生保险责任范围内的损失时，保险人又将少数人发生的风险损失分摊给全体投保人。

二、保险经营的理念与目标

（一）保险经营的理念

1.坚持以人为本的理念

其要求在企业经营过程中，必须把人的意识放在首位，把满足人的全面需求、促进人的全面发展作为衡量工作的最终标准。保险公司树立和坚持以人为本的经营理念，显得尤为重要。从产品开发、销售管理、风险控制到客户服务等主要经营活动，都是围绕"人"来进行的，要与客户同忧乐，始终关注大众生活，积极为客户分担风险，把客户利益放在首位；始终坚持客户至上的宗旨，时时处处为客户着想，急客户之所急，帮客户之所需；在充分履行各自职责和义务的同时，努力为客户提供优质和超值服务；要始终如一地将以人为本的经营理念作为体现中国保险公司价值观的自觉行为，作为公司一致的精神追求。

2.建设企业文化的理念

保险公司作为风险经营与管理的特殊企业，同经营商品的普通企业一样，也面临着企业文化建设这一重要问题。综观世界各国，发达国家的保险公司早已适应现代化企业管理的潮流，广泛地将企业文化理论引入保险公司的日常经营和管理中，并已取得明显的成效。我国的保险公司体系确立较晚，保险公司作为企业的角色出现在国家经济生活中的时间比较短，对中国特色社会主义市场经济下保险公司企业文化的研究仍处于初级阶段。可以预见，随着我国保险公司各项经营活动的发展和经济外向程度的加强，这一先进的保险公司管理理念将日益被我国的金融理论界和实践界所重视。

保险公司的企业文化是指保险公司在经营管理活动中所形成的经营目标、行为规范、公司精神、公司制度的总和，其核心是保险公司精神。保险公司精神是保险公司在长期的经营实践中形成的稳定、积极向上的共同心理定势、共同价值取向和企业主导意识。它是保险公司的企业文化核心，是保险公司的灵魂和生命力所在；它是保险公司运行和发展的"基本原动力"和整个保险公司企业文化体系的"黏合剂"。保险公司精神对保险公司的发展具有导向、激励、团结、促进的作用，是保险公司发展的指针和灯塔，其他各项都是它的具体形式或实际载体。

3.加强风险管理理念

风险管理是保险的职能之一，也是现代发达国家保险经营的理念之一。保险业是专门承担风险并对风险进行社会化处理的行业。保险行业的特性，使保险从业者对风险的认识较为全面和深刻。长期与风险接触，为保险经营者积累了大量的原始数据，积累了丰富的灾害事故发生的原因、灾害事故造成的损害程度等资料。倘若保险业者不能充分地开发、利用这些风险资料，那么无论是对风险管理资源还是对社会都是一种极大的浪费。

实际上，即使购买了保险，出险单位若要恢复正常的运转也需要耗费相当的精力、花费相当的时间。据统计，出险单位因运转中断所造成的间接损失通常4~5倍于保险的赔偿额。因此，善于经营的单位，其购买保险的目的已不仅仅是转嫁风险、获得保险的事后补偿，还在于能获得保险人在风险处理技术上精良的指导与帮助。保险公司自身要重新反省经营理念，保险同业要创造竞争与风险管理等服务的氛围，保险法规的制定、保险监管部门的监管应引导保险公司致力于向风险管理型保险发展。

4.体现"顾客满意"理念

保证客户利益就是保险公司的前途，客户的满意度是检验质量的标准。保险公司应围绕"顾客满意"这一要求，实施全新的发展战略，以顾客为中心，对企业自身实力进行科学设计、准确定位。

不同客户对企业有这样或那样的不满意，这是正常的。作为提供服务的企业要做的有三点：一是了解顾客不满意的真实原因和顾客不满意的表现形式；二是分别按具体情况灵活化解顾客的不满；三是投资于顾客抱怨，因为从留住顾客的角度来考虑，"顾客抱怨正是一种商机"。

要化解顾客不满意，唯有大力改善服务和明确界定顾客对企业的认同程度（美誉度）、市场占有率、回头率、投诉率、抱怨率等各项指标。要对反馈的信息进行分析、处理并作出快速反应，及时调整和规范市场行为。保险公司要不断完善服务系统，最大限度地使顾客感到安心和便利，努力强化保险产品的售前、售中、售后服务，做到"售前说明白，售中服务好"，自觉地以"顾客满意"为目标，不断创新，最终求得企业价值的完美体现。

（二）保险经营的目标

所谓保险经营的目标，是指在一定时期内，保险经营主体通过经营活动所要实现的预期结果。按照经营目标的时间或期限划分，保险经营目标可分为短期经营目标、中期经营目标和长期经营目标。短期经营目标，一般是指在1年以内的经营目标；中期经营目标，一般是指3~5年的经营目标；长期经营目标，一般是指5~10年或者更长时间的经营目标。按照经营目标的内容来划分，保险公司经营目标可分为经济目标、社会目标等。

1.保险公司经营的经济目标

其包括保险公司经营自身的经济目标和保险公司经营的社会经济目标。其中，保险公司经营自身的经济目标集中表现为保险公司的利润量。保险公司的利润量等于保险公司的货币收入量减去保险公司的货币支出量。保险公司的货币收入量即保险公司在1年之内的保费收入总量。保险公司的货币支出量包括1年之内保险公司的各项费用支出、各项赔付支出、各项责任准备金和各项保险税金之和。保险公司的利润量，一部分来自保险公司全体管理人员、技术人员和体力劳动者在保险经营过程中所付出的剩余劳动；另一部分则来自实际的保险事故赔付率低于预定的损失率（纯保险费）的差量，但二者在一个较长时期内是基本平衡的。在正常情况下，保险公司的利润量越多，表明企业经营水平越高，其自身经济目标实现得也就越充分。

保险公司经营的社会经济目标是指保险公司为社会所提供的经济补偿量和经济给付量。保险公司为社会所提供的经济补偿量和经济给付量，既不是越多越好，也不是越少越好，而应当是社会必要补偿量和社会必要给付量。所谓社会必要补偿量和社会必要给付量，是指按照保险合同规定的责任范围，应当给予的补偿量和给付量。如果保险公司的经济补偿量和经济给付量过久地超过社会必要补偿量和社会必要给付量，表明保险公司的补偿和给付不合理。如果危险损失概率计算低了，或不该赔付的赔付了，该少赔的多赔了，则反映出保险公司经营管理水平低、效益差。如果保险公司的经济补偿量和经济给付量过久地低于社会必要补偿量和社会必要给付量，则表明保险公司的保险赔付和保险给付不合理。如果危险损失概率计算高了，或该赔的不赔，该多赔的少赔，则从另一个侧面反映出保险公司经营管理不善。

2.保险公司经营的社会目标

保险公司经营不仅有保险公司自身的经济目标，还有其特定的社会目标，即保险公司经营所要达到的社会效果。所谓保险公司经营的社会效果，是指保险公司和保险行业经营的自身的经济目标和社会经济目标以外的保险经营所取得的一切效果。其主要包括以下几项：

（1）提高风险管理意识。开展保险宣传和咨询是保险经营的一项重要内容，其直接目的是承揽保险业务、控制风险责任、签订保险合同。开展保险宣传和咨询活动不仅有利于保险公司承揽保险业务，而且产生了积极的社会效果。通过保险展业宣传和咨询，人们不仅有了保险意识来积极参加保险活动，也提高了对风险认识和风险管理的意识，为自觉地处理风险奠定了思想基础。

（2）降低灾害事故和人身伤亡率，减少经济损失。虽然保险公司不是专职的防灾抗灾部门，但是可以和防灾抗灾部门配合，积极参与防灾抗灾活动，采取防灾抗灾措施，从而降低灾害事故的发生率。例如，保险公司可以配合交通管理部门进行交通安全规则的宣传，并积极协助交通管理部门管理交通，从而减少交通事故的发生和人身的伤亡；配合公安消防部门共同研究灭火措施，并提供一定的灭火设备，从而减少灾害事故所造成的经济损失等。保险公司可以以各种方式与有关部门积极配合，采取措施，以减少灾害事故的发生，减少人身伤亡，减少经济损失。这是保险经营的一项重要的社会目标。

（3）安定社会生活。保险公司不是慈善机构和社会福利部门，不负有济困扶贫的责任，但是保险公司在这方面可以作出积极的贡献。保险公司通过办理各项家庭财产保险及人身保险业务，以经济补偿的方式，为受灾保户的生活提供安定保障，这本身就是为社会生活的安定提供救济性、互助性和商业性保险相结合的社会保障，对社会生活起到了"稳定器"的作用。

（4）为国家提供税金。保险公司是提供和经营保险劳务商品的企业。保险公司为广大职工提供的保险劳务，不仅形成了保险商品的使用价值，也创造了保险商品的价值。保险公司所创造的价值除了用于本企业职工的工资、福利开支外还有剩余，这个剩余部分连同实际赔付和给付金额低于纯保险费的那部分价值，形成企业利润和向国家缴纳的税金。保险公司向国家纳税，是保险公司对国家的一项贡献，也是保险公司应当完成的一项重要的社会目标。

☑ 知识拓展 5-1 ··

证监会：国有商业保险公司经营业绩考核由一年变三年

国新办举行新闻发布会，介绍大力推动中长期资金入市、促进资本市场高质量发展有关情况，并答记者问。

证监会主席吴清介绍，目前，商业保险资金、企业年金基金等存在不同程度的短期考核问题，导致短期市场波动对业绩考核影响很大，股票投资趋于短期化，难以发挥长钱作用。其中，商业保险资金以一年短周期考核为主，"长钱短投"的特征较为突出。市场各方对建立三年以上长周期考核机制的共识和诉求较多。《关于推动中长期资金入市工作的实施方案》明确提出，对国有商业保险公司经营绩效全面实行三年以上的长周期考核，净资产收益率当年度考核权重不高于30%，三年到五年周期指标权重不低于60%。

资料来源：佚名. 证监会：国有商业保险公司经营业绩考核由一年变三年〔EB/OL〕.〔2025-01-23〕. https：//baijiahao.baidu.com/s？id=1822000841729520108&wfr=spider&for=pc.

任务二　保险经营的环节

一、保险展业

保险公司在经营过程中，除了法定保险之外，绝大部分的保险业务都是保险双方在自愿的基础上成交的。由于居民对保险的认识在一定程度上还存在偏差，再加上保险公司之间的激烈竞争，使得保险展业显得尤为重要。保险展业是通过保险宣传广泛组织和争取保险业务的过程，它是保险经营活动最基本的工作。保险的承保是保险展业工作成绩的体现，也是保险经营过程中的一个重要环节。

（一）保险展业的原则

1.唤起保险需求原则

风险的客观性使得人们对安全保障的需求是客观的，但要将这些需求全部挖掘出来并完全满足却难以做到。在提供安全保障的经济方法中，保险是其中的一种，但并不是通过保险就能满足人们所有抵御风险损失的需要。在这种情况下，保险工作人员应尽量让人们了解到自己在这方面的需求。因此，保险展业就要根据客户的消费习惯、经济情况和储蓄倾向等因素，去唤起、引导人们用保险来进行安全保障的需要。

2.非价格竞争原则

在市场经济条件下，企业之间的竞争是激烈的，竞争的手段也是多种多样的，但用得非常多的一种方式就是价格竞争。在保险行业，由于保险产品的价格（保险费率）是以大数定律和概率论为基础，并通过科学方法制定的，因此保险产品的竞争就不能像其他商品一样用降低价格的方式来提高竞争力，而更多的则是从提高服务质量、改善服务方式、开发新的更适合于不同人群的产品来扩大市场占有率。

3.有效激励原则

有人说，"保险不是买的，而是卖的"，这话并不是没有道理。真正主动去购买保险的人确实非常少，特别是在保险意识淡薄、保险业发展刚刚起步的地区，大多数保险产品的销售都是通过业务人员的努力工作和敬业精神来完成的。有效地激发保险业务人员的潜能，充分发挥业务人员的主观能动性，对整个展业活动的开展有积极作用。

（二）保险展业的方式

1.直接展业方式

直接展业是指保险公司不通过任何中介人，而是由本公司职员直接与顾客接触，并向顾客推销保单的一种方式。由于不需要经过任何的中间环节，因此有些人也将这种方式称为垂直展业。它一般适合于规模大、分支机构健全的保险公司以及金额巨大的险种。但随着现在保险市场竞争的日趋激烈，有些小规模的保险公司也开始采取这种方式。

采用直接展业方式，对保险人来说有以下优点：第一，由于是保险人直接与顾客接触，保险人可以通过获得的原始资料来了解保险市场，了解顾客对保险的需要，同时进行相关的宣传，从而提高保险公司的知名度；第二，保险人依靠专职人员直接招揽业务，通过保险专业人员来对保险合同中的条款作出解释，能保证业务的顺利开展；第三，保险人直接展业可以充分利用其信誉来影响投保人的心理，起到消除投保人顾虑、坚定其投保信心的作用。

2.保险代理人展业方式

对许多保险公司而言，直接展业也有一定的局限性。我们知道，保险业务的开展在很大程度上具有区域性。比如，许多保险产品不销售给不在本区域常住的居民；保险公司招聘员工也考虑地域间的差别，本地展业通过本地员工来进行等。如果保险公司单靠直接展业，就必须配备大量展业人员，增设机构，这势必会使保险公司的成本和销售费用提高。但若不增加展业人员和分支机构，则会对保险公司的知名度和业务造成一定的影响。因此，直接展业方式的这种局限性就要求保险公司不得不考虑其他的展业方式。国内外有许多大的保险公司除了直接展业外，还广泛建立代理网，利用保险代理人和保险经纪人展业。

保险代理人展业是指保险代理人受保险人委托，代表保险人接受保险业务，出立保单，代收保险费的一种保险展业方式。采用这种方式，投保人不直接与保险人发生关系，而是向保险代理人购买保单。保险代理人与保险人订立代理或授权合同，接受保险人委托，在职权范围内为保险人进行展业推广活动，并向保险人收取一定的代理费用。

在项目四我们已经介绍过，保险代理人分为三种：专业代理人、兼业代理人和个人代理人。这三种代理人在为保险人进行展业的过程中也存在差别。专业代理人专门从事保险代理业务，这种代理人专业性较强，而且一般不允许同时为两家或两家以上保险公司代理业务，因此这种代理人的展业效果明显，对保险公司业务量的扩大有很大作用。一般来说，专业代理人所收取的佣金也较高。兼业代理人又称兼职代理人，一般是由银行、旅行社、轮船公司、航空公司等机构来办理保险业务，其主营业务则不在保险行业。兼业代理人可依靠本身业务来为保险公司展业，与投保人联系密切，便于提供防损等有关服务，不需要新设机构，可节约展业费用。但相对而言，兼业代理人对保险业务不够熟悉，会对保险公司的业务质量有一定的影响。个人代理人开展业务的方式、途径较为灵活，也是保险展业中的重要方式之一。近年来，我国的寿险业务，特别是个人寿险业务已广泛使用个人代理人来推销，并取得了较好的效果，但个人代理人的展业在权力上通常要受到一定的限制，如不得办理企业财险和团体寿险业务，不得私自签发保单等。

保险代理人展业这种方式如今在我国已得到广泛的使用并取得了良好的效果。该方式具有以下优点：第一，适应社会对保险的需要，弥补了保险人直接展业的不足，克服了地域的限制，为保险业务的广泛开展作出了贡献。第二，可有效地降低保险人展业费用的支出，降低保险人的经营成本。虽然保险代理人在展业过程中需要收取佣金，但是佣金的收取直接与业务量挂钩，能避免费用支出的浪费，且利用保险代理人展业，保险人自身的业务人员减少了，节约了设立网点、配置专职人员的成本。第三，有利于增加就业岗位，增强人们的保险意识。由于保险代理人从业门槛相对较低，许多失业人员投入到保险代理人事业中，事实说明了保险代理人展业对提高我国就业率有积极作用。同时，代理展业方式具有一定的激励功能，这就促使兼职代理人加大对保险的宣传力度，从而让居民对保险有进一步的认识。

但是，保险代理人展业也存在缺点：第一，由于投保人直接与保险代理人接触，许多展业过程和承保过程中的细节问题保险人无法得知，这就出现了信息的不对称，并且保险人在承保时更注重的是承保的质量，而保险代理人则从自身利益出发，为了获得更多的佣金，就不会像保险人那样注重质量了，这样使得保险人有时会拒绝代理人的承保业务。第二，代理人为了获取佣金，会想方设法多招揽业务，甚至会出现一些非法行为。比如，擅自变更合同条款、欺骗客户，有些代理人甚至还联合投保人进行保险诈骗，再加上有的保险代理人的专业性不强，为了招揽保险业务，将保险的展业做得变了质，让人们对保险行业产生了误解。这样常会给保险人带来一些麻烦，影响保险人的声誉。

3. 保险经纪人展业

保险代理人是保险人的代理人。在展业过程中，保险代理人是站在保险人的立场来考虑的，这样会使投保人产生一种逆反心理。因此，在保险展业过程中出现了另一种能站在投保人角度考虑的中介人展业方式，即保险经纪人展业。在我国，这种展业方式从起步至今时间不长，但事实证明，这也是一种积极有效的保险展业方式。许多保险经纪人活跃于市场上，受客户的委托，从客户的利益出发，寻找保险公司，购买保单。另外，保险经纪人一般都通过国家的资格认证，其法律知识和专业知识都比保险代理人强，因此能够为投保人提供优质的服务。再从投保人的角度来看，保险经纪人的服务并不会在经济上给其增添额外负担，因为保险经纪人同保险代理人一样，所得佣金是由保险人支付的。这就为保险经纪人展业提供了良好的信誉保障。

保险经纪人展业有以下优点：第一，保险经纪人提供服务的专业性强。保险经纪人一般都具有较高水平的业务素质和保险知识，是识别风险和选择保险方面的专家。因此，投保人或被保险人借助保险经纪人能获得最佳的保险服务，即支付的保险费较低而获得的保障较高。保险经纪人由于具有丰富的保险方面的经验，可以帮助投保人及时发现潜在风险，能够提出消除或减少这种风险的各种可能的办法，并帮助投保人在保险市场上寻找最合适的保险公司等。第二，保险经纪人作为被保险人的代表，独立承担法律责任。因此，根据法律规定，保险经纪人应对投保人或被保险人负责，有义务利用自己的知识和技能为委托人安排最佳的保险。如果因为保险经纪人的疏忽致使被保险人利益受到损害，保险经纪人要承担法律责任。第三，保险经纪人的服务不增加投保人或被保险人的经济负担。虽然保险经纪人是投保人或被保险人的代理人，但是其佣金却是向保险人收取的。一般来说，保险人从投保人所缴纳的保险费中按一定比例支付佣金给保险经纪人，作为其推销保险业务的报酬。

（三）保险展业的程序

一般来说，保险公司在展业过程中大致经过以下步骤：

1.进行市场调查，制订展业计划

任何一个市场至少包含三个方面，即主体、客体和内容，保险市场也不例外。对保险市场进行调查，首先要调查其主体，包括保险人（竞争对手）、保险中介人（助手或对手）、客户（展业对象）；调查保险市场的客体则主要是看什么样的保险产品更适合于某区域的顾客；保险市场的内容是各种因素的组合及相互间的影响，如社会、经济、政治环境，各微观主体间、各主体与保险产品间的关联性等。

保险市场调查的方法有观察法、专题讨论、询问法和实验法。当然，不管用什么方法，最终都是想得到一个调查结果，然后对结果进行分析，对市场进行细分。市场细分是依据顾客对保险商品的偏好、购买行为的差异性，把整个保险市场分为若干个不同的产品市场。特别是在寿险市场，对其细分尤为重要。在调查分析的基础上，保险公司就可以制订出科学的展业计划。展业计划一般包括具体的展业目标及为实现目标而采取的方法和技巧。

2.保险宣传

它是保险公司扩大知名度、推销其保险商品必须经历的一步。一般而言，宣传有四种形式：人员推销、广告、展业推广、公共关系。在我国，保险宣传也有以上四种方式，它们各有特点及优缺点，具体见表5-1。

表5-1　　　　　　　　　　　保险宣传方式的特点及优缺点

宣传方式	特　点	优　点	缺　点
人员推销	直接性、亲和性	推销方式灵活，能随机应变，易激发顾客购买保险的兴趣	接触面窄、费用大，受个人影响较大
广告	公开性、渗透性	触及面广、表现力强，能多次反复使用	说服力有限，难以促成即时购买行为
展业推广	时效性、诱导性	吸引力较大、直观，能促成顾客即时购买	过多使用，可能引起反感、怀疑
公共关系	整体性、长期性	影响面广、积极意义大、社会效益好	不容易控制

保险宣传的目的是使更多的人了解保险产品，增强保险意识，增加保险知识，并促进保险产品的销售。当然，不管采取什么方式来宣传，都必须坚持实事求是的原则，不能夸大其词。应将保险产品及其相关条款客观化，排除对宣传对象投保活动所造成的人为干扰。

3.寻找准主顾并设计投保方案

在保险业中每个展业工作人员都面临一些挑战：怎样从茫茫人海中寻找出大量潜在有保险需求的准主顾，且要持续不断地去开拓和维持自己的准主顾市场。"准主顾是我最大的资产，他们是我在保险展业过程中赖以生存和发展的根本。"有些展业人员的说法不无道理。特别是在寿险行业，准主顾的开拓显得十分必要。在实际工作中，对准主顾的寻找有以下常用方法：

（1）缘故关系法也称亲缘法，是指将保险产品直接推荐给自己的亲朋好友，再通过他们来做宣传，从而确定准主顾。

（2）介绍法，是通过熟人或现有客户介绍、推荐他们的熟人来做你的准主顾。介绍法与缘故关系法对刚刚从事保险展业的工作人员来说会经常使用。

（3）陌生拜访法，就是直接寻找素不相识的人来做面谈。这种方法执行起来有一定的困难，不但要求展业人员有一定的专业知识，还须具备良好的素质。因此，该方法被认为是最能磨炼人的，一旦成功，效果非常明显。

（4）目标市场法，是指在某一特定行业，或某一特定单位，或某特定城市，以及在具有共同属性的某些特定人群中展业。

（5）集团开拓法，即选择一家人员相对稳定、职工收入可观、在购买保险的经济上具有可行性的企事业单位作为展业基地，并定人、定时、定点地进行服务的销售活动。

在找到准主顾之后，可以根据展业的目的和实际情况为其作出投保方案的设计。投保方案又称投保建议书，是指展业人员在进行保险宣传的同时，针对有保险潜在需求的人作出的保险产品或其组合的推荐和建议。一般说来，展业人员在提出投保方案的建议时应注意以下几点：既要注重方案的完整性，又要简明扼要；适时询问客户的意见；表现商品的特色，不只是叙述内容，还应适时举例说明，加深印象；充分考虑保险公司自身的利益。

4.交易促成

展业人员经过一系列工作之后，就可在时机成熟之时，与准主顾签约成交。对展业人员而言，成交是所有努力的目标，但在这一过程中展业人员还应谨记：把握强烈愿望，运用熟练技巧，保持良好心态，促成交易。一般情况下，经过展业人员对保险产品的介绍和投保方案的设计之后，准主顾会有一定的兴趣购买保险产品，此时一定要把握住这种购买欲望。当然一定的专业知识和熟练的展业技巧也是必不可少的，同时展业人员要保持良好的心态。

5.售后服务

服务要以客为主，设身处地地站在对方立场，本着关怀的态度，助其解决问题。保险的售后服务更要注意，除了亲切友善的态度外，更要履行承诺，做到前后一致，满足客户需要。对于保险的售后服务，我们可以用16个字来概括：把握时机，贴近需求，善于创新，常保联络。

保险行业原本就是服务行业，其售后服务的意义就显得更为重要了。对客户而言，售后服务是感受保险公司专业形象和展业人员关爱的途径之一；对展业人员而言，售后服务是开拓市场、维护市场的有效方法，可以提高保单继续率，降低退保的可能性，有助于推荐新的客户，售后服务的过程也是展业的过程；对保险公司而言，良好的售后服务则是取信于民、永续经营的重要手段。

知识拓展 5-2

保险业部署DeepSeek加速"智变"，或重划数智化基准线

在DeepSeek席卷金融圈之际，保险机构亦在加速行动。在保险行业数智化转型的背景下，DeepSeek 大模型依托于开源特性和低成本优势正在为业内机构提供差异化赋能。头部险企在前期技术投入与成效积累的基础上实现进一步升级。中小机构则可借助其低成本训练优势，通过本地数据与大模型融合打造定制方案，突破技术成本壁垒。保险业对于 DeepSeek 的应用，或正在推动全行业数智化水平的提升，重划基准线。

保险机构加速接入 DeepSeek，覆盖展业、理赔、投研等场景

伴随着 DeepSeek 之风蔓延，保险业陆续入场。新华保险率先官宣，借助新华 e 家 App 技术底层栈与互联网的技术生态互通的优势，新华 e 家 App 成功接入 DeepSeek R1、V3 两款模型产品，打造个人 AI 助理，支持多个智能应用场景。

保险公司北大方正人寿、太平人寿、人保财险等，保险资管公司人保资产、太平资产等以及保险中介太极华保旗下保链客等机构纷纷官宣接入 DeepSeek，在风起之际积极动作。同时，蓝鲸新闻记者于业内了解到，有机构已经"悄声"内部测试并接入，亦有部分保险机构表示"正在内部学习与探讨""推进各条线应用计划"等。

从落地方向来看，聚焦在展业场景，北大方正人寿上线基于 DeepSeek 大模型的智能展业助手"方灵"。初期，"方灵"助手将解锁"知识智能检索"的基础功能，作为 E 行销智能助手，为代理人提供涵盖保险基础概念等内容的全方位解答，随后将开启知识训练，并同步加强代理人使用 AI 智能工具的系统化培训。

一线营销人员与 DeepSeek 之辩：赋能还是取代？

不同于保险机构的大动作接入，一线保险营销人员对于 DeepSeek 的"接入"更显直接，也更灵活。事实上，伴随着 AI 成长、ChatGPT 问世，关于人工智能是否会取代保险代理人的话题已争论许久，而 DeepSeek 的出现，给这个话题又打上了一重问号。

"我曾使用 DeepSeek 结合客户的个人情况出具保障建议和产品推荐，产出的部分内容比以往 AI 生成的更加详细，其思考过程的具体展示也利于提问者更加清晰地了解为何需要这些保障、不同产品类型的差异点"，来自头部保险中介机构的保险经纪人方某向记者讲述道，"但这只是销售流程的第一步，客户通常不知道该从哪些方面做进一步的比较，甚至可能基于 AI 相对'普适'的推荐而盲目选择产品。"

不可忽视的还有包括 DeepSeek 在内的 AI 模型存在的"幻觉"，需要用户进行多源验证和甄别，但面对具有高专业壁垒的保险产品、复杂的条款，无疑给用户增加了难度。

"保险销售是人本位的行为，通常要建立在信任、理解的基础上"，一位保险中介机构分公司业务负责人向记者提出，"且客户需求多样、保险条款复杂，专业的保险销售人员要根据自己的经验和对客户及产品的全面了解来实现匹配、进行决策，这并非通过简单搜索就能够完成。"

"但帮助一定大于威胁"，前述保险中介机构分公司业务负责人如是总结道。而无论是否构成威胁，拥抱 DeepSeek 已成为一线业务人员的共识。

资料来源：石雨. 保险业部署 DeepSeek 加速"智变"，或重划数智化基准线［EB/OL］.［2025-02-18］. https://news.qq.com/rain/a/20250218A09A5B00.

二、保险承保

在前面，我们虽对保险展业做了叙述，保险展业人员会想方设法将保险产品销售出去，但这并不意味着只要投保人有需求，保险人就能够满足他。在很多情况下，投保人的投保也是要受到保险人严格的检查，要求投保人达到一定的条件，才会将保险产品销售给投保人。这便是保险经营的另一个重要环节——承保。

保险承保，是指在保险合同签订过程中，保险人对愿意购买保险的投保人所提出的申请及相关资料经过审核同意接受投保的行为。保险承保是一项专业性、技术性很强的工作，其质量的好坏直接关系到保险人经营的财务稳定性和企业经济效益的好坏。

（一）保险承保的一般程序

保险承保有一定的程序，特别是对于保险金额较高的投保，保险公司一般须经过严格的审核程序。保险承保的一般程序如图5-1所示。

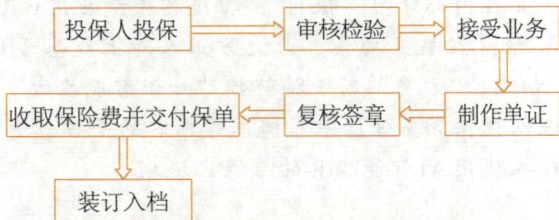

图5-1　保险承保的一般程序

1.投保人投保

在展业人员寻找到准主顾之后，投保人要提出保险申请，即填写投保单，交给保险人或中介人。

2.审核检验

这一步是承保最为关键的一步，一般包括两个方面的审核：一是审核投保单，如对投保人的合法性审核，保险标的的合法性、投保人是否对其具有保险利益的审核，投保单各事项的填写是否清楚、完整，应附的投保附件证明是否齐全等。对于一些有特殊规定的保险，也应对投保单上的相关事项进行审核。二是对承保风险本身的检验，保险人应对投保标的的风险情况进行检验，以识别、衡量风险程度，确定风险等级，科学地进行承保选择和风险控制。对承保风险的检验包括：保险标的所处的环境，主要风险隐患及防护措施状况，还有人身保险中的医务检验（检查被保险人的健康状况）、事务检验（对被保险人的工作生活环境、职业、经济情况等进行检查）。

在审核检查过程中，要避免逆选择带来的不良影响。逆选择是指那些遭遇风险机会最多的人最愿意购买保险；而遭遇风险机会少的人，购买保险的动机则不强。逆选择的发生是信息不对称的结果，投保人比保险人更了解被保险人或投保标的的风险所在。为解决这个问题，保险人应首先对承保对象的有关信息作出全面、真实的了解，对申请者进行严格的筛选。另外，对于不同风险程度的承保对象采取不同的保险费率也可以在一定程度上抑制这种现象的出现。

3.接受业务

保险营销人员或保险中介人在对投保单和风险进行初步审核检验后，就将相关单证交给保险公司的内勤人员。内勤人员接到各种单证后，必须认真进行全面审核，再次就投保人所填内容进行认真分析和复核。

4.制作单证

在接受业务之后，保险人应根据投保单和与投保人约定的结果填制保险单或发放保险凭证。制作的单证对保险双方当事人来说都十分重要，它是履行各自权利和义务的依据。

5.复核签章

此次的复核主要是对单证的审核，看各种单证如投保单、保险单、验险报告等是否齐全，内容是否完整并符合要求，字迹是否清楚，保费的计算是否准确。审核无误后，相关人员及负责人签章即可。

6.收取保险费并交付保单

保险公司内勤人员将复核签章后的单证及相关收据交给保险营销员或中介人，并收取保险费，通过保险营销员或中介人再将各种单据送至投保人手中。

7.装订入档

对于任何一家企业，一笔业务完成后相关资料都应存档，保险公司也不例外。

（二）保险承保的一般要求

承保是保险人对投保人及其投保行为作出的回应，这种回应是否得当直接关系到保险人的财务状况和未来发展。因此，保险人在承保前必须遵循一些基本要求，以便持续稳步发展。保险承保的一般要求有理论上的要求，如投保人在经济上具有可行性，有大量相似的保险标的，损失的发生具有偶然性并可确定和计量，特大灾难不会发生等。以下从保险公司的实际操作来谈谈其一般要求。

1.关注逆选择，防止道德风险

逆选择是投保人利用保险获取不正当利益的心理状况而体现的不正常投保行为。投保人对自己所面临的风险情况远比保险人清楚，其一般只会选择面临风险大的标的进行投保。道德风险是指人们以不诚实或不良企图或欺诈行为故意促使风险事故发生，或扩大已发生的风险事故所造成的损失的因素。例如，制造虚假赔案、虚报保险财产价值等。

承保人员针对逆选择和道德风险，应了解投保人的品质、投保标的的状况、所处的环境等，还应认真仔细地审查投保人、被保险人、受益人相互间的关系，进而确定投保人的投保动机是否纯正，据此采取具有针对性的措施。

2.衡量承保能力，保证稳定持续性经营

所谓承保能力，是指基于公司净资产规模的公司业务容量。保险公司的稳定持续性经营需要有适当的承保额，而这个承保额就必须与其承保能力相适应。投保人所缴付的保费实际是保险人的负债，保险业务被接受得越多，收取的保费也越多，这在短期内会造成保险人净资产的减少，增大保险人的经营风险。因此，承保能力也就成了限制保险公司接受新业务的一个标尺。

现实中，保险公司一般不会因业务太多而拒绝接受，但必须考虑运用适当的方法来维持和扩大承保能力，并保证经营的稳定性。常见的方法有：

（1）在不同的市场、不同的地域来分散自己的业务，从而分散风险，使保险公司承受风险的能力上升；

（2）通过再保险方式，确定自留额与分出额，控制自身的赔付责任，对保险公司的稳健持续经营有积极作用；

（3）充分利用承保资源，加强对承保的管理，调动一切积极因素，减少开支，降低保险经营损耗，进而提高保险公司的承保能力。

3.区别对待，保证承保质量

保险人所承保的风险并不是毫无区别和条件的，不同的风险处于不同的环境可能造成的损失也不一样，因此保险人应从保证保险业务的质量出发，对投保要求区别对待，对符合条件的投保优先给予承保，而对于高风险的投保应放弃承保或通过调高费率来分散风险。

4.注意控制保险责任，适当规定免赔额

实际上，保险责任是通过保险合同中的基本条款和附加条款或特约条款来约定的，保险人可以在双方自愿原则的基础上采用修改保险条款的方式来控制保险责任。当然，保险人还可以针对一些特殊的保险来规定免赔额。免赔额的规定对投保人来说是风险自留的一种表现，自留能力越强，投保人承担的免赔额越高；而对保险人来说，规定免赔额可促使投保人加强风险管理，更有利于自己的承保。

☑ 知识拓展 5-3

人保集团赵鹏：为人工智能等领域民企创新保驾护航，
建议放宽投资创业投资基金规模限制

2025年2月28日，央行等金融管理部门联合全国工商联召开金融支持民营企业高质量发展工作座谈会。

座谈会上，依文集团、吉利控股、商汤科技、圆通速递、伊利集团等5家民营企业及全联并购公会负责人介绍了企业经营情况并提出意见和建议。工商银行、人保集团、中信证券、国担基金等4家金融机构及上海证券交易所负责人作经验交流。

当前，民营企业诉求主要包括：希望给予企业无本续贷贷款展期等信贷支持，希望获得与企业生产周期匹配的中长期资金支持，希望能针对企业特点开发新型金融产品，以及在债券融资中能够获得与同评级国企同样的票面利率待遇等。

针对投资科技型企业具有长周期、大体量和较高风险的特点，人保集团总裁赵鹏表示，将聚焦人工智能、人形机器人、新能源等重点产业，丰富完善面向民营企业的科技保险体系，开发专属产品服务，分散化解科创领域研发、市场推广等各类风险，为民营企业深化科技创新保驾护航。

根据《中国保监会关于保险资金投资创业投资基金有关事项的通知》，单只基金募集规模不超过5亿元。但市场上不少优秀创业投资基金的规模超过了5亿元。赵鹏建议，放宽相关限制，进一步支持险资通过创业投资基金、政府引导基金等支持民营科技

型企业、小微企业、战略性新兴产业发展。

资料来源：金融界．金融支持民企高规格座谈会干货！人保集团赵鹏：为人工智能等领域民企创新保驾护航，建议放宽投资创业投资基金规模限制［EB/OL］．［2025-03-02］．https：//baijiahao.baidu.com/s？id=1825467487059691481&wfr=spider&for=pc.

三、保险的防灾防损

保险经营的另两个重要环节是保险防灾防损与理赔，保险防灾防损能使保险事故发生的频率及其损害后果减轻，而理赔则是保险履行其职能的具体体现。

（一）保险防灾防损的概念及重要性

防灾防损是指保险人对其所承保的保险标的可能发生的各种风险进行识别、分析和处理，以此防止事故的发生和减少灾害损失的行为。保险的防灾防损是由保险人作出的行为，其对象并不是投保人，而是保险人所承保的保险标的。保险防灾防损不但是巩固保险人经营成果的必要措施，也是服务社会、减少社会财富损失的重要体现，因此对投保人、保险人和整个社会都有重要的作用。

1.有利于减少投保标的发生损失的可能性和损失程度

由于保险人在预防和减少灾害事故发生及所造成的生命和财产损失中采取了各种组织措施和技术措施，而这些措施都是投保人所不能轻易做到的，因此投保标的有了双重保护，即投保人自己采取的措施和保险人所采取的专业技术措施，从而有利于减少投保标的发生损失的可能性和损失程度。

2.有利于提高保险人的盈利状况和信誉

保险公司通过防灾防损来减少损失或人身伤亡，降低赔付率，从而提高了自身的经济效益和盈利水平。再者，保险人做好防灾防损工作，降低了损失的发生概率，这让保险标的得到了一定程度的保障，也可以提高保险公司的信誉。

3.有利于保障社会财富和人民生命安全

灾害事故会给社会带来财富的损失和居民人身的伤害。虽然这种损害可以在经济上得到补偿，但是损害是无法挽回的。保险防灾防损的目标是避免或减少灾害事故对人身体或财产的损害。这对安定人民生活和提高社会经济效益有显著的作用。

（二）保险防灾防损的内容与要求

保险防灾防损工作的内容主要有：

1.做好防灾防损的宣传工作

保险防灾防损的宣传要贯穿于保险经营的各个环节，保险人应主动提出防灾防损的建议和措施，运用多种形式，向保户宣传防灾防损的重要性，提高安全意识。在宣传过程中，其内容一般包括防灾防损的基本常识、重要性及国家的相关法令法规。

2.加强与社会有关防灾防损部门的合作

由于保险防灾防损具有明显的社会性，因此保险人应经常与社会上相关专业部门保持联系，并取得他们的支持，相互合作，共同维护保险标的的安全。例如，与公安消防部门配合防范火灾；与交警部门配合防止车祸；与防汛指挥部门配合开展防汛工作；与卫生医疗部门合作防范重大医疗事故等。保险人通过这些合作不但能降低风险事故发生的可能性和损失程度，也可以增加保险工作人员的专业知识，提高防灾防损的技术水平。

3.组织相关检查，及时处理不安全因素和事故隐患

经常性或不定期对保险标的进行检查是非常重要的，特别是对于那些承保期限较长的保险标的的检查，因为随着时间的推移，保险标的所处的环境在发生变化。在检查中若发现有不安全因素应及时处理。例如，有一位家住三楼的居民，在保险公司投保了房屋火灾险，可是6个月之后，这栋楼房的一楼开始经营鞭炮业务，而二楼又成为储存棉布的仓库，在这种情况下，该栋楼房所处的环境已发生了变化，出现了新的不安全因素，保险人应及时向投保人提出防范火灾的建议，并在技术上予以指导和帮助。

4.积极参与救灾减损

保险防灾防损的内容还包括当灾害事故发生时，保险人和被保险人积极参加救灾救险，特别是对保险人而言，施救保险财产，防止灾害蔓延已成为自己的职责。因此，保险人应积极参与救灾，尽量降低损失程度。

5.进行防灾调查，获取灾情资料

"巧妇难为无米之炊"，保险人也一样，在保险防灾防损的工作中，无论是开展宣传，还是制订相关计划，都离不开真实的灾情资料。一般来说，获取灾情资料的途径主要有三种：一是委派专门人员去实地调查，这样获得的资料非常真实，也很有实用价值，但成本较高，难度较大；二是主动与社会防灾防损的专业部门合作，并建立持久的资料交换关系；三是向其他保险人索要或购买资料。

6.坚持"防重于赔、以防为主"的原则

实践证明，单纯的"补偿"是不可能避免和减少社会财富损失的，虽然对某一灾害事故做了经济补偿，但是作为社会财富或人的生命却是无法补偿的。同时，灾害事故给人们心理上造成的损害更是无法补偿的。因此，应该把灾前预防放在重要位置。

（三）保险防灾防损的方法

1.法律方法

法律是保险防灾防损管理的方法之一。它是指通过国家颁布的有关法律来实施保险防灾防损管理。例如，《保险法》第五十一条规定："被保险人应当遵守国家有关消防、安全、生产操作、劳动保护等方面的规定，维护保险标的的安全。保险人可以按照合同约定对保险标的的安全状况进行检查，及时向投保人、被保险人提出消除不安全因素和隐患的书面建议。"

2.经济方法

经济方法是当今世界普遍运用于保险防灾防损的重要方法。保险人在承保时，通常根据投保人采取的防灾措施情况决定保险费率的高低，从而达到实施保险防灾防损管理的目的。对那些防灾防损设施完备的投保人采用优惠费率，即少收保险费、以资鼓励。对那些怠于防灾防损、缺乏必要防灾防损设施的投保人则采用较高的费率，以促进其加强防灾。

3.技术方法

技术方法主要包括两个方面：

（1）通过制定保险条款和保险责任等来体现保险防灾防损精神，即设计保险条款明确被保险人防灾防损的义务；在保险责任的制定上，应有防止道德风险的规定；在保险理赔上提出抢救和保护受灾财产的要求。例如，财产保险合同中规定，如果灾害事故发生在保险责任范围内，被保险人应尽可能采取必要的措施进行抢救，防止灾害蔓延，对未被破坏和损害的财产进行保护和妥善处理；倘若没有履行这一义务而加重损失的部分，保险人不负赔偿责任。

（2）运用科学技术成果从事保险防灾防损活动，即保险公司专门设立从事防灾防损技术研究部门，对防灾防损进行相关的技术研究。防灾防损部门运用有关技术和设备对承保对象进行风险预测，对保险标的进行监测，研制各种防灾防损技术和设备以及制定有关的安全技术标准。这些防灾防损活动不仅使保险公司获得良好的经济效益，而且在社会上获得了良好的声誉。

四、保险理赔

保险理赔的发生，直接由被保险人或受益人的索赔引起。索赔与理赔是一个问题的两个方面，它们直接体现了保险合同当事人的权利和义务，关系到保险职能的实现。

（一）保险理赔的含义

保险理赔是指保险合同所约定的事故发生并造成损失后，保险人依据被保险人或受益人在规定的时间内提交的索赔要求文件和保险合同所作出的履行经济给付或补偿义务的行为。保险理赔可以说是对承保质量的检验，在承保过程中若对保险业务的选择不严格，会导致赔案增多、赔款增多；若承保手续不齐全，则会增加理赔工作的难度。同时，理赔工作做得是否及时、合理，还关系到保险公司的声誉。

在保险业务中，从事理赔工作的人被称为理赔员。常见的理赔员有三种：公司理赔员、理赔代理人和公众理赔员。公司理赔员是保险公司的雇员，在受益人（或被保险人）提出索赔要求后，专门负责处理理赔事务。这种理赔员为保险人的利益着想而进行理赔，因此保险人不必担心理赔员主观上的原因而对保险人的盈利状况产生影响。理赔代理人是由保险人授权从事理赔工作的代理人。当某些代理人信用较好，且对被保险人的情况熟悉，离损失地点也较近时，保险人一般委托理赔代理人进行理赔。通过代理人理赔对提高代理业务的质量和保险公司的经营效率有一定的意义。公众理赔员代表的是被保险人的利益。虽然公众理赔员不是保险公司的内部职员，但是通常会从保险公司赔付给被保险人的保险金中收取一定比例的费用作为服务费。

（二）保险理赔的程序

保险标的发生损失，一般情况下，首先是被保险人（或受益人）先得知，而保险人要等到投保人提出相应的要求才会进行理赔。因此，在理赔之前，投保人应注意两件事：一是出险通知，这是在保险事故发生后，投保人将事故发生的时间、地点、原因及其他相关情况告知保险人并提出索赔要求的一种行为。出险通知可以采用口头形式，也可用函电、书面的形式。有些投保人为谨慎起见，两种方法同时使用，只是时间上有先后。二是注意索赔时效。有些保险合同事先就已经约定偿付的请求权存在一定的期限，超过了该期限的索赔视为无效。因此，不管是从防止损失进一步扩大的角度，还是从把握索赔时效的角度来看，被保险人（或受益人）都应尽快发出出险通知。

需要说明的是，在保险事故发生后，投保人、被保险人或受益人有义务及时通知保险人，否则保险人可以以未及时通知为由拒绝承担保险责任。但是，有的时候投保人、被保险人或者受益人由于客观原因无法及时通知保险人，或者对未及时通知不存在重大过错，此时保险人以此拒赔是不合乎情理的。此外，对于一些重大的保险事故，如地震、火灾等，保险人完全可以从其他途径，如新闻媒体等得知，投保人、被保险人或者受益人是否及时通知并不影响其及时查勘定损。因此，《保险法》对保险人的免责权进行了限制："保险人仅在投保人、被保险人或者受益人故意或者因重大过失未及时通知的情况下有权免责，而且免责的范围限于因上述人员未及时通知导致保险事故的性质、原因、损失程度等难以确定的部分。""保险人在合同订立时已经知道投保人未如实告知的情况的，保险人不得解除合同；发生保险事故的，保险人应当承担赔偿或者给付保险金的责任。"

对保险人而言，保险理赔的程序因保险种类的不同而有所差异，但一般都要经过以下步骤：

1.损失通知

保险标的发生保险事故，被保险人首先要立即通知保险公司，以便保险公司派人员及时到现场进行损失检验，收集有关证据，调查损失原因，确定损失责任，并及时采取合理、有效的施救措施，以避免损失继续扩大。通知的方式可以是口头或函电，但一般采用后者居多，以此作为备查依据。对被保险人在发生损失后是否及时通知，是否由于延迟通知而影响责任审定，以及是否采取措施进行施救、抢救，是处理理赔案时首先要注意的问题。

2.损失检验

保险公司接到损失通知后，应立即派人员对受损标的进行检验，正确掌握受损原因、受损情况和受损程度等材料，以判断是否属于保险责任。它是保险公司核赔的主要依据。

3.审核各项单证

审查保险单的有效性。损失是否发生在保险单有效期限内，这是继续处理理赔案的关键。如果保险单是无效的，就不需要继续处理。除保险单的有关单证需首先审查以外，对其他有关单证（如查勘报告、损失证明、所有权证明、账册、商业单据、运输证等）也必须予以审核，以核查索赔人员是否有索赔权，以便据此来确定损失是否属于保险责任范围。

4.核实损失原因

在损失检验和审核各项单证的基础上，对审核中发现的问题，可考虑进一步核实原因，包括赴现场实地调查和函电了解，或向专家、化验部门复证。在核定损失原因时，还要特别注意近因原则。所谓近因原则，是指造成保险标的的毁损、灭失的有效原因，与实际损失有因果关系，但不是指时间上和空间上与损失最为接近的原因。只要保险标的毁损的有效原因与实际损失的因果关系没有中断，这个损失原因就是理赔的根据。

5.核定损失程度和数额

当保险标的损失的原因肯定属于保险责任范围内时，需要进一步核定损失程度和计算应赔偿的金额。

6.损余处理

损余物资的处理关系到赔款额度，也关系到残余物资的正确利用，因此，对残余物资的作价和处理也是比较重要的一项工作。

7.给付赔款

被保险人同意保险公司的理算结果后，即可办理领款手续。被保险人在领款时签署领赔款收据。

案例分析 5-1

事故间接损失是否理赔

【案情】

2024年9月的一天，张律师收到一位网友的咨询：该网友的车不幸撞上路边的商店，把店面撞坏了，致使这家商店有好几天不能正常营业，于是店主要求该网友赔偿一笔钱，弥补这几天不能营业的损失。可保险公司的定损员在现场勘查定损时却告诉该网友，这笔钱不能计入理赔额。该网友很想知道保险公司为何这样说。请问保险公司是否应该理赔这笔钱？

【分析】

间接损失难以理赔。当被保险车辆遭遇保险事故时，车险公司通常只针对这起事故的直接损失进行理赔。该网友的汽车不幸撞上店铺，车险公司将对该网友的车损以及店铺的装潢损失等直接损失进行理赔。至于该店铺因为这起事故所导致的停业损失，属于该事故的间接损失，不在保险公司的理赔责任之内。因为根据车险条款的规定，当保险车辆发生保险事故后，致使第三者停业而造成的损失，保险公司是不予理赔的。

（三）保险理赔的原则

1.一切以客观事实为出发点

一旦保险事故发生，被保险人首先想到的就是向保险人索赔，此时保险人应弄清事实，查明事故发生的原因，作出是否属于保险责任的明确判断，并评估灾害事故的经济损失，根据保险合同来确定是否理赔及理赔金额。也就是说，保险人所作出的一切处理结果都要以事实为出发点，以原始的凭证和合同为依据。

2.保持良好的职业道德，恪守信用

在任何一个行业，职业道德的好坏都直接影响该行业从业人员的工作效率和客户的满意程度，保险工作人员也不例外。保险理赔员在开展理赔工作时，应礼貌待人，热诚服务，恪守信用，不徇私情。由于保险人和被保险人之间的保险关系是通过保险合同建立起来的，双方的权利和义务也有原则性的规定，因此双方都应恪守合同约定，保证合同严格履行，特别是保险人，理赔工作的顺利开展是其恪守信用的标志，对提高保险人的声誉也有积极作用。

3.贯彻"主动、迅速、准确、合理"八字方针

这八字方针是衡量保险人信誉状况、工作效率和质量的一个标准。也就是说，保险理赔员在接受索赔案件时应积极主动地了解情况，而不是找借口推诿；在接到出险通知后，应尽量为被保险人（或受益人）着想，办理赔款要迅速，而不是故意拖延时间，置被保险人的利益于不顾；理赔员在现场勘查、确定责任、分析原因、计算赔款数额时，应合情合理，力求准确无误，避免出现错赔或滥赔的现象。

保险人在收到被保险人或者受益人的赔偿或者给付保险金的请求后，应当及时作出核定，并将核定结果通知被保险人或者受益人；对不属于保险责任的，应当向被保险人或者受益人发出拒绝赔偿或者拒绝给付保险金通知书。为了贯彻"主动、迅速、准确、合理"八字方针，保险公司不得以未完成核定为由，故意拖延赔付时间，也不得因主观认为不属于保险责任的，就不及时通知被保险人或者受益人。《保险法》第二十三条规定："保险人收到被保险人或者受益人的赔偿或者给付保险金的请求后，应当及时作出核定；情形复杂的，应当在三十日内作出核定，但合同另有约定的除外。保险人应当将核定结果通知被保险人或者受益人；对属于保险责任的，在与被保险人或者受益人达成赔偿或者给付保险金的协议后十日内，履行赔偿或者给付保险金义务。保险合同对赔偿或者给付保险金的期限有约定的，保险人应当按照约定履行赔偿或者给付保险金义务。"

任务三　保险投资

所谓保险投资，是指保险公司在经营活动过程中，为扩充保险赔付能力而利用所筹集的保险资金在金融市场上进行的有偿运营，使其保值增值。由于保险责任范围内的自然灾害和意外事故的发生具有随机性和损失程度不同等特点，从某一时点来看，保险费的收取与赔偿或结付，将在时间上和数量上产生差异。也就是说，保险公司收到的保费不会立即全部用于支付赔偿或给付。这种时间差和数量差导致保险公司的一部分资金沉淀下来，变成暂时闲置资金，也就成为保险投资的资金来源。在保险公司的资产负债表上，这部分资金表现为负债项目的各种准备金。在当今各国的保险市场上，保险投资已经成为保险公司生存、发展和壮大的重要保证。任何国家的资本市场要不断壮大并获得充分发展，需要利用保险公司的力量，运用保险投资的方式来推动。

微课5-3

一、保险投资的原则

为了切实做到保险基金的保值增值，确保保险公司的偿付能力和维护保户的利益，保险投资应遵循以下原则：

（一）安全性原则

《保险法》第一百零六条规定："保险公司的资金运用必须稳健，遵循安全性原则。"安全性是指保证保险投资资金的返还。这种返还包括本金和利息的返还。保险资

金来源于广大投保人缴付的保险费，这就决定了保险经营的特殊性——负债经营。因此，保险公司在投资时首先要保证资金的绝对安全。在进行投资时，保险公司必须进行项目的可行性研究，并加强自身的风险管理，因为投资本身就有风险。在保险投资的各项原则中，安全性原则是核心，只有保证资金的安全，才能达到投资的各种目的。为保证资金运用的安全，必须选择安全性较高的项目；为减少风险，要分散投资。

（二）流动性原则

流动性是指在不损失资产价值的前提下，能随时抽回投资的资金，用以补偿被保险人的经济损失。流动性的好坏通常用变现能力的强弱来衡量。一般而言，不同的险种，其资金的流动性要求不一样，对于保险期限短、意外事故发生概率大的险种（比如财产险和责任险），其投资资金的流动性要求高；对保险风险小且分散、风险事故发生有一定的规律、异常情况少、承保期限较长的险种（如人寿保险），保险资金往往可用于中长期投资，且对投资的流动性要求不高。流动性原则与安全性原则相辅相成，安全性好的投资其变现能力一般较强，流动性好的投资项目其安全性也会较好。

（三）盈利性原则

保险公司之所以将闲置资金用于投资，其主要目的是获利。盈利性原则是指保险投资要以获得收益为条件，一项投资是否成功，主要是看其投资收入是否大于投资成本，即是否有盈利，有多大盈利。当然，保险投资盈利的大小要受到许多因素的影响，如投资方向、投资渠道、领导者才能、国家的产业政策等。但有一点要注意的是，不管怎样的投资，也不管这项投资受到多少因素的影响，其收益状况肯定是与风险成正比的，即收益率越高，风险就越大。这便产生了盈利性与安全性、流动性之间的矛盾。在实际操作中，保险投资的方向在这三者之间的抉择是由保险本身的性质和职能决定的，保险投资一般是在保证安全性和流动性的前提下，追求最大限度的盈利。

二、保险投资的形式

保险投资的形式主要有以下几种：

（一）银行存款

银行存款被视为最简单的投资形式，这种投资形式安全性较好、流动性较强，能满足保险公司保险金支付的需求，但收益率相对较低，难以满足保险资金保值增值的要求。

（二）债券投资

购买债券是保险投资的另一种重要的投资形式，债券的利率固定，利息支付与发行债券企业的业绩无直接关系，债券的市场价格较稳定，因此债券的收益有保证。同时，债券是一种流动性较强的证券，证券市场越发达，债券的流动性越强。一般来说，保险公司进行债券投资的主要对象是政府债券，政府债券以政府信用为担保，风险较小，因此有"金边债券"的称号，被视为最安全的投资方式之一。

（三）股票投资

股票是股份公司发给股东的股权证书，它代表了持有人对发行企业所拥有的一定的股权。股票持有者是股份公司的股东，享有对公司的经营决策权。股票投资的收益来自股息和红利。由于股票是一种流动性较强的有价证券，其收益的另一来源则是买卖价差。虽然股票投资的收益率较高（特别是在经济景气时期），流动性较强，但是其安全性相对于银行存款和债券投资而言就较差。因此，各国对本国保险公司在进行股票投资方面都有严格的规定。

（四）证券投资基金投资

证券投资基金是指通过发售基金份额，将众多投资者的资金集中起来，形成独立财产，由基金托管人托管，基金管理人管理，以投资组合的方法进行证券投资的一种利益共享、风险共担的集合投资方式。证券投资基金具有集合理财、专业管理，组合投资、分散风险，利益共享、风险共担，严格监管、信息透明，独立托管、保障安全等特点，所以现在已经成为保险资金投资的重要对象。保险公司购买证券投资基金实际上是一种间接投资行为，即保险公司通过购买专门的投资管理公司的基金完成投资行为，由投资基金管理公司专门负责保险资金的运营，保险公司凭所购基金分享证券投资基金的投资收益，同时承担证券投资基金的投资风险。

（五）不动产投资

不动产投资也称房地产投资，是将保险资金用于购买土地、建筑物或建造住宅、商业建筑物等的投资。虽然不动产投资具有收益率高的特点，但是其项目投资金额大、期限较长、流动性差。因此，许多国家相关法律法规对不动产投资都有严格的规定。

从以上投资形式来看，银行存款是低风险、低收益的投资方式，不动产投资由于其流动性弱往往在配置资金时受限制过多，因此对一家保险公司而言，保险资金的投资主要还是证券类投资。《保险法》对保险资金进行证券类投资作出了相关规定："经国务院保险监督管理机构会同国务院证券监督管理机构批准，保险公司可以设立保险资产管理公司。保险资产管理公司从事证券投资活动，应当遵守《中华人民共和国证券法》等法律、行政法规的规定。"

三、保险投资结构

保险投资结构直接关系到保险公司的资金安全和经济效益。保险公司在选择有效的投资结构时，要采取科学的决策方法，综合考虑各种因素的影响，正确估计自身的实力，确保保险资金的流动性、安全性和收益最大化。影响保险投资结构的主要因素有以下几种：

（一）政府对保险投资结构的规定

为了保护被保险人的利益，确保保险公司的偿付能力，许多国家和地区政府都对保险投资结构作出明确规定。我国自2018年4月1日起施行的《保险资金运用管理办法》中规定："保险资金运用限于下列形式：（一）银行存款；（二）买卖债券、股票、证券投资基金份额等有价证券；（三）投资不动产；（四）投资股权；（五）国务院规定的其他资金运用形式。保险资金从事境外投资的，应当符合中国保监会、中国人民银行和国家外汇管理局的相关规定。""保险资金投资的债券，应当达到中国保监会认可的信用评级机构评定的且符合规定要求的信用级别，主要包括政府债券、金融债券、企业（公司）债券、非金融企业债务融资工具以及符合规定的其他债券。""保险资金投资的股票，主要包括公开发行并上市交易的股票和上市公司向特定对象非公开发行的股票。投资全国中小企业股份转让系统挂牌的公司股票，以及以外币认购及交易的股票，由中国保监会另行规定。"对于不同的投资形式，中国保监会又出台了相关管理规定。因此，保险公司应在政府规定的条件下，根据自身特点来选择投资方向，确定投资结构。

（二）经济发展和产业结构调整的影响

保险业是国民经济的有机组成部分，保险业务发展取决于社会经济的发展，保险投资业务发展也同样与之相关。保险公司的投资基金的供给，无论在投资方向上还是在投资结构上，都受社会经济发展中的资金需求制约，产业结构的调整对保险投资也将产生一定的影响。一般来说，各产业部门在发展过程中对资金需求和吸收能力是不同的，因此保险资金的供给，即投资方式和对各部门的投资量也是不同的。在经济体制改革中，我国企业已走向市场，在此情况下，保险投资应多样化，尤其应适当增加有价证券投资，使投资结构趋向国际化。

（三）资金市场变化的影响

从投资收益和投资风险来看，资金市场的变化直接影响保险投资结构，包括利率变化、证券价格变化以及各种投资形式收益率变化。例如，利率下降，就会使闲置货币资本流入股票市场，以期赚取股票的高额回报，从而增加了对股票的需求，股票价格就会上升；反之，利率提高，股价就会下降。另外，利率下降，证券价格上升还将导致证券资产收益率的相对上升。因此，根据资金市场变化及时调整投资结构是提高保险投资收益的关键。

（四）资金来源结构的影响

一般来说，属于长期负债的寿险准备金以及总准备金可用于长期投资，提高资金收益；属于短期负债的财产保险准备金，则应用于短期投资或变现能力较高的项目。寿险公司和非寿险公司各自所经营的业务因期限长短不一或储蓄性与非储蓄性的差别，其资金来源也呈多种结构。目前，我国保险投资结构的主要问题之一就是长资短用，这在一定程度上影响了投资效益。

知识拓展 5-4

国家金融监督管理总局、中国人民银行发布
《银行业保险业绿色金融高质量发展实施方案》

围绕做好金融"五篇大文章"，按照《国家金融监督管理总局关于银行业保险业做好金融"五篇大文章"的指导意见》（金发〔2024〕11号），引导银行业保险业发展绿色金融，支持绿色低碳发展，国家金融监督管理总局、中国人民银行2025年1月联合发布《银行业保险业绿色金融高质量发展实施方案》（以下简称《实施方案》）。

《实施方案》共有4部分24条措施：一是总体要求，提出了绿色金融发展的指导思想和基本原则；二是主要目标，提出了未来5年绿色金融发展目标；三是重点工作任务，包括加强重点领域的金融支持，完善绿色金融服务体系，推进资产组合和自身运营低碳转型，增强金融风险防控能力，深化绿色金融机制建设；四是加强组织保障，包括加强责任落实、监督评价、协同合作及宣传交流。

　　《实施方案》聚焦绿色发展，兼顾金融供需，细化行业标准，强化信息披露，坚守风险底线，以深化金融供给侧结构性改革为重点，提升金融服务绿色高质量发展适配性。

　　《实施方案》提出，金融机构要从需求侧重点服务产业结构优化升级、能源体系低碳转型、生态环境质量改善和生物多样性保护、碳市场建设等领域；要从供给侧优化金融服务，加大银行信贷供给，完善绿色保险体系，拓展绿色金融服务渠道，健全绿色金融标准，逐步建立完善信息披露机制；鼓励金融机构开发特色绿色金融产品服务，规范开展绿色债券业务，加强募集资金管理。保险公司要围绕服务绿色转型，研发有针对性的风险保障方案，推动绿色保险业务提质增效，加强保险资金运用，通过投资绿色债券、绿色资产支持证券、保险资产管理产品等参与绿色项目投资。

　　《实施方案》对金融机构开展绿色金融业务风险防控提出明确要求，完善风险管理机制，强化全流程风险管理，健全环境、社会和治理风险管理体系，探索环境气候风险管理技术和工具，维护良好的市场秩序，确保商业可持续。

　　资料来源：国家金融监督管理总局. 国家金融监督管理总局　中国人民银行发布《银行业保险业绿色金融高质量发展实施方案》［EB/OL］.［2025-03-01］. https：//baijiahao. baidu. com/s？ id=1825395907046099060&wfr=spider&for=pc.

　　随着保险市场和资本市场的逐步成熟，保险公司投资经验的不断丰富，保险监管的日趋完善，我国保险公司必将在更广阔的领域中选择适合自己的投资方式，在投资领域与国际惯例接轨。《保险法》对保险资金的运用作出了规定，保险公司的资金运用限于银行存款，买卖债券、股票、证券投资基金份额等有价证券，投资不动产和国务院规定的其他资金运用形式。

知识掌握

1. 保险展业需要遵循什么原则？
2. 保险公司一般可以通过哪些措施来加强展业？
3. 保险展业过程中进行保险宣传有哪几种方式？
4. 保险承保的一般流程是什么？保险人在承保过程中有哪些一般要求？
5. 什么是防灾防损？在防灾防损过程中，保险公司应做好哪些事情？
6. 保险公司在理赔时要经过哪些步骤？
7. 保险投资要遵循什么原则？《保险法》中规定的保险投资的途径有哪几种？

知识应用

·案例分析

案例一　　　　　　　　　　　**车险理赔时间需注意**

长沙车主杨女士最近遇到了一件"怪事"，她今年开车出过一次交通事故，最近打算续保车险时，保险公司却告诉她保险记录里面查到她上一个保险年度有 4 次理赔，今年续保车险不仅不能打折，保费还要上浮 10%。经过仔细核对，杨女士终于发现了其中的原委。原来自己确实在去年 7、8 月份连续发生了几次事故，但由于保险公司没有及时理赔，结果造成结算时间一直拖到了 9 月份，这样原本是上一个保险期内发生的事故，正好累积到最近一个保险期内了。

资料来源：作者根据相关资料整理。

问题：保险公司理赔记录的确定以报案时间为准，还是以结案时间为准？

案例二　　　　　　　　关于重复投保的理赔计算

情形一：投保人王先生将其总价值 100 万元的房子分别向 A、B 两家保险公司投保，保险金额分别为 80 万元和 120 万元。之后在保险有效期内，王先生的房子被大火全部烧毁。

情形二：张先生分别在三家保险公司各投保 1 万元的意外医疗保险，之后张先生不幸摔伤，在医院发生 1 万元的医疗费用。

情形三：李先生 36 岁，2025 年 2 月因全身浮肿、少尿被医院确诊为尿毒症。李先生 14 岁时，他母亲在某保险公司为他投保了 15 万元的重大疾病保险；28 岁时，他的妻子在另一家保险公司为他投保了 15 万元重大疾病保险；32 岁时，他的妻子又为他在中意人寿投保了 15 万元的中意年年安康重大疾病保险。

资料来源：作者根据相关资料整理。

问题：（1）以上三种情形下，保险公司应分别如何进行理赔？依据的保险法规是什么？

（2）什么是重复保险？现行《保险法》是如何规定的？

项目六
人身保险

学习目标

知识目标： 了解人身保险的特点和分类方式；理解人身保险的常见条款；理解人寿保险、意外伤害保险和健康保险的概念、特点。

技能目标： 理解人身保险的常见条款在实际工作中的运用；掌握人寿保险、意外伤害保险和健康保险的操作。

素养目标： 通过人身保险相关案例，强化学生的法律意识，引导学生遵纪守法，恪守职业道德，诚实守信，践行社会主义核心价值观。

任务一 人身保险概述

微课6-1

微课6-2

随着居民收入水平的提高和保险意识的增强，个人对人身保险的需求持续增长，尤其是健康保险和养老保险产品受到了广泛关注。中国人身保险原保险保费收入在过去几年中保持了稳定的增长。根据国家金融监督管理总局发布的数据，2023年我国人身保险原保险保费收入为3.76万亿元，同比增长9.9%。国家陆续发布政策鼓励人身保险行业多元化发展，丰富人身保险市场的产品供给，我国人身保险需求将逐步释放，保费规模还将继续上涨。我国人身保险市场仍然存在巨大潜力。人身保险究竟有哪些特点，哪些种类，人身保险合同的常见条款有哪些规定，这些问题是学习人身保险知识首先应该了解的。

一、人身保险的概念及特点

（一）人身保险的概念

人身保险是以人的生命和身体为保险标的的一种保险，其基本内容是：投保人与保险人订立保险合同确立各自的权利和义务，投保人按照合同约定向保险人缴付一定数量的保险费，当被保险人在合同期限内发生死亡、伤残、疾病等保险事故或达到合同约定的年龄、期限时，保险人向被保险人或指定的受益人给付一定数量的保险金。

1.人身保险的保险标的是人的生命或身体

以生命为保险对象就要区分生命的不同状态，生存或死亡表示人的生命的继续或终止，保险人以生存或死亡作为给付保险金的条件；以身体为保险对象就要区别身体的不同部位及其各项机能，即生理机能、健康程度、劳动能力等，当被保险人的身体和各项机能遭受损伤时，由保险人按人身保险合同承担相应的医疗费用，并进行收入损失补偿。

2.保险责任是生命风险

人身保险承保的是人们在日常工作生活中可能遇到的各种因自然灾害、意外事故、生命的自然规律及约定事故或事件的发生而引起的生、老、病、死、残及收入的减少。既有被保险人自身机体的原因，也有外在的原因（如车祸、自然灾害）。

3.保险金的给付实质上是参保个体共担损失

人身保险中，保险人支付给受益人的保险金与财产保险中支付给被保险人的赔款在意义上有所不同，它并不是补偿保险标的的实际损失，而是通过众多投保人缴纳保险费形成保险基金，当其中的个体发生保险事故时，以给付保险金的形式帮助被保险人解决因保险事故造成的经济困难。

（二）人身保险的特点

由于人身保险的保险标的是人的生命和身体，保险责任涉及人的生、老、病、死、残等各个方面，人身保险与财产保险相比具有以下特点：

1.人身保险是一种定额保险

人身的价值是无法用货币估量的，人身保险也就无法通过保险标的的价值确定保险金额。因此，一般情况下，人身保险的保险金额由双方当事人自由约定，不存在超额保险、不足额保险，也不存在重复保险，发生保险事故时，保险人按合同约定，在保险金额范围内给付。可见，人身保险是一种典型的定额保险。至于保额的多少，原则上不受限制，而取决于被保险人的需要和投保人支付保费的能力。但以被保险人死亡为给付条件的险种，法律对保额往往有限制规定，以防止道德风险。

2.人身保险是给付性保险

人身保险中除属于健康保险的一部分险种外，不适用损失补偿原则及其派生原则。财产保险中保险人支付的保险金，通常称为补偿金；而人身的价值无法用货币估量，补偿人身损失也就无从谈起，发生保险事故时，保险人支付的保险金只能是一种经济帮助和抚慰，解决因人身保险事故造成的经济困境。所以，人身保险中的保险金不称为补偿金，而称为给付金。

3.人身保险的长期性

财产保险合同是短期性合同，保险期限通常为1年，期满后可以续保。而大多数人投保人身保险的目的是防范被保险人过早死亡给家庭造成的经济困难，或者为被保险人年老后提供经济保障，这种保障的需要是长期的。因此，人身保险尤其是人寿保险是长期性保险，保险有效期通常在5年以上，有的险种长达几十年甚至一生。当然，人身保险中也有短期性险种，如人身意外伤害保险。由于人身保险的长期性，因此人身保险业务在经营中存在一些特殊性。

第一，在人身保险中，除人身意外伤害保险等短期性险种的保费采用趸缴方式外，长期性险种的保费既可以采用趸缴方式，也可以采用年缴方式或限期缴付方式。

第二，人身保险长期稳定的保费收入，可以积聚巨额的保险基金供中长期投资，在保险投资中，对资金的流动性要求不像财产保险那么迫切。

第三，由于人身保险具有长期性，为保障被保险人的利益，法律规定保险人在保险有效期内不得随意终止保险合同。为了给投保人提供方便，人身保险合同常规定宽限期条款、保单质押条款和复效条款。

第四，传统的人寿保险不仅期限长，而且保额和保费都是固定不变的，很难随着经济形势的变化而进行调整，尤其容易受到利率波动和通货膨胀的冲击，它们会给人寿保险的稳健经营带来影响。此外，由于保险期限的长期性，寿险公司对诸如死亡率、利率、费用、保单失效等因素的预测变得十分困难，对寿险精算和险种创新提出了更高的要求，也增加了人寿保险合同拟订和履行的难度。

4.人身保险具有变动性、必然性和稳定性

变动性是指人身保险中的死亡事故随着被保险人年龄的增长而逐年增加。这种变动性给保险人的保费收取带来一个问题，即若按当年的死亡率作为保费的计收依据，则易出现年老的投保人因保险费负担过重而放弃继续投保的情况，这显然不利于保险业务的开展。因此，长期人身保险通常按年度均衡费率计收保险费，即保险人每年向投保人收取相同的保险费，保险费率在整个保险缴费期间保持不变。必然性是指人身保险事故的发生具有必然性，即人的生、老、病、死、残都必然要发生，但在何时、何地、何种情况下发生又具有偶然性。人身风险的必然性使人身保险成为社会公众的广泛需求，而其偶然性又使其成为可保风险。稳定性是指人身保险中死亡事故发生概率虽然随被保险人年龄的增长而增加，但是整体上具有相对稳定性，保险人由此也能比较准确地预计人们的寿命和死亡率，从而保证人身保险业务经营的稳定性。

5.保险金的给付率大于财产保险的赔付率

以人寿保险为例，人寿保险的品种主要有生存保险、死亡保险、两全保险。其中，生存保险以被保险人生存到一定年龄为给付条件；死亡保险以被保险人在约定年龄之前死亡为给付条件；两全保险则在两种情况下都要给付保险金。而财产保险发生保险事故具有偶然性，绝大部分保单都是期满失效了结。因此，人身保险的给付率大大高于财产保险的赔付率。相应地，人身保险的保险费率厘定原理也不同于财产保险的保险费率厘定原理。此外，人身保险的被保险人发生保险事故的概率随其年龄的增长而增加。

6.在保险事故的集聚程度上，人身保险事故具有较大的分散性

人身保险中，除极少数特殊情况（如空难、沉船）外，一般不大可能出现大量被保险人同时出险的情况。相对来说，其保险事故是小额的，且比较分散的。

7.人身保险的储蓄性

人身保险中的人寿保险，除了提供一般的保险保障外，还兼有储蓄的性质。人寿保险的营业保费由纯保费和附加保费两部分构成，纯保费是用于将来保险金赔付的，附加保费是用于保险公司费用支出的。纯保费又可分为危险保费和储蓄保费，危险保费是用于当年保险金给付的，储蓄保费则累积成为责任准备金，用于将来保险金给付。这笔储蓄保费就相当于投保人存放在保险公司的储蓄存款，保险公司必须将它进行投资运用，使它不断增值，以保证将来保险金的给付。如果投保人中途退保，保险公司必须将累积

储蓄保费以退保金的方式返还保单持有人。如果被保险人经济上临时有困难，也可以将保单质押给保险公司申请贷款。

8.人身保险享受税收优惠

一般税法规定，在被保险人死亡时给付的人寿保险金可以免交所得税。受益人获得保险金还可以全部或部分免交遗产税。给保险单所有人的所有支付，如退保金、红利、两全保险期满生存的给付，可以免交所得税的收入金额相当于所交付的保险费金额。对年金收入也只征收适量的所得税，即只对其中的利息收入部分征税。因此，人寿保险在规避遗产税和保全遗产方面起着重要的作用。

☑ 知识拓展 6-1 --

养老金第三支柱，如何立起?

作为第三支柱的个人养老金制度，是指政府政策支持、个人自愿参加、市场化运营、实现养老保险补充功能的制度。个人养老金实行个人账户制，缴费完全由参加者个人承担，每年缴费上限为 1.2 万元，缴纳的资金由个人自主选择购买符合规定的金融产品，封闭运行，同时按照国家有关规定享受税收优惠政策。

2022 年 11 月 25 日，个人养老金制度正式开闸，在全国 36 个城市（地区）先行试点。作为全国唯一的全域试点省份，福建试点成效如何? 投资范围扩容带来什么影响? 如何加快做大做强第三支柱? 对此，记者进行了深入采访。

个人养老金制度在全国宣传一片火热的背景下，特别是其"本月开户缴存，下月即可抵税"的利好措施，吸引不少人加入。

通过单位工资卡开卡行中行手机 App，李女士进行了操作。登录手机 App，"个人养老金"在最显眼的位置，点击"参与"完成开户，并按上限存了 12 000 元。收到的短信还显示，"一个自然年内可以申请撤回一次单笔缴费"。在"个人养老金产品"中，分别列出了存款、理财、基金、保险 4 类养老产品的收益情况，买什么产品，她被难住了。

事实上，开户缴存资金后，消费者最关心的就是买哪些产品能够实现相对较高的收益。对此，记者进行了了解。

公开数据显示，在存款产品中，目前工行、农行、中行、建行四大行 5 年期个人养老金专属存款年利率最高可至 1.95%，3 年期的最高为 1.9%。按照规定，个人养老金个人账户记账利率不得低于银行定期存款利率。

在理财产品中，根据 Wind 最新净值数据，自成立以来，26 只存量个人养老金理财产品收益全部为正，平均收益率为 5.8%，平均年化收益率为 3.8%，整体较为稳健。

基金产品则表现不一。一直关注市场表现的福建天朗资产管理有限公司总经理陈德建说："之前由于股市低迷，大部分公募基金处于亏损状态。今年'9·24'行情开启后，个人养老金基金的业绩明显回暖，平均收益率达到 4.83%，有 14 只产品第三季度的收益率超过 10%。"

据了解，个人养老金制度对不同年龄段人群的吸引力差异较大。开户者中，30~50 岁的是"主力军"，占比达七成，这表明这个阶段的人群养老需求和养老意识相对比较强。而从抵扣税角度来看，这一阶段的人收入刚好也达到这个层次。"95后""00后"年轻人群开户的占比不足10%，50~60岁人群约占20%。

今年33岁的张先生是福州一家公司的员工，为2022年试点时的第一批开户者。其个人养老金账户显示，累计缴存36 000元，账户总金额达37 630元。其中，头两年买的理财产品显示金额为25 662元；今年买了利率为2.4%的5年期定期存款。

"每年强制存一笔养老钱，已享受到了实实在在的税收抵扣红利，挺划算的！"张先生为自己算了笔账，"年收入按20%的税前抵扣档算，一年省了2 400元。如果都购买比较稳定的产品，按目标年化收益率4%计算，63岁延迟退休正好30年，除了强制自己储蓄了36万元的养老钱，复利合计可达67万多元。自己在退休后除了能有退休金外，还能增加一笔可观的养老金，生活将更有保障、更有质量。"

对于个人养老金制度，抵税成为其最"看得见"的优惠。在缴费环节，个人向个人养老金资金账户的缴费，按照12 000元/年的限额标准，在当年预扣预缴或次年汇算清缴时，在综合所得或经营所得中据实扣除。

资料来源：国家金融监督管理总局福建监管局. 养老金第三支柱，如何立起？[N]. 福建日报，2024-12-23.

二、人身保险的分类

人身保险的险种多种多样，按照不同的标准有以下分类：

（一）按保险范围分类

按照保险标的所涵盖的保险范围的不同，人身保险可以分为人寿保险、人身意外伤害保险和健康保险。人寿保险是以被保险人的生命为保险标的，以生存或死亡为给付保险金条件的人身保险。人身意外伤害保险是以被保险人因遭受意外伤害事故造成死亡或残疾为保险事故的人身保险。健康保险是以被保险人因医疗、疾病、生育等发生的医疗费用支出及因意外伤害或疾病导致的收入减少为保险金给付条件的人身保险。

（二）按保险期限分类

按保险期限长短的不同，人身保险可以分为1年期以上的长期人身保险和1年期以下（含1年）的短期人身保险。人寿保险一般为长期人身保险，意外伤害保险一般为短期人身保险，而健康保险有的属于长期保人身保险，有的属于短期人身保险。

（三）按投保方式分类

按投保方式的不同，人身保险可以分为个人保险和团体保险两大类。个人保险是指以个人为投保人，一张保单只为一个人或一个家庭提供保险保障的人身保险。团体保险是指以团体为投保人，一张总的保单为某一团体单位的所有员工或其中的大多数员工提供保险保障的人身保险。银保监会规定，团体保险的人数至少为该团体总人数的75%，且绝对人数不少于8人。团体保险可以分为团体人寿保险、团体意外伤害保险和团体健康保险。

（四）按实施方式分类

按照实施方式的不同，人身保险可以分为自愿保险和强制保险两类。自愿保险是投保人根据其意愿和需求，自由选择险种、保险期限和保险金额，保险人也有权选择被保险人和决定承保条件。人身保险中的绝大部分险种属于自愿保险。强制保险是根据法律法规自动生效，无论投保人是否愿意投保，或者保险人是否愿意承保，都应依法成立的保险关系。强制保险的保险责任自动产生，保险金额和保险期限执行统一规定，投保人不能选择。人身保险中的极少数险种属于强制保险，如旅客意外伤害保险等。

（五）按人身保险的需求效用分类

按照人身保险的需求效用的不同，人身保险可以分为保障型人身保险、储蓄型人身保险和投资型人身保险。

保障型人身保险是指体现保险保障功能的人身保险业务，保单不含现金价值，保费相对低廉，如定期死亡保险、医疗保险、人身意外伤害保险等。

储蓄型人身保险是指体现保险储蓄功能的人身保险业务，如终身寿险、年金保险、两全保险、子女教育保险等。

投资型人身保险是指在基本保障功能的基础上凸显保险投资功能的人身保险业务，如变额寿险、万能寿险、变额万能寿险等。

三、人身保险合同的常见条款

微课 6-3

保险合同条款是保险合同的核心。在人身保险中，有一些特定的内容属于人身保险合同比较常见的、通行的条款，它对保险人和投保方都非常重要。

（一）不可抗辩条款

不可抗辩条款又称不可争条款。《保险法》第十六条规定："投保人故意或者因重大过失未履行前款规定的如实告知义务，足以影响保险人决定是否同意承保或者提高保险费率的，保险人有权解除合同。前款规定的合同解除权，自保险人知道有解除事由之日起，超过三十日不行使而消灭。自合同成立之日起超过二年的，保险人不得解除合同；发生保险事故的，保险人应当承担赔偿或者给付保险金的责任。"这一条款也适用于保单失效后的复效，从复效时起，经过两年再成为不可争合同。

不可抗辩条款起源于英美法系国家的保险实践，目的是平衡保险人与投保人、被保险人之间的利益，限制保险人滥用合同解除权，解决长期以来保险市场存在的信任危机，促进保险业的健康发展。不可抗辩条款由最早的合同约定条款发展为合同法定条款，被大陆法系国家和地区保险法立法所借鉴。现行的《保险法》已将"不可抗辩条款"全面引入保险合同法律规范之中，此举不仅使保险理赔纠纷在一定程度上有所减少，而且督促保险公司要加强对承保环节的管控，有效遏制保险营销活动中存在的销售误导现象，对规范保险市场经营，保障投保人、被保险人的合法利益有着重要意义。

（二）年龄误告条款

年龄误告条款通常规定了投保人在投保时误报被保险人年龄情况下的处理办法。其一般分为两种情况：一是年龄不真实影响合同效力的情况。被保险人真实年龄不符合合同约定的年龄限制的，保险合同为无效合同，保险人可解除保险合同，并向投保人退还保险单的现金价值。二是年龄不真实影响保险费及保险金额的情况。投保人申报的被保险人年龄不真实，致使投保人支付的保险费少于应付保险费或多于应付保险费，保险金额根据被保险人真实年龄进行调整。调整的原因在于年龄是人寿保险对风险估计与计算保险费率的主要因素。调整的方法是：误报年龄导致实交保费少于应交保费的，投保人可以补交过去少交保费的本利，或按已交保费核减保额；误报年龄导致实交保费大于应交保费的，退还多收的保费。《保险法》第三十二条规定："投保人申报的被保险人年龄不真实，并且其真实年龄不符合合同约定的年龄限制的，保险人可以解除合同，并按照合同约定退还保险单的现金价值。投保人申报的被保险人年龄不真实，致使投保人支付保险费少于应付保险费的，保险人有权更正并要求投保人补交保险费，或者在给付保险金时按照实付保险费与应付保险费的比例支付。投保人申报的被保险人年龄不真实，致使投保人支付保险费多于应付保险费的，保险人应当将多收的保险费退还投保人。"

案例分析 6-1

保险公司败诉！两年不可抗辩条款的正确打开方式

【案情】

2015 年 5 月，徐某入院治疗，被诊断为"腹壁包块"。2016 年 6 月，徐某投保了保险公司的重大疾病保险，但并未进行健康告知。2021 年 5 月，徐某入院治疗，被诊断为"躯干结缔组织恶性肿瘤——腹壁纤维肉瘤"。2021 年 9 月，保险公司下发理赔决定通知书，以被保险人此次出险并非初次罹患恶性肿瘤为由拒绝赔付保险金。

【分析】

保险公司为了权衡"两年不可抗辩条款"和"恶意骗保"的风险，都会在保险条款里约定一个特别的理赔条件——"初次确诊"。只有初次确诊的重大疾病才在保障范围内。徐某之前就存在"腹壁包块"，但未做如实告知，如今又发生"腹壁纤维肉瘤"。保险公司认为，本次恶性肿瘤并非初次发生，因而拒绝赔付，但保单继续有效。签订保险合同的时间是 2016 年 6 月，保险公司并未在两年内解除双方的保险合同。因而无论投保人是否违反告知义务，保险公司均不可解除合同，不能排除保险金给付的义务。"腹壁包块"的疾病编码为 R19.017，而本次发生的"躯干结缔组织恶性肿瘤"疾病编码为 C49.601。根据《保险法》第三十条规定，判定徐某所患的疾病属于"初次罹患"并无不当。

【结论】

如果投保两年后再发生疾病，只要我们发生的疾病和未告知的疾病不一样，那保险公司也应该理赔。最终，保险公司正常赔付重大疾病保险金。

资料来源：哥说理赔. 保险公司败诉！两年不可抗辩条款的正确打开方式 [EB/OL]. [2022-08-26]. https: //baijiahao.baidu.com/s? id=1742237086477442634&wfr=spider&for=pc.

（三）宽限期条款

宽限期条款是分期交费的人寿保险合同中关于在宽限期内保险合同不因投保人延迟交费而失效的规定。其基本内容通常是对到期没交费的投保人给予一定的宽限期，投保人只要在宽限期内缴纳保费，保单继续有效。在宽限期内，保险合同有效，如发生保险事故，保险人仍给付保险金，但要从保险金中扣除所欠的保险费及利息。《保险法》第三十六条规定："合同约定分期支付保险费，投保人支付首期保险费后，除合同另有约定外，投保人自保险人催告之日起超过三十日未支付当期保险费，或者超过约定的期限六十日内未支付当期保险费的，合同效力中止，或者由保险人按照合同约定的条件减少保险金额。被保险人在前款规定的期限内发生保险事故的，保险人应当按照合同约定给付保险金，但可以扣减欠交的保险费。"

人寿保险一般是长期性合同，在这个比较长的缴费时期内，可能会出现一些影响投保人按时缴费的偶然情况，如遗忘、外出、生病、经济暂时困难等。规定一个宽限期，可方便投保人，避免保单失效，同时有利于保险人保持较高的继保率。

（四）复效条款

复效条款通常规定，保险合同单纯因投保人不按期缴纳保费而失效后，投保人可以保留一定时间申请复效权。复效是对原合同效力的恢复，并不改变原合同的各项权利和义务。可申请复效的期间一般为二年，投保人在此期间内有权申请合同复效。《保险法》第三十七条规定："合同效力依照本法第三十六条规定中止的，经保险人与投保人协商并达成协议，在投保人补交保险费后，合同效力恢复。但是，自合同效力中止之日起满二年双方未达成协议的，保险人有权解除合同。保险人依照前款规定解除合同的，应当按照合同约定退还保险单的现金价值。"

☑ 知识拓展 6-2 ···

复效与重新投保的比较

人身保险合同中止后，被保险人想要重新获得保险保障有两条途径：一是申请复效；二是重新投保。复效与重新投保是不同的，二者之间有着比较明显的区别，具体表现在以下几个方面：

（1）复效是原合同的延续，原合同的主体、客体与权利、义务的约定不变；而重新投保与原合同无关，是一份全新的寿险合同。

（2）重新投保时按再投保时的被保险人的年龄来计算保费，其重新投保的合同的相关权利、义务都与原合同无任何继承关系，其险种、保险期间、保险责任、给付方式等均要重新约定。

在大部分情况下，复效对被保险人来说更为有利，可以为被保险人带来以下一些实惠：

①复效时的年龄仍按原投保年龄计算，因此保单复效时保险费与原合同保持一致；重新投保按投保时被保险人的年龄计算保费，保费必然高于原合同。

②复效后保单的现金价值也得以恢复；重新投保要重新积累现金价值。

③复效可以防止被保险人的年龄过高，超过了保险人可以承保的年龄，而不能重新

投保获得保障。

④保险人已经停止发售的某些险种只有通过复效才能继续享有。

资料来源：佚名．复效与重新投保的比较［EB/OL］．［2025-02-08］．http://blog.sina.com.cn/s/blog_505971f30102xmor.html.

（五）不丧失价值条款

保单的现金价值是指投保人缴付的均衡保费在扣除保险人当年相关的成本费用后的余额，即投保人在退保时可取回的现金。该条款规定，保单所有人享有现金价值的权利，不因保险合同效力的变化而丧失。也就是说，即使保单失效了，保单上的现金价值所有权仍归保单所有人，享用的方式可由投保人按照合同的规定任选一个方案。

除了个别险种以外，大多数人寿保险在缴付一定时期的保费之后都具有现金价值，虽然这部分现金价值由保险人保管运用，但是所有权归保单所有人。保险人应在保单上附上现金价值表及其计算方法，使保单所有人可以随时掌握保单的现金价值。投保人处置失效保单现金价值的方案一般有三种：一是办理退保，领取现金价值（即退保费）；二是将原保单的现金价值作为一次缴清的保费，保险人据此数额重新确定新的保险金额，原保单的保险期限与保险责任不变；三是将原保单改为展期保险，即将保单上的现金价值作为一次缴清的保费，保险人据此数额改变原保单的保险期限，原保单的保险金额和保险责任不变。

（六）保单贷款条款

该条款的基本内容是，投保人缴付保费满一定期限（一般为2年）后，可以凭保单向保险人申请贷款。贷款金额以保单当时的现金价值的一定比例为限，贷款本息一旦达到保单现金价值，保险人将发出限期归还通知，如到期不还，保险合同即告终止。贷款期间，保险合同有效，发生保险事故，保险人给付保险金，但要扣除贷款本息。

（七）自杀条款

《保险法》第四十四条规定："以被保险人死亡为给付保险金条件的合同，自合同成立或者合同效力恢复之日起二年内，被保险人自杀的，保险人不承担给付保险金的责任，但被保险人自杀时为无民事行为能力人的除外。保险人依照前款规定不承担给付保险金责任的，应当按照合同约定退还保险单的现金价值。"其中，无民事行为能力的被保险人不适用自杀条款，是2009年和2015年修订的《保险法》中增加的内容之一。

（八）红利任选条款

在分红保险中，保单所有人可以享受红利分配。该条款规定了红利的分配方式，一般有以下几种：

（1）现金给付，即直接用现金给付红利。

（2）抵缴保费，即用红利缴付保险费。

（3）累积生息，即将红利储存在保险公司，由保险公司运用生息。

（4）增加保额，即将红利作为一次缴清的保费，用以提高原保单上的保险金额。

（5）提前满期，即在年金保险中将红利并入责任准备金，使被保险人可以提前领取保险金。在年金保险中，当保单的责任准备金累积到与保险金额相等时，就是保单期满时，如果在未满期责任准备金内加入一笔资金，就可以使责任准备金的数额达到和保险金额一致，从而可以提前使保单期满。

（九）保险金给付任选条款

该条款规定允许投保人选择向受益人给付保险金的方式。一般来说，保险金的给付有以下几种方式：

（1）一次性给付现金方式，即在保单期满时，以现金一次性给付受益人；

（2）利息收入方式，即受益人将保险金作为本金留存于保险公司，然后根据约定的利率，按期到保险公司领取保险金所产生的利息；

（3）定期收入方式，即根据投保人的要求，在约定的给付期间，按约定的利率计算出每期应给付的金额，以年金方式按期向受益人给付；

（4）定额收入方式，即根据受益人的生活需要，确定每次领取的数额，受益人按期领取这个数额，直到保险金的本息全部领完；

（5）终身收入方式，即受益人用领取的保险金投保一份终身年金保险，受益人以后按期领取年金直至死亡。

给付选择权对受益人而言，可以防止保险金运用不当而带来的损失，可以凭个人意愿选择给付方式而长期受益，还可以合法避税，防止债权人追索，达到保障生活的目的。

（十）自动垫缴保费条款

分期缴费的保险合同在宽限期后，投保人仍未缴纳保险费的，保险人可以用保单项下积存的现金价值垫缴投保人欠缴的保险费，保险合同继续有效。对于此项垫缴保费，投保人要偿还并支付利息。在垫缴保险费期间，如发生保险事故，保险人要从应给付的保险金中扣还垫缴的保险费及利息。

案例分析 6-2

保单复效时，是否应当如实告知

【案情】

袁某作为投保人和被保险人于2016年3月15日在某保险公司处投保重疾险，保险费为年缴，每年3月15日是保单缴费日，超保单缴费日60天未缴费，保单效力中止。由于袁某未按期缴费，保单效力中止。2019年6月25日袁某向保险公司申请复效。袁某通过登录保险公司的App选择保单复效业务，拍摄证件及人脸头像，录入健康财务告知，然后补费银行账户，在告知事项中保险公司询问"原保单生效日起至今是否去医院进行过门诊的检查、服药、手术或其他治疗？""原保单生效日期至今是否曾有医学检查结果异常？"袁某均勾选"否"，并在投保人声明处签字，同日复效成功。2019年7月20日，被保险人袁某于家中死亡，《居民死亡医学证明（推断）书》中死亡原因栏为"纳差"。经保险公司调查发现袁某于2019年3月1日在医院接受全腹部CT平扫、颅脑CT平扫和血液检查，检查结果为：脂肪肝、胆囊结石、胆囊炎、前列腺钙化，必要时建议肠道准备后

CT增强检查，血液检验报告单显示多项指标明显异常。3月2日袁某复诊，诊断为症状性癫痫。后双方因保险理赔发生争议诉至法院。

【分析】

关于保险合同效力中止后复效时，投保人是否应当有如实告知义务，我国《保险法》未作明文规定，理论与判例均争议较大，有肯定说与否定说之别。律师认为投保人申请复效，保险公司本有拒绝的权利，但如果对投保人复效的申请一概拒绝，既不利于被保险人的保险保障，也使保险公司丧失收取保险费的机会，因此保险公司在进行风险评估后对满足一定条件的被保险人继续提供保险保障乃双赢之举。实践表明，被保险人发现疾病或存在患病隐患之后更愿意申请复效，故应当允许保险公司对被保险人的承保条件再做评估，杜绝高风险的被保险人不正当地获得保险保障。所以，保险公司在投保人申请保单复效时要求其对被保险人的情况进行如实告知实属合理措施，法律无禁止的必要。

【结论】2019年3月1日袁某在医院进行了全腹部CT平扫、颅脑CT平扫和血液检查，检查结果提示袁某患有脂肪肝、胆囊结石、胆囊炎、前列腺钙化等多项指标明显异常，后又复诊，诊断为症状性癫痫。对上述事项袁某是明知的，但在申请保单复效时，其对健康告知栏中的询问事项均作出"否"的意思表示，未尽到如实告知义务，保险公司有权拒赔。

资料来源：青岛戴杰律师. 保单复效时，是否应当如实告知［EB/OL］.［2024-05-14］. https://baijiahao.baidu.com/s?id=1798989931146664521&wfr=spider&for=pc.

任务二　人寿保险

人寿保险简称"寿险"，是以被保险人的生命为保险标的，以生存和死亡为给付保险金条件的人身保险。人寿保险与人身意外伤害保险和健康保险一起构成了人身保险的三大基本险种，人寿保险因在全部人身保险业务中占绝大部分而成为主体。随着经济的发展、人们寿命的延长，以及观念的进一步转变，人们对寿险产品的需求将会越来越多，寿险产品的种类也将会越来越多，我国寿险市场将会进一步发展繁荣。

一、传统型人寿保险

（一）死亡保险

死亡保险是以被保险人的死亡为保险事故的保险业务。依照死亡有无时间限制，死亡保险可以分为定期死亡保险和终身死亡保险两种。

1.定期死亡保险

它简称定期寿险，是指在保险合同中有明确的保险期限，当被保险人在保险期限内死亡时，保险人向受益人给付保险金。如果被保险人在保险期限内未发生死亡事故，则保险合同终止，保险人不给付保险金。该险种是寿险业务中产生最早的，其特点主要有：

（1）保险期限有长有短，但以短期为主，比较适合在短期内急需得到保险保障的人投保，如债权人有对债务人投保定期寿险的要求，以避免债务人死亡而使自己的债权受到影响。

（2）保险费较低。定期寿险是纯保障性产品，不含储蓄因素，比较适合收入不多的投保者，如人均收入较低家庭的工作者，为保证自己身故后家人的生活有保障，愿意购买这种保险。

微课 6-5

（3）保单可以展期，定期寿险一般包含一个续保条款，在合同到期时，保险人允许投保人续保一个定期寿险，而且在续保时，不必提供被保险人的可保证明。

根据定期寿险的保险金额在保险期间内是否发生变化，定期寿险可以分为固定保额定期寿险、保额递减定期寿险、保额递增定期寿险三种。

2.终身死亡保险

它又称终身寿险，是一种不定期的死亡保险。也就是说，自保单生效之日起，如果被保险人在100周岁之前死亡，则保险人向受益人给付保险金；如果被保险人生存到100周岁，则保险人向被保险人给付保险金。该险种的给付是必然的，因此保险费率相对较高；受益人可以得到一笔数目确定的保险金收入；期缴保单采用均衡保费制，因此保单具有现金价值，保单所有人可以享受保单的现金价值。

按缴费方式的不同，终身寿险可以分为以下三种：

（1）普通终身寿险，这种寿险要求投保人在被保险人的生存期间，每年都缴付保险费；

（2）限期缴费的终身寿险，这种寿险要求投保人在规定的期限内每年缴付保险费，期满后不再缴费，保单有效至被保险人死亡；

（3）趸缴保费的终身寿险，这种寿险要求投保人在投保时一次缴清全部保费，其储蓄性较强，有利于寿险公司的投资活动。

✓ 知识拓展 6-3

增额终身寿险

增额终身寿险其实就是人寿保险的一种，但它和普通寿险又不太一样。

普通寿险一般就是在被保险人去世或者全残的时候，一次性赔付一笔钱。而增额终身寿险，除了保障身故和全残之外，它的保额会按照合同约定的利率，逐年复利增长。就好比一棵小树苗，每年都在茁壮成长，越来越粗壮。

打个比方，小张买了一份增额终身寿险，初始保额是50万元，约定的利率是2.5%，那么第一年保额就是50万元，第二年就是51.25万元（50×（1+2.5%）），第三年就是52.53万元（51.25×（1+2.5%）），以此类推。

随着保额的增长，现金价值也跟着水涨船高，现金价值就是你退保的时候能拿到手的钱。所以说，增额终身寿险不仅有保障功能，需要用钱的时候还能拿出部分或全部现金价值。

一、增额终身寿险的优点

（一）金额稳定，不惧市场波动

它的金额是白纸黑字写在合同里的，不管外面的金融市场怎么跌宕起伏，保障额度和保单的现金价值都稳稳当当，不会受到影响。就像在波涛汹涌的大海上，给财富找到了一个安全的避风港。这一点是其他金融产品无法比拟的。

（二）灵活性高，应对人生大事

当小张有资金需求的时候，比如孩子要上大学了，自己要创业了，或者准备养老了，都可以通过减保（也就是部分退保）的方式，领出部分现金价值。它就像一个灵活的小金库，在咱们需要的时候随时能拿出钱来，不用担心资金会被锁死，想用的时候却拿不出来。

（三）财富定向传承，避免家庭纠纷

小张可以通过指定身故受益人，等百年之后，将这笔钱留给想要给的人，并且不需要走烦琐的遗产继承流程，私密性强，能很好地保障家族财富的延续，也避免了家庭成员之间可能因为财产分割产生矛盾。

（四）回本较快，资金回笼早

现在市面上很多优质的增额终身寿险产品，回本速度都挺快的，大多在刚交完保费，或者交完保费后的几年内就能回本。每一年现金价值有多少都会写进合同，价值看得到，心里更踏实。

二、增额终身寿险的缺点

（一）保费较高，经济压力大

增额终身寿险通常有一定的起投金额限制，少则几千元，多则几万元，而且保费交得越多，保额越高，未来的现金价值也相对越高。这对于收入不高、经济条件不太宽裕的人来说，可能是一笔不小的负担，交保费的时候会觉得压力山大。

（二）前期保额低，保障力度弱

因为保额是逐年增长的，所以在前期，如果不幸出险，被保险人或身故受益人拿到的保险金相对较少，保障力度可能不太大。比如，小张刚买了增额终身寿险没几年就发生了意外，这时候拿到的赔偿可能就会较少，不能很好地解决其家庭面临的经济困境。

增额终身寿险前期在保障上不如普通终身寿险和定期寿险，后期会超过二者。

（三）减保影响收益，取用需谨慎

这里值得一提的是，减保是个技术活！因为减保之后保额会相应降低，保单的现金价值也会产生变化。

每次减保的金额比较少，现金价值仍然会持续增加；

每次减保的金额接近于当年度现金价值增长额度，现金价值变化不大；

每次减保金额过高，现金价值会持续降低，直至为零。

所以，小张需要清楚每次减保拿出多少钱比较合适。这就需要看小张规划的这笔钱，大概什么时候会用到，每次会用多少。毕竟有的产品是前期长得快，有的产品是后期长得快。

（四）不适合短期持有，急用钱别选

增额终身寿险的收益是靠时间积累起来的，持有时间越长，收益越高。如果短期内有资金需求，提前退保，可能不仅拿不回保费，还会有经济损失，因为退保只能拿回现金价值，而早期现金价值可能比交的保费还低。

（五）保障单一，无法覆盖全面风险

它主要保障的是身故或全残，没有健康、意外等基础保障。保险规划应优先将重疾险、医疗险、意外险这些最基本的保障配置齐全，然后再考虑用增额终身寿险来保障家庭风险，毕竟健康才是最重要的，一旦生病或者遭遇意外，增额终身寿险可帮不上太多忙。

资料来源：余文豪．一篇文章带你吃透增额终身寿险［EB/OL］．［2025-02-06］．https：//zhuanlan.zhihu.com/p/21736495699.有删减。

（二）生存保险

微课 6-6

生存保险是以被保险人于保险期满时仍然生存为保险金给付条件的保险。生存保险与死亡保险正好相反，被保险人在保单规定的保险期满时，若还生存于世，保险人给付保险金；如果被保险人在保险有效期内死亡，保险人不给付任何保险金，保单失效。生存保险可以分为单纯生存保险和年金保险两类。

1.单纯生存保险

它是以被保险人在规定期限内生存为给付条件，并一次性给付保险金的保险。目前，保险市场上这种单纯生存保险并不多见。

2.年金保险

它是指在被保险人生存期间，保险人按照合同约定的周期（如1年、半年、1个月等）给付保险金的保险。可见，年金保险同样是以被保险人的生存为给付条件的，但生存保险金的给付通常采取的是按固定的周期给付一定金额的方式，故称为年金保险。投保年金保险的目的是使晚年的经济生活得到保障。投保人在年轻时开始缴付保费，到了年老以后，便可以定期领取一笔固定数额的保险金，因此年金保险又称养老金保险。年金保险的缴费有趸缴方式和分期缴费方式，但在被保险人领取年金以前，投保人必须缴清所有的保费。目前，生存保险通常采用年金保险的形式。

根据给付期限的不同，年金保险可以分为定期年金保险和终身年金保险两类。定期年金保险是保险人与被保险人有约定的保险年金给付期限的保险。终身年金保险是保险人以被保险人死亡为终止给付年金的保险。

根据被保险人的不同，年金保险可分为个人年金保险、联合及生存者年金保险和联合年金保险。个人年金保险的被保险人为独立的一人，以其生存为给付年金的条件。联合及生存者年金保险的被保险人有两个或两个以上，在约定的给付开始日，至少有一个被保险人生存即开始给付，直至最后一个被保险人死亡。联合年金保险是指两个或两个以上的被保险人中，只要其中一个死亡则保险金给付终止的保险。

（三）两全保险

微课6-7

两全保险也称生死合险，是指被保险人在保险期内无论是死亡还是生存，在合同约定的时间保险人都给付保险金的保险。也就是说，在保险有效期内，被保险人死亡，保险人给付受益人约定数额的死亡保险金；若被保险人生存至合同约定的时间，被保险人得到约定数额的生存保险金。两全保险的特点有：

（1）承保责任最全面，是死亡保险和生存保险相结合的产物；

（2）保险费率较高，因两全保险的每张保单的保险金给付是必然的；

（3）具有储蓄性，因为被保险人或受益人在保险期满后可获得一笔保险金，这在形式上与储蓄有相似之处，且保单具有现金价值。

以上寿险一般都有相应的附加险，或通过附加条款的形式扩展其对被保险人的保险保障，这对投保方是有吸引力的，投保人可自行选择。

二、特种人寿保险

微课6-8

特种人寿保险泛指由普通人寿保险派生出来的其他人寿保险险种。

（一）分红保险

分红保险是保险公司将上一会计年度该类保险的可分配盈余，按一定的比例分配给保单所有人的一种人寿保险。分红类保险产品一直是寿险业抵御通货膨胀和利率变动的主力险种之一。分红适应于各种类型的寿险险种，可与定期寿险、终身寿险、年金保险和两全保险等结合形成多种分红保险。

分红保险的红利主要来源于"三差收益"，即死差益、利差益、费差益所产生的可分配盈余。死差益是指实际风险发生率低于预计风险发生率，即实际死亡人数比预定死亡人数少时所产生的盈余。利差益是指保险公司实际的投资收益高于预计的投资收益时所产生的盈余。费差益是指保险公司实际的营运管理费用低于预计的营运管理费用时所产生的盈余。

分红保险在进行红利分配时，基于公平原则，按照保单对保险公司盈余的贡献大小进行分配。红利分配方式主要有现金红利和增额红利。现金红利是直接以现金的形式将盈余分配给保单持有人。增额红利是指整个保险期限内每年以增加保险金额的方式分配红利。目前，国内大多数保险公司采取现金红利方式。

☑ 知识拓展6-4 --

英式分红和美式分红的比较

一、英式分红

英式分红，即增额分红，又称增额红利。增额红利是以增加保单现有保额的形式分配红利，保单持有人在发生保险事故、期满或退保时都能拿到所分配的红利。增额红利由定期增额红利、特殊增额红利和末期红利三部分组成。定期增额红利每年采用复利法将红利以一定的比例增加至保险金额；特殊增额红利只在一些特殊情况下，如政府税收政策变动时将红利一次性地增加至保险金额；末期红利一般为已分配红利或总保险金额的一定比例，将部分保单期间内产生的盈余递延至保单期末进行分配，减少了保单期间内红利来源的不确定性，使每年的红利水平趋于平稳。

增额红利赋予寿险公司足够的灵活性，对红利分配进行平滑，保持每年红利水平的平稳，并以末期红利进行最终调节。由于没有红利现金流出的压力以及对红利分配的递延，增加了保险公司的可投资资产，因此保险公司可以增加长期资产的投资比例，这从很大程度上增加了分红基金的投资收益，提升了保单持有人的红利收入。但是，在增额红利下，保单持有人处理红利的唯一选择就是增加保单的保险金额，保单持有人选择红利的灵活性较低，丧失了对红利的支配权。此外，在增额红利分配政策下，红利分配基本上由保险公司决定，很难向投保人解释现行分配政策的合理性以及对保单持有人利益产生的影响，尤其在保险公司利用末期红利对红利进行平滑后，缺乏基本的透明度。增额红利是英国保险公司采用的一种红利分配方法，这种分配方法必须在保险市场比较成熟的环境下运行。

二、美式分红

美式分红，即现金红利，是指每个会计年度结束后，保险公司首先根据当年年度的业务盈余，由公司董事会考虑指定精算师的意见后决定当年年度的可分配盈余，各保单之间按它们对总盈余的贡献大小决定保单红利。保单之间的红利分配随产品、投保年龄、性别和保单年限的不同而不同，反映了保单持有人对分红账户的贡献比率。一般情况下，保险公司不会把分红账户每年产生的盈余全部作为可分配盈余，而是根据经营状况，在保证未来红利水平基本平稳的条件下进行分配。未被分配的盈余留存公司，用以平滑未来红利或支付末期红利。在现金红利分配政策下，盈余分配的贡献原则体现了红利分配在不同保单持有人之间的公平性原则。

在现金红利下，保单持有人可以选择将红利以累计生息、现金支取、抵扣保费等方法进行支配。对保单持有人来说，现金红利的选择比较灵活，满足了对红利的多种需求。对保险公司来说，现金红利在增加公司现金流出的同时，减少了负债，减轻了保险公司的偿付压力。由于现金红利法的分配政策较透明，因此保险公司在市场压力下不得不将大部分盈余分配出去，以保持较高的红利来吸引保单持有人，这部分资产不能被有效地利用，使保险公司可投资资产减少。此外，每年支付的红利会对保险公司的现金流量产生较大的压力，为保证资产的流动性，保险公司会相应降低投资于长期资产的比例，这从一定程度上影响了总投资收益，保单持有人最终获得的红利也会较低。现金红利是北美地区保险公司通常采用的一种红利分配方法。

资料来源：作者根据相关资料整理。

（二）团体人寿保险

它是以团体为投保人，以该团体所有成员中的多数成员为被保险人的死亡保险。目前，最普遍的、业务量最大的是团体定期寿险。

团体保险不是一个具体的险种，而是一种承保方式。团体保险最显著的特征是以对团体的风险选择代替对个人的风险选择。风险选择是对投保对象的审查和检验，目的是使参加保险的被保险人符合身体健康的要求。团体保险使用的是团体的风险选择方法，只关心整个团体的可保性，而不计较团体中单个成员是否可保，这种风险选择的目的是获得由团体人数累计产生的可预测的死亡率或发病率，保险人可以根据这些数据以及该团体所属行业的危险性质确定费率。

为了避免团体内身体较差者参加保险、身体健康的人却不参加保险的情况，团体保险对投保人数有一定的限制。中国保监会2014年10月颁布的《中国保监会关于促进团体保险健康发展有关问题的通知》中提出：团体保险的被保险人在合同签发时，不得少于3人。此外，投保团体中参加保险的人数与团体总人数的比例必须达到规定的比例。实务中，如果团体负担全部保险费，符合条件的人必须全部参加；如果团体与个人共同负担保险费，投保人数必须达到合格人数的75%以上。

☑ 知识拓展 6-5

家庭保单何以受追捧

近几年，以家庭为单位的互联网保险愈发受到消费者青睐。家庭是保险消费的重要单位，也是未来保险服务行业的重要切入点。随着"80后""90后"新生代互联网保民开始逐渐走入婚姻殿堂，他们对家庭的保险保障规划意愿大大提升。他们结婚之后，尤其是有小孩的家庭用户，"为家庭而保"逐渐成为他们对保险的主要诉求。

《2020中国家庭保险需求调查报告》显示，高学历、已婚已育家庭是保险市场的主要消费群体。消费者家庭投保意识明显提升，约70%的受访者已经为家人购买了保险，尚未购买的人群中，超过八成打算为家人配置保险。

另据某保险商城的数据，截至2020年3月，平台累计用户超过8 000万人次，已婚用户占比达95%，多子女用户占比达46%，平台覆盖近5 000万个家庭。

安国保险研究院发布的《中国家庭保险需求变化报告》显示，新冠疫情后，健康意识与风险意识不断提升。其中，超过六成的受访者表示，未来会增加医疗保险配置；同时，意外险也受到欢迎，六成受访者表示未来会增加配置；五成受访者表示，未来会增加重疾险消费；1/4的受访者表示，未来会增加财产险消费。

《2020中国家庭保险需求调查报告》还显示，受访者家庭成员人均持有保单1.17张，家庭平均持有保单3.62张。鉴于保单数量增多且保障范围各异，超六成人群期望通过家庭账户管理全家保单。以某保险商城推出的"家庭保障计划"为例，以"家庭"为单位，提供全生命周期的综合保障解决方案，完成家庭保险服务的全链条升级。除此之外，还上线了"家庭保单管理"功能，用户可以完成在家庭维度内的保单信息共享，方便家庭成员保单的保存、管理、分享和追溯。该商城总经理表示，以家庭为单位，基于用户家庭结构、收入结构、负债结构、健康数据、城市分布、价值偏好等在内的智能大数据分析，将形成更为精准的家庭用户画像，为每个家庭进行抗风险能力分析，并帮助其完善家庭保险方案的动态规划。

最近，网络上带火了一个词"综合免疫力"，指的是当下的年轻人既要有身体免疫力、财务免疫力这种硬实力，也要有情绪免疫力的软实力。面对新冠疫情，面对未来一切的不确定性，作为家庭的顶梁柱，一方面要努力提高自己的工作能力，另一方面则是要学会合理地进行财务规划，让自己和其他家庭成员拥有充分的保障。

资料来源：苏洁. 记者观察：家庭保单何以受追捧［N］. 中国银行保险报，2020-06-29.

（三）简易人寿保险

简易人寿保险又称简身险，是一种以低收入的劳动者或薪金者为承保对象，按月收取保险费，免体检，低保额的人寿保险。简身险起源于英国，20世纪40年代是高峰期，曾成为美国人寿保险的第二大险种，其有效人寿保险金额一度占到总寿险保额的18%左右。但时至今日，简身险仅占有效人寿保险金额的1%，这主要归因于团体人寿保险的迅速发展，以及大多数美国工人购买大额人寿保险的经济能力增强。

在我国，简易人寿保险在20世纪80年代后期与90年代早期一度得到迅速发展。其保险金额由于受到保险费的限制，最高不超过970元/份，最低仅为63元/份。缴费方式一般采用按月缴费，保险期限最短5年，最长不超过30年。

（四）次标准体保险

次标准体保险又称弱体保险，是指被保险人存在超过标准体的风险时，保险人采用特殊方法予以承保的人寿保险。弱体是指存在某种缺陷的人们，这些缺陷包括：①现有的医理缺陷，如过重体、异常高血压等；②可能影响寿命的已往医理缺陷；③家族病史中有遗传病的；④有特别伤害危险或作业条件有碍健康的职业；⑤居住环境恶劣，主要是卫生条件和气候环境恶劣。

次标准体保险的基本原理与普通寿险的基本原理一样，所不同的是被保险人为弱体，不能按照标准费率予以承保，只能采用特殊的方法予以承保。次标准体保险的承保方法主要有保险金额削减法、年龄增加法、特别保险费（额外保费）征收法。

案例分析 6-3

保险公司可以拒付保险金吗？

【案情】

某年3月，某厂45岁的龚某因患胃癌（亲属因害怕其情绪波动，未将真实病情告诉本人）住院治疗，手术后出院，并正常参加工作。8月24日，龚某投保了简易人身保险，办妥有关手续，填写投保单时没有申报身患癌症的事实。第二年5月，龚某旧病复发，经医治无效死亡。龚某的妻子以指定受益人的身份到保险公司请求给付保险金。保险公司在审查提交的有关证明时，发现龚某的死亡病史上，载明其曾患癌症并动过手术，于是拒绝给付保险金。妻子以丈夫不知道自己患何种病并未违反告知义务为由抗辩，双方因此发生纠纷。对于此案的处理，保险公司内部有两种不同意见：

一种意见认为：龚某投保时虽已患有严重疾病，如果本人确实不知道而没有告知，则不存在任何过错。除非保险公司能举证被保险人的过错，否则既然合同已成立，保险人应该承担责任。

另一种意见认为：龚某投保之前患有严重疾病并接受过住院及手术治疗，但因家属和医生的善意隐瞒，其本人并不清楚自己患有何种疾病，导致投保时的未告知情况。仔细推敲这种特殊情况，保险人是有正当理由拒绝给付的。因为根据《保险法》的一般规定，告知义务要求告知内容是对事实的陈述，并不苛求投保人的告知完全准确无误，只要在投保人认知范围内尽最大可能履行了这项义务即可。

【分析】

本例中的龚某不知道自己已患胃癌，仅从他未声明自己已患胃癌的角度来看，并不算违反告知义务。但是，龚某对自己几个月前住过院、动过手术的事实是知道的，他却没有说明，犯有未适当告知重要事实的过错，由此保险公司可以拒付保险金。

资料来源：作者根据有关资料整理。

三、创新型人寿保险

微课 6-9

创新型人寿保险是保险公司为适应新的保险需求，增强产品竞争力而开发的一系列新型的寿险产品。与传统型人寿保险相比，创新型人寿保险除了保险保障服务之外，还可以让客户参与由保险人管理的投资活动，是保险产品与其他金融产品的巧妙结合。这类产品目前主要有以下几种：

（一）变额人寿保险

变额人寿保险，在国内称为投资连结保险，是指在保险期内保险金额随其保费分离账户中投资收益的变化而变化的一种终身寿险。变额寿险具有以下特点：

（1）设立保险和投资两个账户，具有保障和投资的双重功能。投保人所缴的保费是固定的，但分为两个部分：一部分进入保险账户并享受合同规定的基本保险金额，它不受保险公司投资效益的影响；另一部分进入独立的投资账户，该账户的资金所形成的基金专门用来投资，保险金额则随着投资业绩的变动而变动。

（2）保单的现金价值随着保险公司投资组合和投资业绩的变动而变动。投资账户的投资收益高，则保单的现金价值高；反之，保单的现金价值低，即投资账户的投资收益与投资风险由保单持有人享受和承担。

（3）投资管理的透明度高。保险公司要及时、全面地向投保人报告投资账户的运作情况，允许保单持有人直接选择投资账户的投资决策。

（4）投资风险由投保人承担。投保人缴纳的保险费用于购买保险公司的投资单位，单位价格随单位基金的资产表现不同而不同。当投资表现好时，保单持有人享有所有的回报；反之，投保人要承担风险。保险公司只负责资金的投资运用，不担保任何投资回报率，并收取一定比例的管理费用。

知识拓展 6-6

基金投资与保险公司投资连结保险有何区别

投资连结保险是一种集保险与投资于一身的新险种，是欧美国家人寿保险的主流险种之一。简单地说，客户购买投资连结保险后，每年支付的保费将按照保险合同的约定分成两个部分：一部分进入保险账户，给予客户寿险保障；另一部分进入投资账户，按照约定的管理费委托给保险公司进行投资运作，客户通过投资账户净值的增长和分红实现收益。而基金投资则是通过购买基金份额，把钱交给基金管理公司并由其进行投资管理，通过基金净值的增长实现收益。从本质上说，投资连结保险仍然是一种保险产品，只是加入了一定的投资成分，而基金则完全是一种投资产品。具体来说，二者的区别主要有以下几点：

首先，投资连结保险具有保险的功能，而这是基金所没有的，但正因为如此，投资连结保险将客户支付的保费中相当一部分用于为客户提供未来的寿险保障，这就使得进入投资账户的资金有限，而基金可以将客户投入的全部资金进行各种投资。所以，从投资角度来看，基金是一种更纯粹的投资产品，更适合于一般投资的需求。

其次，两种产品的预期收益是不同的。仅从投资角度来看，这两种产品可投资的范围不同，因此预期收益也不同。投资连结保险作为保险产品，它的投资范围与保险公司目前允许投资的范围是相同的，即存款、债券和证券投资基金三大类，经批准还可部分投资股票；而基金的投资范围则主要是股票等预期收益更高的金融产品。因此，从总体上来看，基金的预期收益要高于投资连结保险。当然，与此相对应，基金投资的风险也会较高。

最后，从产品的便利性来看，基金投资比较简捷方便，投资者可以在银行或证券公司开立账户，直接购买，并且购买后可以很方便地卖出；而购买投资连结保险则比较复杂，需要与保险公司签订合同，约定投资的期限等内容，而如果提前终止合同，投资者往往会承受一定损失，投资者在获得保险保障的同时也在一定程度上失去了投资的灵活性，无法自行决定在什么时候进行投资，又在什么时候收回投资。

资料来源：编者根据有关资料整理。

（二）万能人寿保险

万能人寿保险简称万能寿险，是一种缴费灵活、保险金额可调整的寿险。其特点主要有：

（1）采用灵活的保费缴付方式。投保人在缴付首期保费后，保险公司从中扣除首期的各种费用、死亡给付分摊等，剩余部分为保单最初的现金价值并用于投资。以后什么时间缴付保费，缴付多少保费由投保人自行决定。一旦保单的现金价值低到不足以支付各种费用开支时，投保人须再缴付保费，否则，保单失效。

（2）保险金额可以改变。在保单生效一年后，保单持有者可以在一定的限额范围内选择所需要的保额。

（3）设有独立的投资账户，承诺最低保证利率。个人投资账户的价值（即保单的现金价值）有固定的保证利率，当个人账户的实际资产投资回报率高于保证利率时，保险公司就要与客户分享高于保证利率部分的收益。

（4）保单运作透明。保险公司定期向客户提供一份保单信息状况表，向客户说明保费、保额、利息、保险成本及保单现金价值的发生数额及变动状况。

案例分析 6-4

【案情】

张先生，男，25岁，投保万能寿险，图6-1演示了万能寿险在其生命周期的不同阶段对保障需求和缴费能力兼容的理财功能。

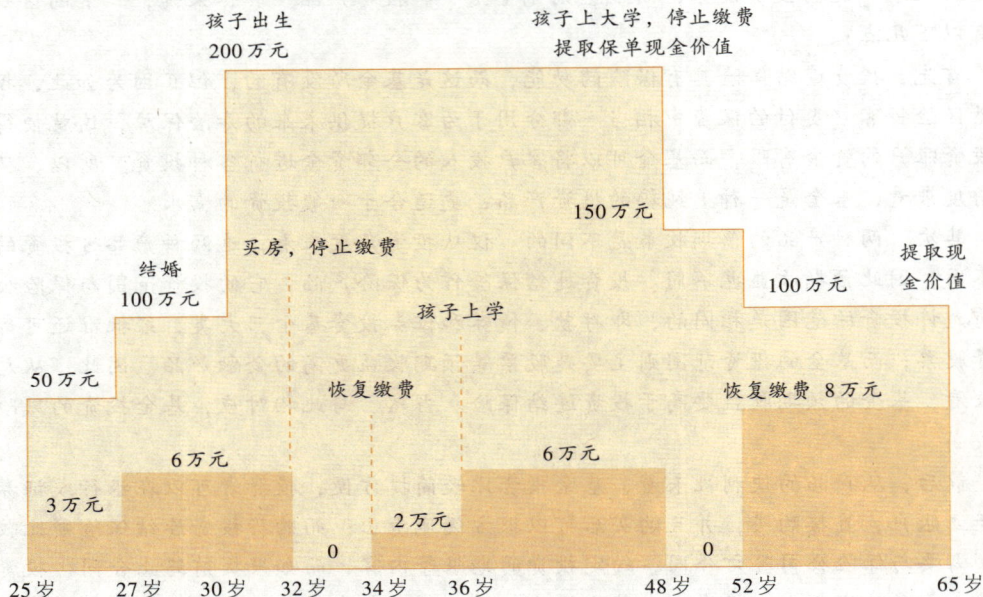

图6-1　万能寿险的理财功能

【分析】

1.27~32岁，由于面临结婚、买房、生子，责任重大，保费支出和保额都相应较高。

2.33~36岁，主要是抚育子女，家庭支出增加，保费支出可减少，但此时责任仍然重大，因此仍应将保障保持在较高水平，进入投资账户的保费可减少。

3.37~48岁，孩子开始上学，夫妻双方都还在工作，经济状况转好，保费支出可增加，用于增加保单的价值。

4.49~52岁，孩子开始上大学，正是缺钱的时候，保费可相应降低。同时，由于孩子已经成年，保额可以适当降低。

5.53~65岁，孩子大学毕业，可以自食其力，父母可考虑增加保费，降低保额，以积累保单的价值，作为退休后的养老金。

从上面的分析不难看出，一份变额万能寿险保单可以满足一个人生命周期中个人以及家庭的理财需求，而且保单的保险金额可以随时调整以适应环境的变化，保费支出的金额也可以灵活掌握，以适应不同时期的经济状况。在整个生命周期内，保单现金价值就成为保单灵活性的来源和保障。

资料来源：作者根据相关资料编写。

（三）变额万能人寿保险

变额万能人寿保险简称变额万能寿险，是指保单所有人可以在允许的范围内自行决定缴费时间和缴费金额，还可以自由增加或减少死亡给付，同时保单附加一个以上的分离账户，被保险人可以同时投资多个分离账户且能根据需要在账户间自由转换。

变额万能险是在变额寿险的基础上吸收了万能寿险产品弹性缴费等优点而设计的创新产品。它与变额寿险的区别是，用于投资的分离账户有多个，从而可以投资的共同基金也有多个。根据产品的定义，保单所有人可以在各个投资账户之间定期转移资金。

由于美国的法律规定，投资共同基金产生的收益在提取时需要缴纳所得税，如果某个投资者同时投资多个共同基金，并且根据市场行情的变化要在多个账户之间转移资金，必然会增加税负，那么选择变额万能险恰好可以规避这些税负，因此该产品曾经在美国金融市场上深受欢迎。

任务三　人身意外伤害保险

人身意外伤害保险简称意外伤害保险或意外险，起源于15世纪，真正形成并获得发展是在19世纪40年代火车发明之后。目前，国际上通常将意外伤害保险和健康保险称为第三类保险，不仅寿险公司可以经营，财险公司也可以经营。根据《保险法》的规定，财险公司也可以经营意外伤害保险和短期健康保险业务，从而与国际上的通行做法接轨。

微课6-10

一、人身意外伤害保险的概念及特点

（一）人身意外伤害保险的概念

人身意外伤害保险是指被保险人在保险有效期内，因遭受意外伤害事故，致使其身体蒙受伤害而死亡或残疾时，保险人按照合同规定给付保险金的保险。

人身意外伤害包含意外和伤害两层含义。伤害是指人的身体受到侵害的客观事实。人身意外伤害保险只讨论对被保险人的生命或身体造成的伤害，而不包括对其权益上的伤害，即对被保险人的姓名权、肖像权、著作权、名誉权、发明权等权益的侵害不属于人身意外伤害保险考虑的范畴。意外是对被害人的主观状态而言的，是指侵害的发生是被害人事先没有预见到的，或违背被害人主观意愿的。一般来说，意外的构成需要符合以下三个条件：

（1）外来的，即伤害由被保险人身体之外的因素造成。例如，被车撞伤、被坠落物砸伤、球赛中被撞倒骨折等。如果伤害来自被保险人身体内部，则不属于意外伤害的范围。例如，因脑出血摔倒后受伤就不属于意外伤害的范畴。

（2）非本意的，即事故的发生是当事人不可预料的、非本人意志的结果。如果事故的发生是故意制造或可以预料的，均不属于意外事故，保险人不承担任何保险责任。例如，某人服用大量安眠药而死亡，这是故意行为造成的，其结果是可以预料的，因此不属于非本意；打架、斗殴、酒后驾车、强行扒车等造成的伤残或死亡，这种结果是可以预料和事先防止的，因此也不属于非本意。需要说明的是，某些伤害尽管可预见或可在技术上避免，但因公共利益、工作需要不能避免的，仍属于意外伤害。例如，公安人员在面对歹徒和罪犯时为保护国家财产、维护社会秩序，挺身与歹徒搏斗受伤，仍属于意外事件导致的伤害。

（3）突发的，即意外伤害的直接原因是突然出现的，而不是早已存在的。如果是长期在某种条件下工作而造成的身体伤害，如逐渐形成的职业病，就不属于意外事故的范畴。这一点强调的是伤害必须是瞬间发生、无法躲避的事故造成的。

案例分析 6-5

青霉素过敏死亡，保险人是否承担保险责任

【案情】

被保险人乔某投保了人身意外伤害保险，同时附加了意外伤害医疗保险。保险期间内，他因支气管发炎，去医院救治。医院按照医疗规程操作，先为他进行青霉素皮试，结果呈阴性，然后按医生规定的药剂量为其注射青霉素。治疗两天后，乔某发生过敏反应，虽经医院全力抢救，但医治无效死亡。医院出具的死亡证明是：迟发性青霉素过敏。被保险人的受益人持医院证明及保险合同向保险人提出索赔申请。

【分析】

首先，尽管被保险人是在治疗疾病的过程中死亡的，但是由于迟发性的青霉素过敏对于医院和被保险人来说都属于意外事件。因此，青霉素过敏导致死亡，可以比照中毒死亡来处理，而不能认定为因疾病导致的死亡。

其次，就意外伤害的因果关系而言，只有当意外伤害与死亡、残废之间存在因果关系时，即意外伤害是死亡或残废的直接原因或近因时，才构成保险责任。本案例中，青霉素过敏反应是导致被保险人死亡的直接原因，也是意外伤害的原因，因此保险人应按照人身意外伤害险的保险合同规定，履行给付保险金的义务。

（二）人身意外伤害保险的特点

1.保险费率的制定

与人寿保险相比，意外伤害保险的被保险人所面临的风险程度与年龄、性别等无关，而与其从事的职业、工种密切相关。因此，职业、工种是意外伤害保险中确定保险费率的重要依据，被保险人的职业、工种风险高，保险费率就高；被保险人的职业、工种风险低，保险费率就低；被保险人由低风险职业改为高风险职业时，必须履行危险增加通知义务。

2.保险期限较短

人身意外伤害保险的期限多为1年，有些特种保单甚至只有几天或几个小时。例如，公路旅客人身意外伤害保险只承保乘客从上车到下车这一段时间，索道人身意外伤害保险的保险期限只有被保险人乘坐索道的几分钟。

3.保险责任与保险给付

意外伤害保险的保险责任与保险金给付包括：

（1）意外伤害致死，即死亡与意外伤害有必然的因果关系，且死亡发生在保险责任期限内，保险人给付死亡保险金；

（2）意外伤害致残，保险责任只承担永久性的全残、半残和部分残疾，并按有关规定计算给付残疾保险金；

（3）在投保人与保险人特别约定的情况下，保险人负责被保险人因意外伤害发生的医疗费用及因意外伤害导致收入减少的损失。

4.保险责任期限

意外伤害险保险责任期限的规定有特殊性，保险人只对被保险人在保险有效期内遭受意外伤害，并自伤害之日起一定期限内的后果承担保险责任，而对超过期限后产生的后果不承担责任。例如，规定责任期限为180天，被保险人遭受伤害后180天内死亡，保险人承担责任，超过180天后死亡，则不承担责任；伤害致残，如果责任期限结束时，被保险人的治疗过程尚未终结，则推定为永久性残疾，并承担给付残疾保险金的责任。

二、人身意外伤害保险的种类

人身意外伤害保险包括普通意外伤害保险和特定意外伤害保险两大类。

（一）普通意外伤害保险

普通意外伤害保险是以意外事故造成被保险人死亡或伤残为保险责任，但不具体规定事故发生的原因和地点的意外伤害保险。我国现开办的个人意外伤害保险、团体人身意外伤害保险、学生团体平安保险等属于此类保险。普通意外伤害保险的保险期限都比较短，通常是1年以下的短期险或就某一事件的全过程投保意外险。

1.个人意外伤害保险

这类保险是专为个人日常生活中的意外伤害及其致残致死提供保险保障的意外伤害保险。这种保险的给付，通常包括因伤害致死的死亡保险金给付和因伤害致残的残疾保险金给付两项，而医疗保险金的给付则要经过当事人双方的协议，以特约条款方式附加于保单之中。

2.团体意外伤害保险

这类保险是我国意外伤害保险的主要部分。这类保险具有以下特点：

（1）投保人是一个单位，被保险人是该单位的人员，如企业的员工、学校的学生等。保单由投保单位持有，被保险人只持有保险证明书，如缴费单。

（2）以被保险人残疾和死亡为保险金的给付条件，因此投保人在投保时应经被保险人书面同意，并认可保险金额。

（3）保险金额一般没有上限规定，仅规定最低保额。

（4）保险费率较低，团体意外伤害保险由于是单位投保，降低了保险人管理成本等方面的费用，因此适用更低的费率。但是，不同行业或职业适用的费率水平是有差别的，如事业单位适用的费率低于建筑业，建筑业又低于井下作业。

（5）保险费一般要求投保单位在保险有效期开始之日一次缴清（有特别约定的，也可以分期缴费），保险人收到保费后，保单开始生效。

（6）被保险人发生保险事故后，由被保险人本人或其受益人通过投保单位向保险人申请给付保险金。自保险事故发生之日起满1年，被保险人或其受益人未提出保险金给付申请的，按自动放弃权益处理。

案例分析 6-6

团体险为什么失效了

【案情】

周先生和朋友成立了一家有限责任公司，主要在各个生活社区设点出售直饮水。该公司现有员工10人，其中4人为机修工人，其他员工则是销售和财务人员。周先生在保险公司的朋友让他购买团体意外险，原因是机修人员和销售人员经常在外面，购买意外险后，若员工出事，保险公司可以赔偿，会减轻公司的负担。

周先生考虑到公司新成立，万一遭遇意外事故，自己很难保证给员工足够的赔偿，同时考虑到团体险确实不错，即使公司人员流动比较频繁，团体险还可以转给新员工，不会随着员工流失而损失，于是就为每位员工购买了每年130元/人的团体意外伤害险。

公司成立不到一年，机修工人小李外出作业时，遭遇了交通意外。通过保险公司，该员工获得了伤残赔偿。然而，由于身体伤残，小李需要休养，不能继续在公司工作。第二年年初，周先生就招聘了一名新员工顶替他。

没想到新员工到公司工作没几天，外出作业时，再次发生了交通意外。这次，周先生去保险公司为员工理赔时遇到了问题。保险公司以该员工没有参加团体险为由拒绝理赔。周先生纳闷了，团体险不是可以在员工中转移的吗？既然新员工顶替了以前员工的职位，为什么团体险就失效了呢？

【分析】

周先生理解得没有错，团体险承保的成员是可以流动的。按照保险公司的规定，一般来说，在保险合同的有效期内，投保人只要按照相应程序告知保险公司，退出该团体的人员就会失去承保资格，新进员工则可加入团体获得保险资格。也就是说，如果单位有员工离职，那么单位要按照保险公司规定的程序向保险公司提出申请，离职的员工就失去了承保资格。同时，单位需要把新员工的资料提供给保险公司。也就是说，虽然团体险的承保成员是可以流动的，但是并不是自动流动的。作为单位，要承担向保险公司提出变更请求的责任。

资料来源：佚名. 团体保险案例分析 [EB/OL]. [2017-08-26]. http://www.hzins.com/study/detal-24416.html.

（二）特定意外伤害保险

特定意外伤害保险是以在特定时间、特定地点或由特定原因而导致的意外伤害为保险事故的意外伤害保险。目前主要有旅行意外伤害保险、职业意外伤害保险等险种。

1.旅行意外伤害保险

它是指以被保险人在旅行途中遭遇意外伤害为保险责任的特种意外伤害保险。在我国，这种保险有强制保险和自愿保险两种。作为强制保险，旅客在国内乘飞机、火车、长途汽车、轮船时都必须参加，保费附加在票价里，按票价的一定比例收取。除此之外，旅客还可以通过另外缴费，自愿参加旅行意外伤害保险。例如，交通工具旅行意外伤害保险，承保旅行者在搭乘交通工具过程中遭遇意外事故导致死亡、残疾及医疗费用支出风险的保险；旅游者人身意外伤害保险，以旅行社等组织的团体旅游者为被保险人，承保旅游人员在旅游过程中遭遇意外伤害导致死亡、残疾等风险的保险。

2.职业意外伤害保险

普通个人人身意外伤害保险中的伤残程度百分比率是根据人体各部位伤残对一般劳动能力的影响判定的，它适用于大多数人，但不一定适用于某些从事特定职业的人，如歌唱家的歌喉，舞蹈家的双腿等。如果这类特定职业的投保人要求按照人体某个部位的伤残对其从事的特定职业的劳动能力的影响给付意外伤残保险金，则可以向保险公司投保特定职业意外伤害保险。

特定职业意外伤害保险对于承保风险的确定、保险标的价值的确定需要一些特殊的技术及丰富的承保及理赔经验。由于我国意外伤害保险的发展还不十分成熟，特定职业意外伤害保险产品并不像西方国家那样形式繁多。目前，我国的特定职业意外伤害保险主要以团体意外伤害保险的渠道来承保。

任务四　健康保险

微课6-11

随着经济的发展和人类物质生活的日益丰富，身体的健康日益成为人们普遍关注的问题，以医疗、疾病保险为内容的健康保险也日益被人们所重视。在我国，随着社会医疗保险制度的改革，商业健康保险作为其重要补充，正不断走进千家万户。

一、健康保险的概念、形成及特点

（一）健康保险的概念

健康保险又称疾病保险，是指以被保险人的身体为保险标的，对被保险人因疾病及意外伤害而导致的医疗费用支出或收入损失进行补偿的一种人身保险。通常，健康保险承保的费用和损失包括两大类：一类是由疾病或意外事故所致的医疗费用，称为医疗保险；另一类是由疾病或意外伤害事故所致的收入损失，称为收入损失保险。

（二）健康保险的形成

1.由非明显的外来原因造成

作为健康保险的保险责任的疾病必须是由人体内部的某种原因引发的，即由于某个或多个器官异常，从而出现的各种病理情况。而那些由于外来因素对身体健康的损害，如踢足球造成骨折、擦玻璃造成摔伤则是伤害而非疾病。

案例分析 6-7

买了 30 万元重疾险，孩子患罕见病却被拒赔

【案情】

朱女士在她儿子仅 3 个月大时，就购买了一份高达 30 万元、保障终身的重大疾病保险。孩子 3 岁了，本该是活泼可爱的年纪，但在一次体检中，医生发现孩子肝功能异常。检测结果显示，孩子患了一种罕见的铜代谢障碍疾病，如果不及时治疗，可能会致残或致命，患者病死率为 5%~6.1%。为了筹备治疗费用，朱女士向保险公司申请重大疾病保险赔付。

然而，保险公司拒绝了朱女士的申请，理由是保险合同条款规定，孩子这病要被认定为保险合同中的重大疾病，必须同时满足 5 个条件，而朱女士的儿子目前仅符合其中一项，其余 4 个条件的病情暂未出现，故保险公司认为该疾病不属于保险合同约定的重大疾病。

无奈之下，朱女士将保险公司诉至法院。

【分析】

保险合同中，"重大疾病"定义难以全面列举，常引发投保人与保险公司争议。此类争议中，合同中的格式条款需从合法性、合理性、公平性三方面审视。

本案中，孩子患肝豆状核变性，尿铜、铜蓝蛋白异常，按常理已属严重影响生活的重大疾病。

依据医疗常识，并非所有临床症状均会涵盖病症的所有典型症状，保险公司的保险条款与医学诊断标准不符，明显是对其承保的重大疾病进行限制，限缩该病的赔付范围，减轻自身责任，并且合同中未充分提示免责条款，故该条款无效。

【结论】

法院作出判决：保险公司向朱女士支付保险金 30 万元。该判决已生效。

资料来源：高京，毛毛雨. 买了 30 万元重疾险，孩子患罕见病却被拒赔［EB/OL］.［2024-10-14］. https://mp.weixin.qq.com/s?__biz=MjM5OTA1MzIyMA==&mid=2651694140&idx=1&sn=1d305ae9c191f8d71f944771a8911399&chksm=bc53675af48e22dbca360415c9c99ad4065b44bb796c2c8fd13500171a474f82031c9c2280d1&scene=27.

2.由非先天原因造成

健康保险能否获赔要对引起疾病的原因进行区分。对于先天存在的疾病，如色盲、肢体残疾、器官缺陷等，不属于健康保险的责任范围；由于承保条件的不同，对于遗传

因素导致的先天性心脏病、遗传性精神分裂症等疾病，在不同的险种中有不同的规定；对于潜伏性疾病，如遗传性肺结核、性病等，如无诱发因素引起发作，对人们的健康并无大碍，如果在保险期间内发作，则视为与普通疾病一样，为保险责任范围内的事故。

3.由非长存的原因造成

偶然性疾病的限制来自这样的假设：人们在正常状况下是健康的，疾病是一种不正常的状态，因此疾病的发作是偶然事件，不是人们所能预料的。但是，这种偶发的疾病是可以医治的。对于那些必然发生在人们身上的身体损害事件，如死亡、老年性痴呆等都不属于健康保险的承保范围。

（三）健康保险的特点

1.健康保险承保的风险面较宽且具有复杂性

健康保险既承保因意外事故而导致的医疗费用或收入损失责任，又承保疾病（含分娩）导致的医疗费用或收入损失责任。同时，健康保险承保的风险估测、保险费的确定较其他险种复杂，表现在：一是风险规律很难把握，随着医疗条件的变化、被保险人健康状况的变化，医疗支出是不确定的；二是在医疗费用的开支中，有人为因素的作用不易控制。

2.健康保险的保险金具有补偿性质

与人身保险的保险金通常具有的给付性不同，在健康保险中，保险人支付的保险金具有补偿性质。因为健康保险承保的主要风险是因疾病、分娩所致的医疗费用及收入损失，而因疾病、分娩留下残疾或死亡的后果所占比例较小，大部分恢复健康后，损失的只是医疗费用和收入。因此，医疗给付和收入补偿是该险种保险金的主要部分，本质上具有补偿性质。

3.健康保险中保险人拥有代位追偿权

因健康保险的保险金具有补偿性质，适用损失补偿原则。也就是说，在健康保险中，因第三者责任而造成被保险人发生医疗费用和收入损失，如果被保险人已经从第三方处得到补偿，保险人就可以不补偿；如果保险人已付给被保险人保险金，则保险人拥有代位追偿权。

4.健康保险承保的风险程度与被保险人年龄、职业和身体状况有密切关系

这与意外伤害保险有明显不同，被保险人疾病的发生随年龄的增长而增加。由于职业的关系，被保险人患某种职业疾病的风险会大大增加，而体质的好坏与疾病的发生也有密切关系，因此健康保险合同通常有特殊条款约定。

二、健康保险的特殊条款

在健康保险合同中，除了适用人身保险的常用条款外，还采用一些特殊条款：

1.免赔额条款

为了避免经常性的小额医疗费用给付，减少道德风险，健康保险一般都有绝对免赔额的规定，即在一定金额下的费用支出由被保险人自理，只有一次医疗费用超过免赔额的部分，保险人才给付。这一条款的规定，一方面可以促使被保险人加强自我保护、自我控制的意识，减少保险事故的发生和避免损失的扩大，节约医疗资源；另一方面可以

减少对小额医疗费用的赔付，降低保险公司的成本，从而为降低健康保险的保费创造条件，实现双赢。

2.共保比例条款

共保比例条款也称比例给付条款。共保意味着保险保障与被保险人自保相结合，共保比例条款就是规定保险人和被保险人各自承担的责任比例。在保险经营过程中，共保比例通常采用递增方式，即医疗费用发生得越多，保险人承担的比例越高。

3.给付限额条款

在健康保险中，保险人给付的医疗保险金有最高限额的规定，且限额种类较多。例如，每张保单给付总限额；单项医疗费用的给付限额，如住院费用给付限额、手术费用给付限额、每次门诊费用给付限额等。对超过保单总限额或各单项给付限额的医疗费用，由被保险人自己负担。当然，对具有定额保险性质的健康保险，通常依照约定的保险金额给付，没有限额规定。

4.观察期条款

观察期是指健康保险合同订立后到保险人开始履行保险金给付责任的一段时期（大多是半年）。只有观察期满之后，保单才正式生效。也就是说，在观察期内，被保险人如果因病发生医疗费用或收入损失，保险人不承担应有的保险责任，只有超过观察期，保险人才承担应有的保险责任。该条款的规定是为了防止可能出现的逆向选择。

5.等待期条款

等待期是指健康保险中保险事故发生后到保险金给付之前的一段时间。等待期时间长短不一，短的只有几天，长的可达3个月。这一条款的规定，有利于保险人充分利用这段时间进行调查、核实，杜绝骗保等不良现象的发生。

案例分析 6-8

商业医疗保险适用损失补偿原则

【案情】

周女士念大学时，母亲给她买了份A保险公司的寿险，附加住院医疗保险，其中医疗保险每次最高限额2 000元，根据实际损失赔付。2年前，经B保险公司的代理人建议，周女士选择了另一份住院医疗保险，保障额度为5 000元，同样根据实际损失赔付。最近周女士生病住院，一共花费1 800元，在A保险公司处顺利得到了理赔，但B公司以"重复保险"为由，拒绝理赔。周女士不明白为什么买了两份住院医疗保险，却只能得到一份赔付。

【分析】

医疗费用类保险的目的是弥补损失，如果想要靠多份保险获得多倍保险赔付，超过实际损失金额是不可能的。在实际理赔中，通常会先扣除社会保险的金额，对余下部分进行理赔。其实，周女士如果想要提高保险金额，可以选择补贴型的住院医疗保险，以每日50元或100元进行补贴，这样就不会产生不当得利，也没有重复投保。

资料来源：许明.保险理论与实务［M］.北京：教育科学出版社，2013.

三、健康保险的种类

健康保险按承保内容的不同，主要分为医疗保险、疾病保险、收入损失保险和长期护理保险。

（一）医疗保险

医疗保险又称医疗费用保险，是为被保险人因疾病所支出的医疗费用提供补偿的保险。医疗保险是健康保险最重要的组成部分，其品种主要有：

1.普通医疗保险

其具体包括：

（1）门诊医疗费用保险。门诊医疗费用保险主要是为被保险人通过门（急）诊形式接受医学诊断治疗时所发生的医疗费用提供保险保障的保险。门诊费用通常包括检查费、化验费、医药费，虽然金额较低，但是发生频率较高。保险公司面临来自被保险人和医务人员的道德风险问题，因此在我国门诊医疗费用保险极少开展。

（2）住院医疗保险。由于住院所发生的费用比较高，住院医疗可以作为一项单独的保险承保。该险种的合同中一般都约定每日的给付金额、免赔天数和最长给付天数，以防止被保险人可能出现的道德风险。

（3）手术费用保险。它是为被保险人在患病治疗过程中进行的各种手术提供手术费用保障的医疗保险。该险种既可以作为独立险种，也可作为住院医疗保险的一项附加险。

2.综合医疗保险

它是一种保障范围较全面的医疗保险，其保障的范围包括门诊费、住院费、手术费等。综合医疗保险一般不对医疗服务设置单项限额，其除外责任比基本医疗保险少很多，但一般都有总的赔付限额。保险责任主要包括住院床位费、检查检验费、手术费、诊疗费等。综合医疗险在我国多为团体保险。

3.高额医疗费用保险

高额医疗费用保险是在某一基本医疗费用保险基础上补充签发的，既为超过基本保险单给付水平的医疗费用差额或不保部分提供保险金，也为基本医疗保险单保障范围内的医疗费用提供保险金。

高额医疗费用保险不论是个人投保还是团体投保，保险期一般为一年，到期后可申请续保。

（二）疾病保险

疾病保险是以被保险人罹患合同约定的疾病为承保风险的一种健康保险。疾病保险目前主要有重大疾病保险和特种疾病保险。

1.重大疾病保险

这类产品主要是针对重大疾病需要巨额医疗费用的保险保障设计的。从实际情况来看，重大疾病保险有两种形式：一种是就某一重大疾病提供的保险，其中癌症居多；另一种是针对多种重大疾病开办的保险，保障的疾病除癌症外，一般还有心脏病、脑中风、瘫痪、重大器官移植手术等。

　　例如，"平安附加防癌终身保险"就是具有代表性的重大疾病保险，它以附加险形式投保。该险种各种保险金的给付都与癌症有关，包括癌症治疗保险金、癌症住院日额保险金、癌症手术医疗保险金、癌症出院疗养保险金及癌症门诊放疗保险金（累计给付以保险金额为限）。另外，还有身故保险金（被保险人身故，无息退还保险费，保险责任终止）及免缴保费（被保险人经医院确诊，于合同生效一年后初患癌症，自确诊之日起免缴合同项下各期的保险费，保险责任继续有效）。又如，中国人寿保险公司开发的"生命绿荫疾病保险"则是典型的多种疾病保险，其保险责任范围内列明的疾病和手术达581种，覆盖人身各大系统的急诊重症、慢性疾病和损伤类疾病，保障范围广泛；保险金根据疾病病种实行定额给付，无须准备医疗费用收据，也不与任何报销制度或其他保障形式相冲突，手续简便；因疾病和意外伤害不幸身故，保险人给付身故保险金，保险合同终止。

2.特种疾病保险

　　它是专门为被保险人患上特种疾病而发生的医疗费用提供补偿的一种健康保险，如牙科费用保险、眼科保健保险、生育保险（如我国目前开办较多的"母婴安康保险"）、女性疾病保险等。

（三）收入损失保险

　　收入损失保险是指对被保险人因疾病致残后，不能正常工作造成收入损失进行补偿的一种健康保险。

　　收入损失保险金的给付以暂时或永久丧失劳动能力为条件，直接以现金支付，并规定给付金额和方式。给付金额有定额给付和比例给付两种。定额给付是按保险合同约定的金额定期给付保险金（一般按月定额）。在这种方式下，无论被保险人原收入多少，保险人都要按约定金额给付保险金。比例给付是根据被保险人的残疾程度，按被保险人原收入的一定比例给付保险金。对于全残的，保险人给付的保险金一般为被保险人原收入的70%~80%；对于部分残疾的，保险人给付的保险金一般按全残保险金的一定比例确定。给付方式有一次性给付和分期给付两种。

（四）长期护理保险

　　长期护理保险是指因保险合同约定的日常生活能力障碍引发护理需求为给付保险金条件，为被保险人的护理支出提供保障的保险。长期护理保险大约20年前在美国开始。德国和法国的长期护理保险发展势头一直很好。在美国，长期护理保险日益成为最受广大家庭欢迎的险种，目前已占美国人寿保险市场30%的份额。

　　长期护理保险的赔付条件通常有三种情况：①日常活动能力失败。其包括起床和睡觉，或起居活动、穿衣和脱衣等。②医学上的必要性与住院治疗。保险公司要求被保险人住进护理院时与住进医院一样，要有医学上的必要性。③认知能力障碍。通常，如果被保险人被诊断为在某方面有认知能力障碍，则被认定为需要长期护理。

　　截至2024年年底，中国60岁以上的老年人口有3.1亿人，占总人口的22.0%。我国人口老龄化进入了一个新的阶段，独生子女的赡养负担加重，年轻人工作繁忙使得照顾老年人的时间减少，长期护理保险很有市场前景。目前，国内已有长期看护险险种，一般作为医疗保险的补充险。

知识拓展 6-7

保险业解题"中国式养老"

近年来，社保"第六险"——长护险，作为保障失能人员基本生活的社会保险制度，越来越受到重视。

截至 2024 年底，全国有超过 1.8 亿人参保，累计超过 260 万人享受待遇，基金支出超 800 亿元。目前，长护险也正处于全国推广阶段，负责经办长护险的保险机构也在持续探索中。

值得一提的是，自 2023 年 5 月 1 日起，监管发文推行人寿保险与长期护理保险责任转换业务试点以来，多家大型寿险公司积极开展转换业务，并在官网开设"人寿保险与长期护理保险责任转换"信披专栏。该做法不仅缓解了失能人群护理费用压力，同时也创新了保险服务的内容和形式。

据记者了解，中国人寿在多地协助政府陆续探索了重庆"璧山模式""吉林模式""江苏模式"等。截至 2025 年 3 月 8 日，中国人寿经办的长护险项目已覆盖 4 400 万人。

中国人保制定并下发长护险投标、运营等一系列制度。除子公司总部设立长护险专业队伍外，在每个经办长护险业务的分支公司，都组建了以医学护理专业人员为主的专业化团队。

中国人寿再保险有限责任公司发布的《全球视野下商业长期护理保险发展研究报告》进一步提出，保险公司可以通过商业长护险丰富个险或银保渠道的产品供给，提升储蓄型产品尤其是养老年金产品的吸引力，补全其在长期护理方面的保障功能，真正实现寿险产品向"保证利益+浮动收益+保障责任"进化。

两会期间，为进一步推动长护险可持续发展，多位全国人大代表、全国政协委员对长护险筹资问题提出了相关建议。

全国人大代表、中国太保战略研究中心（ESG 办公室）主任周燕芳对记者表示，"现行试点地区普遍采用'医保划转+财政补贴+个人缴费'或'医保划转+财政补贴'的多元化筹资结构，但主要依赖于医疗保险划拨或政府财政补贴，单位缴费和个人缴费比例过低。以首批试点城市为例，医保基金平均承担70%，财政补贴20%，个人缴费仅占10%。"

"这种过度依赖医保基金的筹资模式不仅加剧了医保基金的支付压力，还使得制度存在不可持续的风险。例如与基本医疗保险功能定位冲突，削弱了长期护理保险的独立性和互济性。"周燕芳说。

周燕芳建议，推动构建多元化筹资体系，为长期护理保险建立独立筹资渠道。

"可参考日本'40岁强制参保'机制，设计'个人+企业+财政'三方筹资模式，按工资基数的一定比例进行筹资（如个人、企业各0.4%，财政0.2%）。同时，可探索设立个人长期护理账户，允许医保个人账户资金适度划转，探索家庭共济使用机制，并建立动态调整机制，根据工资增长指数和护理成本指数建立费率动态调整模型，确保基金收支平衡。"周燕芳对记者说。

孙洁建议，实施复合式支付体系，细化支付标准。

"我国试点地区多数按照小时、床日设置各类机构、各类服务人员的支付标准，且根据失能等级差异化设置。虽然等级划分已较为详细，但由于护理服务内容差异大，仅区别失能等级、服务时长、服务提供者专业程度的设置仍不能满足相对精细化的支付需求。建议针对不同服务采用不同的支付方式，居家服务和机构服务有所区别，居家服务中不同服务内容亦可有所区别。如对访问护理采用按小时定额支付，对访问洗浴采用按次支付等。可借鉴国际先进做法，如韩国根据服务内容的难易区别设置标准，德国将医疗保险点数法支付方式引入长期护理保险。"孙洁认为。

资料来源：陈晶晶. 强化银发经济金融支持 保险业解题"中国式养老"［N］. 中国经营报，2025-03-08.

任务五　保险规划

本任务主要介绍设计家庭保险计划的一种简单的分析框架。

微课6-12

一、分析假设

这种分析框架的一般过程是，先根据家庭背景识别并分析风险，然后评估这些风险对家庭财务情况造成的影响，最后确定险种的配置顺序。

为便于同学们理解分析思路，我们简化了分析过程，只讨论死亡保险、重大疾病保险和意外伤害保险的配置。如果大家毕业后从事保险产品营销工作或者理财规划工作，再根据对自己对产品的熟悉情况以及客户的具体理财需求，配置具有其他功能的保险产品，为客户量身定做保险计划。

（一）保费预算

在现实生活中，有潜在保险需求的家庭，多为家庭收入扣除正常生活需要后仍有结余的中产家庭。在不影响家庭正常生活的情况下，用多少钱去购买保险产品是一个很现实的问题。这个问题没有标准答案，人们在长期的理财规划中，总结出一个经验性的规则，即著名的"双十原则"，即：家庭年保费支出不宜超过家庭年收入的10%，所获得的风险保障不低于家庭年收入的10倍。

"双十原则"在一定程度上适用于保障性保险，但并不适用于所有保险，例如投资型保险就也不适用"双十原则"。只有保障性的保险，通过合理的组合，才能以家庭年收入10%的支出，得到10倍于收入的保额。

它适用于已经解决了基本生活但是家庭财务还是相对脆弱的大众，不适用于尚未解决或刚刚解决基本生活问题的家庭，以及对保险的需求超出保障本身的富裕家庭。

在下文的案例分析中，我们均按照家庭年收入的10%来确定保费预算。

（二）费率假设

为了充分利用有限的保费预算，我们还需要对险种的费率做一下估算。

假设意外伤害保险费率为每万元15元；

假设配置的定期寿险期限为20年，缴费方式为年缴，费率为每万元60元；

假设配置的终身寿险，缴费期为20年，费率为每万元300元；

假设配置的终身重疾险，缴费期为20年，费率为每万元200元。

（三）保险需求计算公式

最后，对于长期性的计划，需要考虑物价上涨的风险。我们用增长年金的现值公式估计保险需求。

$$保费需求 = \frac{A \times \left[1 - \left(\frac{1+g}{r-g}\right)^n\right]}{r-g}$$

其中：A为年生活费需求；r为年投资收益率；g为年物价上涨率；n为保障年限。

（四）典型家庭保险规划设计

下面要讨论的几个案例改编自中国财政经济出版社出版的《理财规划师专业能力》（第五版）。

1. 温饱型单身家庭

【案例】赵家福是一个憨厚的农村人，高中毕业后到城市里工作。他今年28岁，在一家塑料厂上班，工作比较辛苦。他每月工资收入为3 000元左右，基本上没有任何社会保障。他每个月用于吃住等方面的生活费用大概为2 000元，能够结余的收入约为1 000元。赵家福还没有结婚，是一个典型的单身者，对未来充满了美好的希望。

【风险评估】赵家福没有什么社会责任，相对而言，短寿的风险尽管存在，但是影响不大。

在意外伤害风险方面，赵家福从事的是体力劳动，意外伤害的可能性比较大；同时，赵家福没有社会保障，如遇意外，财务缺口比较大；而且意外伤害保险比较便宜，按照赵家福的经济能力也可以承受。

由于赵家福的身体比较健康，目前健康方面的风险比较小。但是，赵家福的基本社会保障空缺，在保费有盈余的时候，可以考虑购买保费便宜的医疗费用保险。

赵家福也面临着长寿的风险，但是赵家福还很年轻，暂时不需要考虑养老方面的费用缺口。

因此，赵家福的保险产品配置顺序为：优先配置意外伤害保险，其次考虑健康保险，特别是重大疾病保险，若有剩余再考虑定期寿险或终身寿险，最后考虑年金保险。

【保险规划】

赵家福每个月的收入为3 000元左右，因此每年的收入约为3.6万元。根据"双十原则"，赵家福应该将其中的3 600元用于保险支出，由于其保费预算不足1万元，因此，我们用家庭年收入的10倍来确定保险需求，即保险金额要达到36万元。

近期来看，赵家福应该在自己的经济能力允许的条件下尽量地购买意外伤害保险。比如，购买36万元的意外伤害保险，每年的保费大约需要540元。此时预算剩余约为3 060元。

根据我们的费率假设，购买10万元保额的终身重疾险，选择20年缴费期的话，保费大约为2 000元，所以赵家福应购买10万元的重疾险，剩余的保费预算可以选择一些包含手术费用和住院费用的医疗费用保险。

2. 中产型单身家庭

【案例】王金文成绩比较优秀，考上了大学，并攻读了硕士研究生学位，目前留在大城市，有一份比较体面的白领工作。他今年25岁，每月税后工资为6 000元左右，单位还按照国家规定给王金文缴纳了各种社会保险，并提供了团体医疗保险，每年还有30 000元的年终奖。目前王金文还无力购买住房，只能租房子住，包括房租在内，王金文每月的支出大概为4 000元。假设王金文的余命还有55年，物价上涨率为3%，投资收益率为5%。

【风险评估】

王金文没有什么社会责任，相对而言短寿的风险尽管存在，但是影响不大。

尽管王金文是脑力劳动者，但也存在意外伤害的风险。意外伤害险的主要作用是保障被保险人在受到严重的意外伤害后的生活费用缺口，以及他需要承担的社会责任。而且意外伤害险的价格比较便宜，因此这方面的保障应足够。

由于王金文的身体比较健康，目前健康风险比较小。此外，王金文社会保障比较全面，还有补充的团体医疗险，一般的医疗费用完全能够负担。因此，王金文应当考虑适当购买重大疾病保险。

王金文也面临着长寿的风险，但是他还很年轻，暂时不需要考虑养老方面的费用缺口。因此，王金文的险种选择顺序应该是优先配置意外伤害保险，其次考虑重大疾病保险，若有剩余再考虑定期寿险或终身寿险，最后考虑年金保险。

【保险规划】

根据王金文的收入水平，我们认为王金文每年用于保险的开支以不超过10 200元为宜，王金文的保费预算超过1万元，因此我们用增长年金现值来估算他的生活费用。

王金文的意外伤害险需求主要考虑他的生活费用，将他的年生活费4.8万元代入公式，结果为164.49万元，向上取整，得到意外伤害保险的保额应为165万元。此时他的预算剩余约为7 725元。

根据我们的费率假设，赵金文可以购买3份终身重疾险，获得30万元的重疾保障。

3. 新婚家庭

【案例】小王和小张是一对年轻夫妻。今年小王30岁，其妻小张27岁，他们还没有孩子。两人都在事业单位上班，基本上都是坐在办公室内，不经常出差。两人都按照国家规定享受了比较充足的社会保障。小王和小张所在的单位都为员工购买了团体医疗保险，保障部分门诊和住院费用。小张所在单位的工会还为全体员工构建了互助医疗保障。小王目前年税后收入7万元，小张的年税后收入也为7万元。

今年年初，夫妻两人购买了住房，向银行贷款80万元，每月还贷为4 500元，其中有2 000元是由住房公积金还贷，每月的实际还贷压力为2 500元，还贷年限是30年，目前房贷余额为70万元。平均而言，夫妻两人每年的生活费用支出为6万元，每年的净收入大致为5万元。近期，夫妇两人还面临着装修的压力，每月还必须储备一些钱，用于将来的新房装修，所以目前的经济压力稍微大一些。另外，两人都比较爱动，经常会外出打球等。

假设夫妻两人的余命都还有 50 年，生活费用上涨率为 3%，投资收益率为 5%。

【风险评估】

从这个案例开始，家庭成员大于 1 人，我们仍然分析整个家庭的保险需求，计算出保额后，按家庭经济支柱的收入贡献来分配保额。

小王夫妻是典型的已婚青年。他们都比较年轻，虽然没有小孩，但是每月的还贷压力较大。医疗保障方面有社保和单位买的团体医疗保险，小病小灾的医疗费用缺口较小。

在短寿的风险方面，夫妻两人都能自给自足，并且还有一定的盈余，但是夫妻任一方意外身故，都会加重配偶的还款压力，因此需要优先配置定期寿险或者终身寿险。

尽管夫妻俩是脑力劳动者，但也存在着意外伤害的风险。意外伤害发生后，小王无法上班，将导致自己的收入减少。妻子小张的情况与丈夫基本相似，两人的经济情况、经济地位、社会责任、工作单位的情况以及社会保障的情况也均相似，所以所面对的各种风险也都非常相似。意外伤害险的主要作用是保障被保险人在受到严重的意外伤害后的生活费用缺口，以及其需要负担的社会责任。

在医疗风险方面，夫妻俩的社会保障和所在单位的企业保障都比较充分，因此小病小灾的费用缺口很小。但是，社会保障和企业保障的金额都是有上限的，夫妻俩还是面临着一些重大疾病的风险。

在长寿风险方面，因为按照我国目前的社会保障制度，夫妻俩退休之后，仅凭社会保障的养老金是无法维持当前的生活水平的，所以，他们仍然面对着一些长寿养老的风险。但由于两人都还很年轻，年金险需求应在其他保障足够的情况下最后考虑。

因此，该家庭的险种选择顺序应该是：优先配置定期寿险或终身寿险，其次考虑意外伤害保险，若有剩余再考虑重大疾病保险，最后考虑年金保险。

【保险规划】

根据小王夫妻的收入水平，我们认为家庭每年用于保险的开支以不超过 14 000 元为宜，家庭保费预算超过 1 万元，因此我们用增长年金现值来估计他们的生活费用。

在死亡保险需求方面，夫妻俩任一方意外身故，另一方的生活都能自给自足，因此家庭的定期寿险或终身寿险需求就是欠银行的房贷余额 70 万元；又因为家庭保费预算只有 14 000 元，所以应考虑配置定期寿险。

家庭的意外伤害险需求主要考虑他们的生活费用以及房贷余额。将他们的年生活费 6 万元代入增长年金现值公式，结果为 194.57 万元，向上取整，得到生活费用需求为 195 万元，再加上所欠房贷 70 万元，所以家庭的意外伤害保险需求为 265 万元。

此时，家庭的保费预算剩余 5 675 元。

根据我们的费率假设，该家庭可以购买 20 万元的重疾险。

由于夫妻俩的经济地位完全对等，上述家庭保险需求由夫妻两人平分即可。

4.典型三口之家

【案例】刘凯和徐楚娜是同学，结为夫妻后有了一个可爱的孩子叫贝贝。今年，刘凯35岁，其妻徐楚娜32岁，贝贝已经3岁了，在某私立幼儿园上学。刘凯和徐楚娜都是办公室白领，在公司中是中层管理人员，事业正蒸蒸日上，两人都经常出差。刘凯和徐楚娜所在的单位都按照国家规定为他们缴纳了比较充足的社会保障。而且，刘凯和徐楚娜所在的单位也都为员工购买了团体医疗保险，保障部分门诊和住院费用；每年单位还为每位员工购买意外伤害保险，保险金额为20万元。

按照上海市的规定，孩子贝贝也享有社会保障，其门诊和住院费用可以由社会保障承担50%；贝贝还参加了上海市儿童互助医疗，住院费用还可以减免一半。另外，贝贝所在的幼儿园已经为所有小朋友购买了幼儿意外伤害保险，保险金额20万元，并附加了医疗费用保险。

刘凯目前年收入20万元，徐楚娜的年收入也为20万元。两人已经购买了住房并且还清了房贷，目前有一套价值200万元的自住商品房。现时，刘凯和徐楚娜的生活比较富足，每月养车及日常的生活费用大概为2万元，其中贝贝每月的生活和教育费用平均为10 000元，小刘夫妇各为5 000元。这样，小刘夫妇每年的净收入为16万元左右。夫妇俩的工作压力都比较大，业余时间基本上没有运动。

假设夫妻俩的余命都还有45年，生活费用上涨率为3%，投资收益率为5%。

【风险评估】

在短寿的风险方面，夫妻俩都能自给自足，并且还有一定的盈余，但是夫妻任一方意外身故，孩子贝贝的生活、教育费用的缺口较大，因此需要优先配置定期寿险或者终身寿险。

尽管夫妻俩是脑力劳动者，但也存在意外伤害的风险。如果发生意外伤害，刘凯无法上班，将导致自己的收入减少。妻子徐楚娜的情况与丈夫基本上相似，二者的经济情况、经济地位、社会责任、工作单位的情况以及社会保障的情况也均相似，所以所面对的各种风险也都非常相似。意外伤害险的主要作用是保障被保险人在受到严重的意外伤害后的生活费用缺口，以及他需要承担的社会责任，即孩子贝贝的生活教育费用。

在医疗风险方面，夫妻俩的社会保障和所在单位的企业保障都比较充分，因此小病小灾的费用缺口很小。但是，社会保障和企业保障的金额都是有上限的，夫妻俩还是面临着一些重大疾病的风险。

在长寿风险方面，因为按照我国目前的社会保障制度，夫妻俩退休之后，仅凭社会保障的养老金是无法维持当前的生活水平的，所以他们仍然面临着一些长寿养老的风险。但由于两人都还很年轻，年金险需求应在其他保障足够的情况下最后考虑。

因此，该家庭的险种选择顺序应该是：优先配置定期寿险或终身寿险，其次考虑意外伤害保险，若有剩余再考虑重大疾病保险，最后考虑年金保险。

【保险规划】

根据刘凯夫妇的收入水平，我们认为家庭每年用于保险的开支以不超过 40 000 元为宜，家庭保费预算超过 1 万元，因此我们用增长年金现值来估计他们的生活费用。

在死亡保险的需求方面，夫妻俩任一方意外身故，另一方的生活都能自给自足，但是小孩的生活、教育费用由一方承担时，负担非常沉重。因此，家庭的定期寿险或终身寿险需求是小孩的生活、教育费用，保障期间是到小孩大学毕业，大约 19 年。将小孩的生活、教育费用带入公式，得到 192.83 万元，向上取整，因此寿险需求为 193 万元。

该家庭预算较充足，我们从保障优先出发，先考虑配置定期寿险，然后根据预算结余情况修改方案。

家庭的意外伤害险需求主要考虑夫妻的生活费用，以及小孩的生活、教育费用。将夫妻的年生活费 12 万元代入增长年金现值公式，结果为 364.84 万元，向上取整，得到生活费用需求为 365 万元，再加上寿险需求 193 万元，所以家庭的意外伤害保险需求为 558 万元。

此时，家庭的保费预算剩余 20 050 元。由于该家庭需要的保障额度较高，因此寿险也可以选择定期寿险。

根据我们的费率假设，该家庭可以购买 100 万元的重疾险。

由于夫妻俩的经济地位完全对等，上述家庭保险需求由夫妻两人平分即可。

长期来看，夫妻俩退休后要保持目前的消费水平，需要购买商业年金险，补充基本养老保险的不足。但是夫妻俩还比较年轻，考虑年金保险为时尚早。

5. 全职太太

【案例】孙周和李爱莲夫妇有个孩子，小名叫可乐。今年，孙周 35 岁，其妻李爱莲 28 岁，可乐已经 3 岁了，在私立幼儿园上学。孙周年轻有为，在一家上市公司担任高级职务。李爱莲是一个全职太太，没有任何收入。虽然孙周工作比较辛苦，但是收入较高，不考虑公司发放的股权等方面的激励，孙周每年的年薪大概为 300 万元。只要孙周能够正常工作，全家的生活都还不错。

目前，孙周的财产包括一套别墅、两辆车，还有一套用于出租的公寓。如果没有购买昂贵的手表、首饰等奢侈品，孙周家庭的每年基本生活费用大概为 20 万元，其中，可乐的教育费用为 3 万元，生活费用为 3 万元；李爱莲的生活费用为 7 万元，孙周的生活费用为 7 万元。因此，孙周家庭每年的净收入为 280 万元，生活富足感比较强。

另外，孙周的公司是上市公司，经营比较规范，按照社会保障的要求缴纳了各种社会保险的费用。而李爱莲是全职太太，没有任何社会保险。可乐是上海市户口，按照该市的规定参加了社会保障、少儿互助医疗保险，以及在幼儿园购买了意外伤害保险。

假设夫妻俩的余命都还有 45 年，生活费用上涨率为 3%，投资收益率为 5%。

【风险评估】

这是一个三口之家，孙周有了妻子和孩子就承担了沉重的社会责任。在孙周家庭中，孙周夫妻俩各自承担的责任差别非常大。孙周是家庭的主要经济来源，而妻子李爱莲没有任何收入。因此，只要孙周在，家庭生活费用就能够得到保障，生活水平就不会有重大变化。但是，如果孙周发生了意外而死亡或者残疾，导致收入中断，那么整个家庭的生活就会发生巨大变化。因此，我们在设计保障计划时应当非常明显地偏向孙周。

孙周是家庭的经济支柱，是首要保障的对象。

孙周保障的重点应该是丧失劳动能力从而发生收入中断的风险。如果孙周英年早逝，妻子和孩子的生活费用及教育费用就无法得到保证。另外，如果孙周发生了比较严重的意外伤害，那么他本人的生活费用、医疗费用，他妻子和孩子的生活费用、教育费用都无法得到保证。

在医疗方面，由于孙周参加了社保，加上他收入水平较高，因此一般的医疗费用方面缺口较小。但是，在重大疾病方面仍然存在很大的风险。

在养老方面，上市公司有规范的养老和退休制度，还包括股权激励等方面的制度，因此，孙周在这方面的风险比较小。

他的妻子李爱莲是一位全职太太，基本上是一个纯消费者，因此重点是保障其支出水平不会发生巨大变化。

在死亡风险方面，由于李爱莲没有收入，因此即使她遭遇不测而早逝，也不会影响家庭的生活水平。

在意外伤害方面，同样，由于李爱莲没有收入，所以如果她发生了意外事故而残疾，对于家庭的经济影响主要在于医疗费用和护理费用支出。

然而，在疾病方面，李爱莲没有任何社会保障，这方面的风险缺口比较大。另外，如果李爱莲患上了重大疾病，也会拖累家庭，发生巨额的医疗费用。因此，李爱莲保障的重点是医疗费用和意外伤害支出。

养老风险也是李爱莲应当防范的重点风险。因为李爱莲没有收入，如果丈夫孙周比李爱莲早亡，那么李爱莲丧偶后养老的风险也是比较大的。

因此，该家庭的险种选择顺序应该是：优先配置定期寿险或终身寿险，其次考虑意外伤害保险，若有剩余再考虑重大疾病保险，最后考虑年金保险。

【保险规划】

根据孙周的收入水平，我们认为家庭每年用于保险的开支不宜超过30万元，我们仍然用增长年金现值来估计他们的生活费用。

在死亡保险需求方面，需要保障孙周意外身故后妻子的生活费用、孩子的生活和教育费用。

将妻子的生活费用代入公式，需要保障的期限是45年，得到212.83万元，向上取整，为213万元。再将孩子的生活和教育费用代入公式，保障期限为19年，得到96.41万元，向上取整，得到97万元。因此孙周的寿险需求为310万元。

意外伤害险需求主要考虑孙周的生活费用，妻子的生活费用和小孩的生活、教育费用。将孙周的年生活费7万元代入公式，结果为212.83万元，向上取整，得到生活费用需求为213万元，再加上寿险需求310万元，所以家庭的意外伤害保险需求为523万元。

该家庭预算非常充足，我们考虑配置终身寿险。

此时，家庭的保费预算剩余199 155元。建议给夫妻俩各配100万元或更高额度的终身重疾险，剩余的保费还可以给妻子配置一些年金保险，补充养老费用方面的不足。

6. 单亲家庭

【案例】郑嘉佳的婚姻非常不幸，在婚后几年就与丈夫离婚了，儿子周琪只有5岁。尽管法院判决郑嘉佳的前夫每月应该支付孩子的生活费用，但是郑嘉佳的前夫十分不负责任，很少能够按时支付生活费用，大多数时候都是不了了之。郑嘉佳在一家事业单位上班，每月工资6 000元左右，每年还有3万元的年终奖。目前郑嘉佳已经35岁了，有一套住房。郑嘉佳母子俩每年用于生活方面的费用各3万元，余额只有4万元左右。

日子虽然不是非常宽裕，但郑嘉佳所在的事业单位按照社会保障的要求为其缴纳了各种社会保险的费用。周琪按照上海市的规定参加了社会保障，并在学校参加了少儿互助医疗保险与意外伤害保险。

假设郑嘉佳的余命还有45年，周琪未来的教育费用还需要25万元，生活费用上涨率为3%，投资收益率为5%。

【风险评估】

郑嘉佳是家庭唯一的经济支柱，需要负担孩子的生活和教育费用，在医疗方面，有基本的医疗保障。

郑嘉佳保障的重点应该是丧失劳动能力从而导致收入中断的风险。如果郑嘉佳英年早逝，孩子周琪的生活费用和教育费用就没有了。另外，如果郑嘉佳发生了比较严重的意外伤害，她自己的生活费用以及周琪的生活和教育费用也得不到保证。

在医疗费用方面，郑嘉佳有充足的社会保障，其基本的门诊费用和住院费用的缺口比较小，关键在于要考虑由于重大疾病而导致的医疗费用支出。

在养老方面，郑嘉佳只有社会保障的养老保险，孩子长大后还需要自己做好养老的准备。但是她还年轻，暂时不需要考虑养老方面的费用缺口。

小孩周琪的风险与其他小孩基本相似，主要防范的是意外伤害风险和疾病风险。

【保险规划】

根据郑嘉佳的收入水平，我们认为家庭每年用于保险的开支不宜超过10 200元，我们仍然用增长年金现值来估计他们的生活费用。

在死亡保险需求方面，需要保障郑嘉佳意外身故后孩子的生活和教育费用。

将孩子的生活费用3万元带入公式，需要保障的期限是17年，得到43.92万元，向上取整，为44万元。再加上孩子未来需要的教育费用25万元，所以寿险需要达到69万元的保障额度。由于家庭保费预算有限，我们选择给郑嘉佳配置定期寿险。

意外伤害险需求主要考虑郑嘉佳的生活费用和小孩的生活、教育费用。将郑嘉佳的年生活费用3万元代入公式，得到91.21万元，向上取整，得到92万元。再加上寿险保额69万元，一共需要161万元。

此时，保费预算大约还剩余2 035元，将剩余预算购买终身重大疾病保险一份，获得10万元的重疾保障。

（五）综合案例

【案例】王女士今年32岁，未婚，大学毕业后换过几次工作，一直从事计算机软件的开发工作，现在在某世界排名500强的IT公司担任项目经理。公司按照国家规定参加了社会保险与住房公积金计划。王女士是父母的独生女儿，王父现年61岁，王母现年60岁，目前在四川老家的小县城生活。王女士目前每月固定的薪资收入为1万元。另外，每做一个项目，公司会有一定的提成奖励，这部分收入每年在10万元左右。王女士自己每月生活支出2 800元，房租2 000元。由于王女士父母亲没有收入，王女士每月给父母2 000元赡养费。王女士的父母在老家有一套自住房屋，价值50万元，没有贷款。王父在3年前投资被骗，不仅赔上了自己的所有积蓄，还欠下了债务，要依靠女儿帮忙还债，目前还有8万元尚未还清。假设王女士的余命为50年，生活费用上涨率为3%，投资收益率为5%。

【风险评估】

虽然王女士未婚，没有小孩，但是她的父母没有收入，需要王女士赡养，并且家庭欠有债务，需要王女士偿还，社会责任较重。另外，王女士单位按照国家规定参加了社会保险和住房公积金计划，社会保障比较充足，小病小灾所需的医疗费用缺口不大。

短期来看，如果王女士英年早逝，父母的生活费用没有着落，并且家庭所欠债务也无法偿还。

其次，如果王女士发生了比较严重的意外伤害，那么她和她父母的生活费将失去来源，而且所欠债务也无法偿还。

再次，如果王女士患上重大疾病，会导致她不但不能继续工作，而且还会发生比较大的医疗费用支出。在医疗方面，王女士有充足的社会保障，其基本的门诊费用和住院费用的缺口比较小，关键在于要考虑由于重大疾病导致的医疗费用支出。

最后，长期来看，王女士仅有基本的养老保险，在退休后要保持较高的生活花费，还需要购买商业年金保险。但是她还很年轻，考虑商业年金险为时尚早。

因此，王女士的险种选择顺序应当是：优先选择定期寿险或终身寿险，其次选择意外伤害保险，剩余的保费预算应给自己配置足够的重大疾病保险。

【保险规划】

根据王女士的收入水平，我们认为王女士每年用于购买保险的开支以不超过22 000元为宜。因此寿险方面应选择定期寿险，使有限的保费获得更大的保障。寿险需求的计算主要考虑两个方面：一是父母的生活开支中需要王女士负担的部分，我们用王女士每年2.4万元的孝亲支出来代替，另一方面是父亲所欠的债务8万元。

将2.4万元代入增长年金公式，计算结果为40.23万元，向上取整，为41万元，再加上8万元债务，总共为49万元，所以王女士应购买49万元保额的定期寿险。

意外伤害险需求的计算主要考虑三个方面：一是王女士自己的生活费用；二是父母的生活开支中需要王女士负担的部分；三是父亲欠的债务。

王女士每月生活费为2 800元消费加上2 000元房租，乘以12，得到年生活费为5.76万元，代入增长年金公式，计算结果为186.79万元，向上取整，为187万元。后两个方面需求之和正好是寿险需求，所以王女士意外伤害险的需求为236万元。

此时，预算剩余15 520元。

将剩余的预算购买7份重疾险，获得70万元的重疾保障。

知识掌握

1.人寿保险、人身意外伤害保险、健康保险三者有什么联系与区别？
2.简述人身保险中的常见条款。
3.目前我国主要有哪些寿险品种？各有什么特点？
4.什么是意外伤害保险？其主要种类有哪些？
5.什么是健康保险？健康保险独有的特殊条款有哪些？
6.简述健康保险承保的内容。

知识应用

·案例分析

案例一　　　　　　　　"高风险运动单独成险"可行吗？

"雪道尽头是骨科。"2022年，借力冬奥会，大众正逐渐拉近与冰雪运动的距离，但因其高风险运动的属性，所以存在不少安全隐患。在此背景下，冰雪运动的相关保险迎来了"出圈"的契机。2022年2月10日，北京商报记者梳理发现，目前部分保险公司已经推出了保障冰雪运动项目及人员的相关保险产品。不过整体而言，受限于冰雪运动在我国普及率不高的状况，冰雪运动相关保险产品数量仍然有限。未来相关风险事故数据的收集、产品的开发及销售等，也都成了此类产品"扩圈"的必答题。

冬奥热情的持续助燃，让冰雪运动成为更多人的"心头好"。同程旅行大数据显示，2022年春节期间，全国冰雪类型景区订单量较2021年春节同期上涨68%。连带着相关保险产品的销售也出现激增。平安产险广东分公司相关负责人对北京商报记者表示，截至2022年2月9日，包含滑雪等高风险运动的意外险销量较去年同期增长约70%，预计冬奥会期间，意外险销量将持续上升。

首都经贸大学保险系副主任李文中表示，如今我国民众，特别是"90后""00后"

总体上有着不错的风险意识与保险意识。超过 3 亿人参与冰雪运动，是冰雪运动保险市场，尤其是意外险发展的一大机遇。

据了解，根据冰雪运动事故涉及的责任主体不同，目前市场主要包括场所公众责任保险、组织者责任保险、滑雪人员意外伤害保险等 10 余个险种。以北京为例，北京市银保监局局长李明肖提到，2020 年以来，北京地区 4 家财产险公司共推出 53 款冰雪相关保险产品，累计提供风险保障 3 208.64 亿元。

事实上，2019 年印发的《关于促进全民健身和体育消费推动体育产业高质量发展的意见》中指出，鼓励保险机构积极开发相关保险产品。2019 年 9 月，国家体育总局联合七部门印发的《关于进一步加强冰雪运动场所安全管理工作的若干意见》中也指出，鼓励经营者购买公众责任保险，鼓励参与人员购买意外伤害保险。

资料来源：陈婷婷，胡永新．冰雪运动火了 "冰雪保险" 能齐头并进吗？［N］．北京商报，2022-02-11.

问题：请结合所学意外伤害险的相关知识，分析讨论 "高风险运动单独成险" 是否可行。

案例二　　　　　　　　　给父母选保险

小赵在北京工作了 3 年，由于不在父母身边，随着父母年龄的增长，对他们的牵挂越来越多，于是萌发了给父母买保险的念头。小赵的父母都已经 50 岁了，父亲有医疗保险和养老保险，身体还好，经常出差；母亲没有任何保险保障，身体状况一般。小赵工作不久，资金实力有限。

问题：小赵应该给父母投保哪一种保险呢？

案例三　　　　　　　　　追偿权

某日，冷某放学骑自行车回家，与迎面靠左边骑自行车的龙某相撞，造成左肩锁骨完全性骨折，经法医鉴定损伤程度为轻伤甲级。冷某的医疗费为 7 500 元，尚需继续治疗费用 2 500 元。据查，冷某在案发前投保过人身意外伤害险。案发后，中国人寿保险公司某支公司已支付了人身意外伤害险赔偿金 4 500 元。

冷某要求龙某赔偿其医疗费等费用 1 万元。龙某认为，冷某已从保险公司获赔4 500 元，应该扣除其已领取的保险理赔款，承担剩余费用。冷某不服，向法院提起诉讼。

问题：（1）龙某的说法是否正确？

（2）保险公司赔偿的 4 500 元能否向龙某追偿？

• 实践训练

请根据以下案例设计保险规划。

张亮和李萍是一对年轻夫妻。2025 年，张亮 30 岁，其妻李萍 27 岁，他们还没有孩子。两人都在事业单位上班，基本上都是坐在办公室内，不经常出差。两人都按照国家规定享受了比较充足的社会保障。张亮和李萍所在的单位都为员工购买了团体医疗保险，保障部分门诊和住院费用。李萍所在单位的工会还为全体员工构建了互助医疗保障。张亮目前年收入为 20 万元，李萍的年收入也为 20 万元。2024 年 1 月，小夫妻购买了住房，向银行贷款 80 万元，每月还贷 4 500 元，其中有 2 000 元是由住房公积金还贷，每月的实际还贷压力为2 500元，还贷年限是30年，目前房贷余额为70万元。平均而言，张亮和李萍两人每年的生活费用支出为20万元。两人都比较爱动，经常会外出打球等。假设夫妻俩的余命为50年，生活费用上涨率为3%，投资收益率为5%。

项目七

财产损失保险

学习目标

知识目标：认识财产损失保险的主要险种，明确各种财产损失保险的保险责任范围和主要的责任免除项目。

技能目标：提高财产损失保险业务的参与能力。

素养目标：通过财产保险业务经典案例，特别是国防科技、区域经济发展重大项目等保险案例的介绍，强化学生对中国特色社会主义"四个自信"的认识，进一步激发爱国热情。

任务一 财产损失保险概述

微课 7-1

财产保险和人身保险是现代保险的两大主要种类。财产保险是以财产及与财产相关的利益为保险标的，以自然灾害及意外事故为保险事故的保险，它是保险人对被保险人的财产及相关利益因发生保险责任范围内的灾害事故所遭受的经济损失给予补偿的保险。

就财产保险的经营范围而言，又可具体分为财产损失保险、责任保险和信用保证保险三种类别。本项目介绍财产损失保险，责任保险和信用保证保险将在项目八介绍。

一、财产损失保险的概念

财产损失保险是以各种有形的物质财产、相关的利益作为保险标的的保险，其主要业务种类包括企业财产保险、家庭财产保险、运输工具保险、货物运输保险、工程保险、特殊风险保险和农业保险等。

二、财产损失保险的主要业务类型

（一）企业财产保险

企业财产保险有许多种类，其中企业财产基本险和综合险两个险种最为普遍。企业财产保险适用于各种企业、社团、机关和事业单位，主要承保财产因火灾或其他自然灾害和意外事故造成的财产损失。

（二）家庭财产保险

该险种是适用于我国城乡居民家庭的一种财产保险，它的承保责任范围与企业综合险基本相同。其常见险种有普通家庭财产保险、家庭财产两全保险及各种附加险。

（三）运输工具保险

该险种承保因遭受自然灾害和意外事故所造成的运输工具的损失及第三者损害赔偿责任。其常见险种有机动车辆保险、船舶保险、飞机保险等。

（四）货物运输保险

该险种承保货物在运输过程中因遭受自然灾害和意外事故所造成的损失。其常见险种有国内水路、陆路货物运输保险，国内航空运输保险，海洋运输货物保险及各种附加险和特约险等。

（五）工程保险

该险种主要承保各项工程由于一切不可预料的事故所造成的损失、费用和责任。其常见的险种有建筑工程一切险、安装工程一切险、机器损坏保险等。

（六）特殊风险保险

这是为特殊行业设计的各种保险，承保对象具有较强的专业性。其常见险种有海洋石油开发保险、航天保险和核电站保险等。

（七）农业保险

该险种承保种植业、养殖业、饲养业、捕捞业在生产过程中因自然灾害和意外事故所造成的损失。其常见险种有种植业保险和养殖业保险等。

考虑到学生毕业后所能从事的财产保险工作，本项目将重点介绍企业财产保险、家庭财产保险和运输工具保险中的机动车辆保险，其他财产损失保险的险种，将在任务五作简要介绍。

三、财产损失保险合同的主要条款

财产损失保险合同条款，是规定财产损失保险责任的范围以及合同双方当事人应该履行的义务及应该享受的权利的具体条文，是财产损失保险单的一个重要组成部分，是合同双方当事人履行保险合同有关规定的依据和条件。

（一）基本条款

基本条款一般印制在保险单的背面，主要内容包括保险财产范围、保险责任范围、除外责任、保险金额与补偿金额的计算、被保险人义务及其他事项等。

1.保险财产范围

保险财产范围主要规定哪些财产属于该财产保险的保障范围，哪些财产不属于该财产的保障范围。例如，企业财产保险单规定，具有法律上认可的与被保险人有经济利害关系的财产均可参加企业财产保险，还列明了诸如图纸资料、有价证券、违章建筑等不属于企业财产保险范围。

2.保险责任范围

保险责任范围主要是以列举的方式，规定哪些自然灾害和意外事故是可保的，哪些损失和费用在该保险单项下是可以得到补偿的。

3.除外责任

除外责任主要是以列举的方式，规定凡被列举的危险事故（如战争、核辐射、被保险人的故意行为等）及其相应的损失和费用，均得不到该保险单项下的补偿；还以总括的方式规定，凡不属于保险责任范围，即只要保险责任范围没有列举的自然灾害、意外事故及有关的损失和费用，也得不到该保险单项下的补偿。

4.保险金额与补偿金额的计算

保险金额既是保险公司计算保险费的基础，也是计算保险财产损失补偿额的依据。各种财产损失保险，因为其性质、承保方式的不同，其保险金额的确定方式也不同，所以每一种财产损失保险，均在其保险基本条款中规定了确定保险金额的方式。例如，我国企业财产保险单条款规定，企业财产的保险金额中，固定资产部分可以按照账面原值投保，也可以按原值加成或重置重建价值投保；流动资产部分既可以按最近 12 个月的平均账面余额投保，也可以按最近（如半年或一个季度，根据企业生产经营的性质而定）的账面余额投保。

补偿金额的计算主要看是否规定超额保险，以及共同保险、共保条款、重复保险以及标的发生全部损失或部分损失等情况下的补偿额计算方式。例如，火灾财产保险，在重复保险的情况下，保险财产损失的补偿额计算一般采用比例责任补偿方式。

5.被保险人义务

被保险人义务规定被保险人为享受保险合同对其财产所提供的充分保障的权利必须尽的义务。例如，合同签订后，应在若干天（一般为 15 天）内按规定的保险费率一次缴清保险费；在保险期限内，应配合保险公司搞好防灾防损工作；当与保险财产有关的诸如占用性质、地址或运输路线等实质性事项发生变更时，应及时通知保险公司，必要时还必须办理保险财产合同变更手续等。

6.其他事项

其他事项主要规定当保险财产发生损失事故时，被保险人应当履行的义务。例如，采取必要的施救措施，及时通知保险人；被保险人提出索赔应履行的程序以及应办理的手续，如提供有关必要的索赔单证；如属第三者责任的，获得补偿后，应将向第三者追偿的权益转让给保险公司；有关解决保险补偿争议的规定，如仲裁、诉讼等。

（二）扩展责任条款

扩展责任条款又称特别约定责任条款，是指在基本责任条款的基础上，应被保险人的要求，除承保基本条款的各项保险责任外，还将进一步增加新的保险责任，扩大对被保险人的保障范围。扩展责任条款一般采用附贴的办法，即以批单的形式附贴在保险单上。例如，企业财产保险附加露天堆放财产特约条款，货物运输保险附加淡水雨淋险，家庭财产险附加盗窃险等。

（三）限制责任条款

限制责任条款是保险人通过保险单条款的形式或附加的方式，对某些特殊情况下的特殊危险责任加以限制。例如，财产保险对金银、首饰等贵重物品通常作"除非经被保险人与保险人作特别约定，并在保险单上列明，否则不予承保"等字样的规定。

（四）保证条款

保证条款是指保险人和被保险人在合同中约定，被保险人应遵守合同中的有关规定。如在火灾保险单中，通常规定保证条款，如经被保险人保证，在本保险单有效期内，在所保的建筑物内，不从事下列各项危险品的生产、经营，也不堆放这些危险品等。

☑ **知识拓展 7-1** ··

广西全力做好超强降雨保险服务
——财险机构已接报案 1.2 万件

2024 年 5 月 18 日至 19 日，广西多地出现大雨到暴雨、局部地区大暴雨到特大暴雨。桂北、桂东地区过程累计降水量达 60 ~ 200 毫米，局部地区达 280 毫米以上。本次降雨过程范围广、强度大、致灾风险高，广西壮族自治区防汛抗旱指挥部已于 5 月 17 日 18 时启动防汛四级应急响应，38 列旅客列车临时停运，部分地区学校停课，经营场所停业。对此，国家金融监督管理总局广西监管局全面落实总局和广西壮族自治区党委、政府有关工作要求，指导辖内保险机构做好汛期保险服务工作，守护人民群众生命财产安全。截至 2024 年 5 月 20 日，广西财险机构共接报案 1.2 万余件，赔付 5 707 件，赔付及预赔付金额为 2 733 万余元。

统筹部署

广西监管局组织召开行业会议，明确汛期救灾抗灾准备工作、加强灾害应急处置、保障受灾地区保险服务等具体要求，提前对汛期保险服务工作进行部署；指导保险机构针对可能出现的灾情和险情修订应急预案，细化应急响应和处置工作内容、标准和要求；推动发布实施《财产保险业重大灾害事故应急处理规范》和《财产保险业防灾防汛工作规范》两项广西地方标准，为防灾防汛和应急处理工作提供规范操作指南和手册；加强与应急管理、气象、公安交警、农业农村、地市金融办等单位的沟通协调，第一时间获取汛期、强降雨信息，及时向行业传达预警情况，督促做好应急准备；指导保险机构提前做好物资和力量准备，随时待命，及时应对突发情况；及时响应广西监管局第一时间推动行业启动重大灾害事故金融服务应急响应工作机制，成立专项工作组，发挥自治区、市、县三级上下联动、紧密配合的作用，积极做好汛期灾害应对工作；印发通知文件，部署辖内极端天气安全防范和应急处置工作。贺州监管分局指导辖区农险承保机构筹集资金，租赁大功率抽水机 15 台，提供给临河、临库或低洼地区等易受洪涝灾害影响的农户使用。百色分局深入田林县百乐乡三帮村，实地调研村民受灾情况，听取受灾农户保险诉求。靖西监管支局深入经济作物受害最严重的靖西市新靖镇亮表村实地察看，督促北部湾财险靖西支公司及时和相关部门、农户及村集体等做好定损理赔工作。

做好理赔

各保险机构迅速成立应急工作小组，管理、指挥和协调汛期保险服务和灾害事故处置工作，统筹分配吊车、拖车等救援车辆，密切关注雨情、汛情等预警信息和灾情发展情况变化。国道 357 线桂林市临桂区两江镇路段突发大面积上边坡塌方，路面被近 2 000 立方米山石泥土掩埋。国寿财险接到报案后第一时间前往查勘，进行测量，确定抢通工时，启动普通公路灾毁保险理赔流程。人保财险派出工作组前往桂平市某木业有限公司和梧州藤县某新材料有限公司，现场了解企业因灾生产经营困难情况，协助企业开展理赔查勘及后续赔付工作，帮扶受灾企业尽快恢复生产。太保产险迅速启动紧急大灾应急预案，线上在线理赔快速响应，线下设置冰雹灾害定损点，提高理赔效率。该公司承保的车辆因突降大雨冰雹造成车身多处受损，从客户报案到理赔用时仅 2.5 个小时，4 500 元赔款便支付给客户。广西监管局表示，下一步将督促辖内保险公司加强预付赔款工作，做好保险理赔服务，强化对受灾企业和群众的金融支持，帮助受灾企业、群众尽快恢复生产生活。

　　资料来源：王磊，刘红伟. 广西全力做好超强降雨保险服务［N］. 中国银行保险报，2024-05-20.

任务二　企业财产保险

一、企业财产保险的适用范围

　　企业财产保险既适用于国有企业、集体企业，也适用于国家机关、社会团体等，具体包括：

　　（1）有工商营业执照、独立核算的各类企业，包括国有企业、集体企业、农场、乡镇企业、军工企业、私营企业等。

　　（2）国家机关、事业单位和社会团体，其中包括党政机关、工会、共青团、妇联、科研机构、学校、医院、文艺团体等。

　　下述法人不能投保企业财产保险：

　　（1）接受国外来料加工的企业，外国、华侨独资经营的企业，中外合资经营和合作经营的企业，以及通过补偿贸易、引进技术和设备等方法进行的工程和项目承担者。

　　（2）军事机关和部队。

二、企业财产保险的保险标的

　　企业财产保险的保险标的可分为可保财产、特约承保财产和不保财产三类。

（一）可保财产

可保财产是指为保险人所接受的财产。其具体包括：

（1）属于投保人所有或与他人共有而由投保人负责的财产。

（2）由投保人经营管理或替他人保管的财产。

（3）具有其他法律上承认的与投保人有利害关系的财产。

按照财产的种类，可保财产分为以下几类：

（1）房屋、建筑物及附属装修设备。凡是使用、未使用或租出、租入的房屋、建筑物以及附属在房屋、建筑物上的装修和设备都可以投保。

（2）建造中的房屋、建筑物和建筑材料。

（3）机器和附属设备。

（4）交通运输工具和设备。

（5）通信设备和器材。

（6）工具、仪器和生产用具。

（7）管理用具和低值易耗品。

（8）原材料、半成品、在制品、产成品或库存商品、特种储备商品。

（9）账外财产或已摊销但仍在使用的财产。

（10）代保管财产。

（二）特约承保财产

凡是价值确定比较困难，但又符合保险财产的一般要求的财产必须由投保人事先与保险人特别约定，同时在保险单上特别注明，保险人才能予以承保。特约承保财产分为以下几类：

（1）金银、首饰、珠宝、古玩、古画、古书、邮票、艺术品、贵重金属和其他珍贵财产。

（2）堤堰、水闸、铁路、道路、涵洞、桥梁、码头。

（3）矿井、矿坑内的设备和物资。

上述各项财产的保险估价难度较大，需要通过定值保险的方式予以承保，而定值保险中的保险金额是由保险双方当事人通过约定投保标的价值的方式实现的。因此，这些财产必须经保险双方特别约定后才能承保，而不能像其他普通的企业财产一样采取不定值保险的承保方式。对于第一类特约承保财产，在投保时，保险双方必须事先约定数量，明确单价，并在有账册可查的情况下保险人才予以承保。对于第二类、第三类特约承保财产，保险人在承保前应对这些财产的安全状态进行实地查勘，保险人同意承保后，必须在保险单上将保险金额逐项填写清楚。

（三）不保财产

不保财产是指保险人不予承保的财产。下列财产不在保险标的范围以内：

（1）土地、矿藏、矿井、矿坑、森林、水产资源以及未经收割和收割后尚未入库的农作物。

（2）货币、票证、有价证券、文件、账册、图表、技术资料、电脑资料、枪支弹药以及无法鉴定价值的财产。

（3）违章建筑、危险建筑、非法占用的财产。

（4）在运输过程中的物资。

（5）领取执照并正常运行的机动车。

（6）牲畜、禽类和其他饲养动物。

企业在投保时，应参照保险条款的规定，结合自身情况选择投保。可保财产应全部投保，特约承保财产应向保险人提供详细清单，并在投保单、保险单上注明，以明确责任。

三、企业财产综合险的保险责任和除外责任

（一）企业财产综合险的保险责任

在保险期间内，由于下列原因造成保险标的的损失，保险人按照保险合同的约定负责赔偿：

（1）火灾、爆炸。

（2）雷击、暴雨、洪水、暴风、龙卷风、冰雹、台风、飓风、暴雪、冰凌、突发性滑坡、崩塌、泥石流、地面突然下陷下沉。

（3）飞行物体及其他空中运行物体坠落。

（4）以上原因造成的保险事故发生时，为抢救保险标的或防止灾害蔓延，采取必要的、合理的措施而造成保险标的的损失，保险人按照保险合同的约定也负责赔偿。

（5）被保险人拥有财产所有权的自用的供电、供水、供气设备因保险事故遭受损坏，引起停电、停水、停气以致造成保险标的直接损失，保险人按照保险合同的约定也负责赔偿。

（6）保险事故发生后，被保险人为防止或减少保险标的的损失所支付的必要的、合理的费用，保险人按照保险合同的约定也负责赔偿。

（二）企业财产综合险的除外责任

下列原因造成的损失和费用，保险人不负责赔偿：

（1）投保人、被保险人及其代表的故意或重大过失行为。

（2）战争、类似战争行为、敌对行动、军事行动、武装冲突、罢工、骚乱、暴动、政变、谋反、恐怖活动、行政行为或司法行为，以及地震、海啸及其次生灾害。

（3）核辐射、核裂变、核聚变、核污染及其他放射性污染，大气污染、土地污染、水污染及其他非放射性污染，但因保险事故造成的非放射性污染不在此列。

（4）保险标的的内在或潜在缺陷、自然磨损、自然损耗，大气（气候或气温）变化、正常水位变化或其他渐变原因，物质本身变化、霉烂、受潮、鼠咬、虫蛀、鸟啄、氧化、锈蚀、渗漏、自燃、烘焙。

（5）水箱、水管爆裂。

（6）盗窃、抢劫。

（7）各种间接损失。

四、保险金额的确定

（一）固定资产的保险金额的确定

1.按账面原值确定保险金额

账面原值是指固定资产在建造或购买时的原始账面价值。在账面价值与实际价值比较一致的情况下，可采用此种方法。

2.按账面原值加成数确定保险金额

当账面价值与实际价值差距过大时，为使被保险人在遭受损失后获得充分保障，可在保险双方协商一致的基础上，在固定资产账面原值基础上附加一定成数，使之趋近于重置或重建价值。例如，被保险人的一台机器设备账面原值为 8 000 元，已使用若干

年，现在同样的机器设备购置价为 10 000 元，为使被保险人获得充分保障，可在账面原值的基础上附加一定的比例，如 25%，这样该机器设备的保险金额为 10 000 元（8 000×125%），与其重置价值相吻合。

3.按重置或重建价确定保险金额

重置或重建价是指重新购置或重建该固定资产所需支付的全部费用。当账面原值与实际价值差距过大时，也可直接按重置或重建价来确定保险金额。

4.按其他方式确定保险金额

依据公估价或评估价后的市价，由被保险人确定保险金额。

（二）流动资产的保险金额的确定

流动资产的保险金额由被保险人按最近 12 个月任意月份的账面余额确定，或由被保险人自行确定。流动资产的保险价值是出险时的账面余额。

（三）账外财产和代保管财产的保险金额的确定

账外财产和代保管财产的保险金额可以由被保险人自行估价或按重置价值确定。账外财产和代保管财产的保险价值是出险时的重置价值或账面余额。

五、企业财产保险的承保期限

企业财产保险的承保期限一般为一年。保单到期后，经双方当事人协商同意，可以续保。一年期限是指从约定起保的当日零时起，到保险期满日的 24 时止。

六、财产保险理赔

（一）固定资产的赔款计算

1.全部损失

当保险金额等于或高于出险时的重置价值时，其赔款金额以不超过出险时的重置价值为限；当保险金额低于出险时的重置价值时，其赔偿金额不得超过保险金额。

2.部分损失

当保险金额等于或高于出险时的重置价值时，其赔偿金额按实际损失计算；当受损财产的保险金额低于出险时的重置价值时，应按比例赔付，并应扣除残值。其计算公式为：

$$赔款 = \frac{保险金额}{出险时重建价} \times 实际损失或受损财产恢复原状所需修复费用$$

保险人在赔偿理算时，其最高赔付额不超过保险金额。当投保的固定资产项目不止一项时，赔偿应根据会计明细账、卡分项计算，对在保险期间内新增加的固定资产，须办理加保手续，否则保险人不承担赔付责任。

案例分析 7-1

【案情】

某企业投保企业财产保险综合险，保险金额为 100 万元，保险有效期间为 2024 年 1 月 1 日至 12 月 31 日。

1.2024 年 2 月 12 日，该企业发生火灾，损失金额为 80 万元，保险事故发生时的实际价值为 200 万元，则保险公司应赔偿多少？为什么？

2.2024 年 4 月 23 日，该企业因地震造成财产损失 60 万元，保险事故发生时的实际价值为 200 万元，则保险公司应赔偿多少？为什么？

3.2024 年 12 月 12 日，该企业因暴雨导致仓库进水，造成存货损失 80 万元，保险事故发生时的财产实际价值为 80 万元，则保险公司应赔偿多少？为什么？

【分析】

1.保险公司赔偿金额=损失金额×保险保障程度=80×（100÷200）=40（万元）

2.由于地震属于企业财产保险综合险的责任免除，因此保险公司可以拒赔。

3.该企业 12 月 12 日因暴雨造成的实际损失为 80 万元，如果足额赔付则超过保险金额，因此保险公司只需赔付 60 万元。

（二）流动资产的赔款计算

1.全部损失

若受损财产的保险金额等于或高于出险时的账面余额，则赔偿金额以不超过出险时的账面余额为限；若受损财产的保险金额低于出险时的账面余额，则赔偿金额不得超过该项财产的保险金额。

2.部分损失

若受损保险标的的保险金额等于或高于账面余额，则按实际损失计算赔偿金额；若受损财产的保险金额低于账面余额，则根据实际损失或恢复原状所需修复费用乘以保险金额与出险时账面余额的比例计算赔偿金额。其计算公式为：

$$赔款 = \frac{保险金额}{出险时账面余额} \times 实际损失或受损财产恢复原状所需修复费用$$

（三）账外财产和代保管财产的赔款计算

1.全部损失

若受损财产的保险金额等于或高于出险时的重置价值或账面余额，则赔偿金额以不超过出险时的重置价值或账面余额为限；若受损财产的保险金额低于出险时的重置价值或账面余额，则赔偿金额不得超过该项财产的保险金额。

2.部分损失

若受损保险标的的保险金额等于或高于出险时的重置价值或账面余额，则按实际损失计算赔偿金额；若受损财产的保险金额低于出险时的重置价值或账面余额，则根据实际损失或恢复原状所需修复费用乘以保险金额与出险时重置价值或账面余额的比例计算赔偿金额。其计算公式为：

$$赔款 = \frac{保险金额}{出险时重置价值或账面余额} \times 实际损失或受损财产恢复原状所需修复费用$$

（四）赔偿时需要注意的事项

1.必要、合理的施救费用的计算

发生保险事故时，被保险人所支付的必要、合理的施救费用的赔偿金额在保险标的损失以外另行计算，最高不超过保险金额。若受损保险标的按比例赔偿，则该项费用按与财产损失赔款相同的比例赔偿。施救、抢救、保护费用的赔偿与保险标的的损失赔偿，二者应分别计算，即施救、抢救、保护费用与保险标的的损失金额可以分别按两个保险金额计算，均以不超过保险金额为限。

2.残值的处理

残值是指按财产受损后尚有经济价值的残留物资。残值经协议作价归被保险人所有，保险人应在支付赔款时扣除残值。

3.部分损失后的保险金额的计算

保险标的遭受部分损失经保险人赔偿后，其保险金额应相应减少；被保险人需恢复保险金额时，应补交保险费，由保险人出具批单批注。

4.重复保险的处理

保险单所保财产存在重复保险时，本保险人仅承担按照比例分摊损失的责任。

5.代位追偿

因第三者对保险标的的损害而造成保险事故的，保险人自向被保险人赔偿保险金之日起，在赔偿金额范围内代位行使被保险人对第三者请求赔偿的权利。

案例分析 7-2

财产保险投保人身份认定不以与保险标的具有保险利益为要件

【案情】

某企业财产在投保时按市价确定的保险金额为40万元，后因发生保险事故，损失32万元，被保险人支出施救费用10万元。这批财产在发生保险事故时的市价为80万元，保险公司应如何赔偿？

【分析】

保险公司赔偿金额＝（损失金额+施救费用）×（保险金额/保险价值）

＝（32+10）×（40÷80）

＝21（万元）

任务三　家庭财产保险

一、家庭财产保险的内容

家庭财产保险是指使城乡居民的家庭财产，如房屋及其附属物、家庭日用品、衣物、行李、家具等，在遭受保险责任范围内的自然灾害或意外事故造成损失后得到经济补偿的保险。家庭财产保险是财产损失保险的一种。

微课7-4

（一）家庭财产保险范围

家庭财产保险一般只对下列财产提供保险责任范围内的损失补偿：

（1）房屋及其附属物。

（2）家具、用具、室内装修物、衣服、行李、卧具等生活资料。

（3）家用电器、文化、娱乐用品。

（4）农村家庭的家具、工具、已收获的农产品、副业产品，有些保险公司在承保时会更具体地规定收获物需入库。

（5）非机动交通工具。

（6）个体劳动者的营业用器具、工具、原材料、商品。

（7）属于代他人保管或与他人共有的上述财产和专业人员使用的专业用品，经由被保险人与保险人特别约定并在保险单上注明后也可以投保。

（二）不属于家庭财产保险范围内的财产

下列各财产在家庭财产保险单里，不属于家庭财产保险范围：金银、珠宝、玉器、首饰、货币、票证、有价证券、邮票、古玩、古书、字画、文件、账册、图表、技术资料、家禽、家畜、花、树、鱼、鸟、盆景、烟酒、食品、药品、化妆品以及其他无法鉴定价值和正处于紧急危险状态下的财产。

（三）家庭财产保险的保险责任

由下列原因造成保险标的的损失，保险人负责赔偿：

（1）火灾、爆炸、雷击。

（2）龙卷风、洪水、雹灾、雪灾、塌陷、崖崩、冰凌、泥石流。

（3）空中运行物体坠落以及外来的建筑物或其他固定物体的倒塌。

（4）因防止灾害蔓延或扩大损失所采取的施救、保护措施而支付的合理费用，保险公司也予以赔偿。

（四）家庭财产保险的除外责任

家庭财产保险中，保险人对下列原因造成的损失不负赔偿责任：

（1）战争、军事行动或暴力行为。

（2）核辐射和核污染。

（3）电机、电器（包括电器性质的文化娱乐用品）等电气设备使用过度、超电压（不论内在或外来），碰线、弧花、走电、自身发热等原因所造成的本身损毁。

（4）参加保险的人或其家庭成员（包括服务人员、寄居人员）的故意行为或勾结怂恿他人盗窃，或被外来人员顺手偷摸、窗外钩物所致的损失。

（5）露天堆放的保险财产。

（6）虫蛀、鼠咬、霉烂、变质损失。

（7）以芦苇、稻草、油毛毡、麦秸、芦席、帆布等作为外墙、房顶简陋的屋、棚。

（8）其他在保险责任范围内没有列明的损失。

除上述除外责任中的第3项外，其他各项内容的解释，与企业财产保险责任的解释相同。对因第3项原因产生的火灾，造成电器本身损失以外的财产损失，保险人给予损失赔偿。

（五）家庭财产保险的责任期限

家庭财产保险的责任期限一般为1年。家庭财产保险的起止日期可以约定，也可以不约定。采用约定方式时，通常在保险单上列明保险责任的起止日期，如规定本保险单自2024年10月1日零时起至2025年9月30日24时止；采用非约定方式时，通常自保险单签发之日起保险责任开始。

二、家庭财产保险的保险金额及损失处理方式

家庭财产与企业财产相比，其价值的确定要难得多。家庭财产保险的财产价值无账面可言，而是由被保险人在投保时自己填写，由此确定的保险金额当然不能真实地反映被保险财产的实际价值，只能表示被保险财产发生损失时保险人负责赔偿的最高限额。

家庭财产大到房屋、家用电器，小到一般的衣物，其价值相差悬殊。在投保时，家庭财产的价值又是被保险人单方面估计确定。所以，家庭财产保险的被保险财产通常先以分类的形式（如房屋及其附属物、衣服行李、家用电器、家具、用具等）确定各类保险金额，然后再计算总的保险金额。如果同一个家庭的同类财产有两张保险单，则该类财产的保险金额为两张保险单的保险金额之和。

家庭财产保险对室内财产的损失一般采用第一危险赔偿方式，即在发生保险责任范围内的损失时，应按实际损失赔偿，而不是按责任比例分摊损失，且最高赔偿金额不得超过保险金额。但是，对房屋的损失仍采取比例分摊方式负责赔偿。按实际损失赔偿是根据实际损失的数量和程度进行赔偿，保险公司根据保险责任按照保险财产损失发生时的市场价值，并根据新旧程度的折旧标准折旧后的实际价值计算赔款，一般是分项投保、分项赔偿，最高以不超过保险单上分项列明的保险金额为限。对于保险中合理的施救、保护费用的最高赔偿金额，也以不超过该险别的保险金额为限。当家庭成员有两人以上就同一保险标的、同一责任向不同保险公司投保时，构成重复保险，保险人要按照比例分摊损失责任，即按其承保保险金额占总保险金额的比例计算赔偿。

三、家庭财产保险的危险等级及费率

家庭财产保险的费率与其他类型的财产保险不同。首先，其他类型的财产保险的费率标准与各种财产本身的危险状况密切相关，家庭财产保险的费率标准则只与房屋的危险等级有关，而与除房屋以外的各单项家庭财产的本身危险情况没有关系。其次，当某被保险人在一张保单上投保两种不同性质的建筑物及其与该建筑物密不可分的其他家庭财产时，其收费标准以危险程度较高的建筑等级的相应费率为准；如果上述两种建筑物为相互独立的危险单位，其他家庭财产也相应分开，而且以两张保险单分别予以承保，则其收费标准以各自建筑等级的相应费率为准。

（一）家庭财产保险的危险等级

家庭财产保险的危险等级，是根据某家庭所居住的建筑等级来确定的。建筑等级一般分为三级：一级建筑为钢筋、水泥、砖石结构；二级建筑为砖、瓦（含木质材料）结构；三级建筑为一、二级建筑材料之外的材料结构。

上述三级建筑物的危险等级依次增大。

（二）家庭财产保险的费率

家庭财产保险所收取的费率分为基本费率、附加费率和短期费率三种。

1.基本费率

一般地，一级建筑的基本费率为1‰，二级建筑的基本费率为2‰，三级建筑的基本费率为3‰。一张保险单中既含危险等级低又含危险等级高的建筑物，以危险等级高的费率标准收取。例如，某人投保家财险10 000元，其居住的建筑物等级（不论公房、

私房）为一级建筑，则一般按 1‰ 收取保险费；若该保险单既含一级建筑，又含三级建筑，则按 3‰ 收取保险费。

2.附加费率

所谓附加费率，是指投保家庭财产险并附加盗窃险所收取的费率，附加盗窃险的费率一般为 1‰。盗窃险的财产是指除房屋以外的其他家庭财产。盗窃险可以拿全部财产投保，也可以分项投保，因此未附加盗窃险的保险金额与附加盗窃险后的保险金额不完全相等。盗窃险实行自愿投保原则，但不能离开家庭财产保险而单独投保。

3.短期费率

短期费率是针对投保家庭财险后保险期限不足 1 年或中途就退保的保户，保险人专门设计的费率。短期费率依据财产保险短期费率表的规定，不足 1 个月的，按 1 个月计费；因工作原因调离原保险财产所在地而发生中途退保的，按日计费。

四、家庭财产两全保险

（一）家庭财产两全保险的保险性质

首先，家庭财产两全保险兼有经济补偿和到期还本双重性质。保险公司用被保险人所缴保险储金的利息收入作为保险费，在保险期满时将原缴保险储金全部如数退还被保险人。

其次，家庭财产两全保险的保险财产、保险责任、保险金额的确定方式以及适用范围等方面与家庭财产综合保险相同，所不同的只是保险储金的缴纳方式。保险储金是以保险费率和银行利率进行计算的。家庭财产两全保险可为保险人积聚大量的可运用资金，增强保险人的资金实力，同时由于其期限较长，有利于业务的稳定，可以减少每年展业、出单、收费的工作量。

（二）家庭财产两全保险的保险储金

家庭财产两全保险的最长期限不能超过 10 年，由保险双方协商确定，以年为单位，从约定起保日零时起至期满日 24 时止，如到期被保险人不申请退保，保险单自动续转。保险储金按保险金额每千元计算，被保险人应在投保时一次缴清。家庭财产两全保险是以保险储金的利息收入作为保险费。保险储金的性质是储蓄性的，在保险期满时，不论被保险人在保险期间有无获得赔偿的记录，也不论保险合同在保险期满前是否终止，保险人均退还全部储金。如果被保险人愿意续保，保险公司可将原来应退还的保险储金作为续保时应缴的保险储金。对期满后逾期不领取的保险储金，无论逾期长短，一律不计算利息，在领取时仅归还原保险储金数额。保险储金计算的依据是家庭财产综合保险对应的费率和承保当时的银行利率。其计算公式为：

保险储金=1 000×保险费率÷A 年期的年利率

其中，A 为保险期限。以上计算结果取整数作为保险储金。

（三）家庭财产两全保险的赔偿处理

在保险期限内任一保险年度，如果累计赔款金额达到保险金额，当年的保险责任即行终止。下个保险年度开始时自动恢复原保险责任。保险人对部分损失赔偿后，当年保险年度的有效保险金额则相应减少，有效保险金额为原保险金额减去赔偿金额后的余额，如果被保险人要求恢复当年原保险金额，则应补交相应的保险费，由保险人出具批单批注，至下个保险年度开始时保险金额自动恢复。保险标的遭受全部损失经保险人赔偿后，保险责任终止，保险人到下个年度全额退还保险储金。

任务四　机动车辆保险

一、机动车辆保险概述

（一）机动车辆保险的概念和分类

机动车辆保险，简称车险，也称汽车保险，是指对机动车辆由于自然灾害或意外事故所造成的人身伤亡或财产损失负赔偿责任的一种商业保险。汽车保险是财产损失保险的一种，在财产保险领域中，汽车保险属于一个相对年轻的险种，这是由于汽车保险是随着汽车的出现和普及而产生、发展的。同时，与现代机动车辆保险不同的是，在汽车保险的初期是以汽车的第三者责任险为主险的，并逐步扩展到车身的碰撞损失等风险。

微课 7-5

我国现行的机动车保险不以车辆的使用性质作为分类的依据，只是在划分费率档次时有所体现，即只以一种机动车辆保险条款承保各种不同的机动车辆。根据《中国保险行业协会机动车商业保险示范条款（2020版）》中的定义，机动车是指在中华人民共和国境内（不含港、澳、台地区）行驶，以动力装置驱动或者牵引，上道路行驶的供人员乘用或者用于运送物品以及进行专项作业的轮式车辆（含挂车）、履带式车辆和其他运载工具，但不包括摩托车、拖拉机和特种车。

现行的机动车辆保险按实施方式，可分为强制保险和商业保险两类。强制保险全称是机动车交通事故责任强制保险，简称交强险。商业保险则是指《中国保险行业协会机动车商业保险示范条款（2020版）》中列示的四种主险和十一种附加险。

（二）机动车辆保险的特点

1.机动车辆保险属于不定值保险

机动车辆保险单所列明的保险金额为保险人承担的最高赔偿金额，保险人对机动车辆损失时的赔偿以保险金额不超过车辆损失时的实际价值为限，超过车辆实际价值的保险金额无效。

2.机动车辆损失保险的赔偿主要采取修复方式

普通财产损失保险的赔偿主要采取货币方式，而机动车辆损失保险业务中除机动车辆发生严重全损、无法修复或被盗抢的情况需要采取货币方式赔偿外，部分损失情况下的赔偿采取修复方式。

3.机动车辆损失保险的赔偿采取绝对免赔额（率）的方式

我国机动车辆保险单通常规定一次事故的绝对免赔额（率），以使被保险人与保险人共同承担损失，增强被保险人的风险意识。

4.机动车辆保险采取无赔款安全优待方式

机动车辆保险单通过规定无赔款安全优待，鼓励被保险人注意安全驾驶和保养，在保单项下列明的机动车辆上一年未发生任何索赔时，保险人在续保时对于投保人实行保险费折扣或优待。

二、机动车交通事故责任强制保险

（一）机动车交通事故责任强制保险的概念

机动车交通事故责任强制保险（以下简称交强险），是由保险公司对被保险机动车发生道路交通事故造成受害人（不包括本车人员和被保险人）的人身伤亡、财产损失，在责任限额内予以赔偿的强制性责任保险。交强险是中国首个由国家法律规定实行的强制保险制度。其保费实行全国统一收费标准，由国家统一规定，但是不同汽车型号的交强险价格不同，主要影响因素是"汽车座位数"。

（二）交强险的当事人和关系人

交强险的投保人是指与保险人订立保险合同，并按合同负有支付保险费义务的机动车的所有人、管理人。被保险人是指投保人及其允许的合法驾驶人。交强险合同中的受害人是指因被保险机动车发生交通事故遭受人身伤亡或者财产损失的人，但不包括被保险机动车车上人员和被保险人。

（三）交强险的保险责任

在中华人民共和国境内（不含港、澳、台地区），被保险人在使用被保险机动车过程中发生交通事故，致使受害人遭受人身伤亡或者财产损失，依法应当由被保险人承担的损害赔偿责任，保险人按照交强险合同的约定对每次事故在下列赔偿限额内负责赔偿：

（1）死亡伤残赔偿限额为 180 000 元。

（2）医疗费用赔偿限额为 18 000 元。

（3）财产损失赔偿限额为 2 000 元。

（4）被保险人无责任时，无责任死亡伤残赔偿限额为 18 000 元，无责任医疗费用赔偿限额为 1 800 元，无责任财产损失赔偿限额为 100 元。

死亡伤残赔偿限额和无责任死亡伤残赔偿限额项下负责赔偿丧葬费、死亡补偿费、受害人亲属办理丧葬事宜支出的交通费用、残疾赔偿金、残疾辅助器具费、护理费、康复费、交通费、被抚养人生活费、住宿费、误工费，被保险人依照法院判决或者调解承担的精神损害抚慰金。

医疗费用赔偿限额和无责任医疗费用赔偿限额项下负责赔偿医药费、诊疗费、住院费、住院伙食补助费，必要的、合理的后续治疗费、整容费和营养费。

（四）交强险的责任免除

下列损失和费用，交强险不负责赔偿和垫付：

（1）因受害人故意造成的交通事故的损失。

（2）被保险人所有的财产及被保险机动车上的财产遭受的损失。

（3）被保险机动车发生交通事故，致使受害人停业、停驶、停电、停水、停气、停产、通信或者网络中断、数据丢失、电压变化等造成的损失以及受害人财产因市场价格变动造成的贬值、修理后因价值降低造成的损失等其他各种间接损失。

（4）因交通事故产生的仲裁或者诉讼费用以及其他相关费用。

（五）交强险的保险期限

除国家法律、行政法规另有规定外，交强险的保险期限为一年，以保险单载明的起止时间为准。

三、车辆损失险

车辆损失险简称车损险，是指被保险车辆遭受保险责任范围内的自然灾害或意外事故，造成被保险车辆本身损失，以及所发生的施救费用等，保险人依照保险合同的规定给予赔偿的保险。

（一）车辆损失险的保险责任

《中国保险行业协会机动车商业保险示范条款（2020版）》规定，保险人承担保险责任的范围包括以下几个方面：

（1）保险期间内，被保险人或被保险机动车驾驶人（以下简称"驾驶人"）在使用被保险机动车过程中，因自然灾害、意外事故造成被保险机动车直接损失，且不属于免除保险人责任的范围，保险人依照本保险合同的约定负责赔偿。

（2）保险期间内，被保险机动车被盗窃、抢劫、抢夺，经出险地县级以上公安刑侦部门立案证明，满60天未查明下落的全车损失，以及因盗窃、抢劫、抢夺受到损坏造成的直接损失，且不属于免除保险人责任的范围，保险人依照本保险合同的约定负责赔偿。

（3）发生保险事故时，被保险人或驾驶人为防止或减少被保险机动车的损失所支付的必要的、合理的施救费用，由保险人承担；施救费用数额在被保险机动车损失赔偿金额以外另行计算，最高不超过保险金额。

（二）车辆损失保险的除外责任

下列情况下，无论任何原因造成的被保险车辆的损失，保险人均不负责赔偿：地震、战争、军事冲突、竞赛、测试、故意行为、违法活动、饮酒、吸毒、肇事逃逸、无证驾驶等。

被保险车辆的下列损失和费用，保险人不负责赔偿：自然损耗、腐蚀、故障、人工直接供油、高温烘烤、不明原因引起的火灾、受本车所载货物撞击、摩托车翻倒、受损后未修而继续使用、排气管被水淹后启动发动机、间接损失、精神损害、污染赔偿及期间附属设备的丢失与第三者责任，以及非全车盗抢，仅车上零部件或附属设备被盗抢等。

（三）车辆损失险的保险金额

保险金额按投保时被保险机动车的实际价值确定。投保时被保险机动车的实际价值由投保人与保险人根据投保时的新车购置价减去折旧金额后的价格协商确定或其他市场公允价值协商确定。折旧金额可根据合同中列明的参考折旧系数表确定。

（四）车辆损失险赔款的处理

1.全部损失

$$赔款=\left(\begin{matrix}保险\\金额\end{matrix}-\begin{matrix}被保险人已从第三方\\获得的赔偿金额\end{matrix}\right)\times\left(1-\begin{matrix}事故责任\\免赔率\end{matrix}\right)\times\left(1-\begin{matrix}绝对免赔率\\之和\end{matrix}\right)-\begin{matrix}绝对\\免赔额\end{matrix}$$

2.部分损失

被保险机动车发生部分损失，保险人按实际修复费用在保险金额内计算赔偿：

$$赔款=\left(\begin{array}{c}实际修复\\费用\end{array}-\begin{array}{c}被保险人已从第三方\\获得的赔偿金额\end{array}\right)\times\left(1-\begin{array}{c}事故责任\\免赔率\end{array}\right)\times\left(1-\begin{array}{c}绝对免赔率\\之和\end{array}\right)-\begin{array}{c}绝对\\免赔额\end{array}$$

3.施救费

施救的财产中，含有本保险合同未保险的财产，应按本保险合同保险财产的实际价值占总施救财产的实际价值比例分摊施救费用。

在机动车保险单有效的保险期限内，无论发生一次或多次保险责任范围内的车辆损失索赔，只要保险人核定的赔偿额在保险单规定的保险金额内，保险责任继续有效至保险期限结束，以致会在一份保单项下出现多次赔偿额的累积数额高于保单规定的保险金额的情况。但是，只要一次事故的赔偿额达到或超过保险金额，则保险责任自然终止。

四、第三者责任险

（一）第三者责任险的保险责任

微课7-6

在保险期间内，被保险人或其允许的驾驶人在使用被保险机动车过程中发生意外事故，致使第三者遭受人身伤亡或财产直接损毁，依法应当对第三者承担的损害赔偿责任，且不属于免除保险人责任的范围，保险人依照本保险合同的约定，对超过机动车交通事故责任强制保险的各分项赔偿限额的部分负责赔偿。

（二）事故责任比例

保险人依据被保险机动车一方在事故中所负的事故责任比例，承担相应的赔偿责任。

被保险人或被保险机动车一方根据有关法律、法规规定选择自行协商或由公安机关交通管理部门处理事故未确定事故责任比例的，按照下列规定确定事故责任比例：①被保险机动车一方负主要事故责任的，事故责任比例为70%；②被保险机动车一方负同等事故责任的，事故责任比例为50%；③被保险机动车一方负次要事故责任的，事故责任比例为30%；④涉及司法或仲裁程序的，以法院或仲裁机构最终生效的法律文书为准。

（三）第三者责任保险的除外责任

（1）被保险车辆造成下列人员伤亡或财产损失，不论在法律上是否应当由被保险人承担赔偿责任，保险人均不负责赔偿：被保险人及其家庭成员的人身伤亡、所有或代管的财产损失；被保险人允许的驾驶人及其家庭成员的人身伤亡、所有或代管的财产损失；本车上其他人员的人身伤亡或财产损失。

（2）下列原因造成的对第三者的损害赔偿责任，保险人不予赔偿：地震、战争、军事冲突、恐怖活动、暴乱、扣押、收缴、没收、政府征用、竞赛、测试、修理、养护期间，利用机动车从　事违法活动，驾驶人饮酒、吸食或注射毒品等。

（3）下列损失和费用，保险人不负责赔偿：被保险车辆发生意外事故致使第三者因停业、停驶、停电、停水、停气、通信或网络中断、数据丢失、电压变化等造成的损失以及其他各种间接损失；精神损害赔偿；因污染（含放射性污染）造成的损失；被保险车辆被盗抢、抢劫、抢夺期间造成的第三者人身伤亡或财产损失；被保险人或其允许的驾驶人员故意行为造成的损失；仲裁或诉讼费用以及其他相关费用；第三者财产因市场价格变动造成的贬值、修理后因价值降低引起的损失。

（4）应当由交强险赔偿的损失和费用，保险人不负责赔偿。保险事故发生时，被保险车辆未投保交强险或交强险合同已经失效的，对交强险各分项赔偿限额以内的损失和费用，保险人不负责赔偿。

（四）免赔率

保险人在依据本保险合同约定计算赔款的基础上，在保险单载明的责任限额内，按照下列方式免赔：被保险机动车一方负次要事故责任的，实行5%的事故责任免赔率；负同等事故责任的，实行10%的事故责任免赔率；负主要事故责任的，实行15%的事故责任免赔率；负全部事故责任的，实行20%的事故责任免赔率；违反安全装载规定的，实行10%的绝对免赔率。

（五）第三者责任保险的赔偿限额

赔偿限额是保险人计算保险费的依据，是保险人承担第三者责任保险每次事故赔偿的最高限额。赔偿限额由投保人和保险人在投保时按10万元、20万元、50万元、100万元和1 000万元的档次协商确定。

（六）第三者责任保险的赔偿处理

被保险车辆发生第三者责任事故时，按《中华人民共和国道路交通安全法》和有关法律、法规及保险合同的规定，在保险单载明的赔偿限额内核定赔偿数额。其具体计算公式为：

（1）当（第三者损失金额−交强险分项赔偿限额）×事故责任比例≥每次事故赔偿限额时：

赔款=每次事故赔偿限额×（1−事故责任免赔率）×（1−绝对免赔率之和）

（2）当（第三者损失金额−交强险分项赔偿限额）×事故责任比例<每次事故赔偿限额时：

$$赔款=\left(\frac{第三者}{损失金额}-\frac{交强险分项}{赔偿限额}\right)\times\frac{事故责任}{比例}\times\left(1-\frac{事故责任}{免赔率}\right)\times\left(1-\frac{绝对免赔率}{之和}\right)$$

第三者责任保险为连续责任，即被保险车辆发生第三者责任保险事故，保险人给予赔偿后，每次的赔偿金额不论是否达到赔偿限额，在保险期内，第三者责任保险的保险责任依然有效，直至保险期限届满。

保险人对第三者人身伤亡或财产损失负责赔偿的费用包括死者丧葬费、抚恤费，伤残者医疗费、护理费和生活补助，遭损毁的车辆和财产损失，死者、伤残者家属或代理人在处理事故期间的误工费和交通住宿费等。

五、车上人员责任险
（一）车上人员保险的保险责任

在保险期间内，被保险人或其允许的驾驶人在使用被保险机动车过程中发生意外事故，致使车上人员遭受人身伤亡，且不属于免除保险人责任的范围，依法应当对车上人员承担的损害赔偿责任，保险人依照本保险合同的约定负责赔偿。

（二）车上人员保险的事故责任比例

保险人依据被保险机动车一方在事故中所负的事故责任比例，承担相应的赔偿责任。

被保险人或被保险机动车一方根据有关法律、法规规定选择自行协商或由公安机关交通管理部门处理事故未确定事故责任比例的，按照下列规定确定事故责任比例：被保险机动车一方负主要事故责任的，事故责任比例为70%；被保险机动车一方负同等事故责任的，事故责任比例为50%；被保险机动车一方负次要事故责任的，事故责任比例为30%。涉及司法或仲裁程序的，以法院或仲裁机构最终生效的法律文书为准。

（三）车上人员保险的责任免除

（1）下列情况下，不论任何原因造成的人身伤亡，保险人均不负责赔偿：事故发生后，被保险人或其允许的驾驶人故意破坏、伪造现场、毁灭证据；事故发生后，驾驶人在未依法采取措施的情况下遗弃被保险机动车离开事故现场；不合格驾驶员驾驶车辆；非被保险人允许的驾驶人驾驶车辆。

（2）被保险机动车有下列情形之一者，保险人不负责赔偿：发生保险事故时被保险机动车行驶证、号牌被注销，或未按规定检验，或检验不合格；在被扣押、收缴、没收、政府征用期间；在竞赛、测试期间，或在营业性场所维修、保养、改装期间；在全车被盗窃、被抢劫、被抢夺、下落不明期间。

（3）下列原因导致的人身伤亡，保险人不负责赔偿：地震及其次生灾害、战争、军事冲突、恐怖活动、暴乱、污染（含放射性污染）、核反应、核辐射；被保险机动车被转让、改装、加装或改变使用性质等，被保险人、受让人未及时通知保险人，且因转让、改装、加装或改变使用性质等导致被保险机动车危险程度显著增加；被保险人或驾驶人的故意行为。

（4）下列人身伤亡、损失和费用，保险人不负责赔偿：被保险人及驾驶人以外的其他车上人员的故意行为造成的自身伤亡；车上人员因疾病、分娩、自残、斗殴、自杀、犯罪行为造成的自身伤亡；违法、违章搭乘人员的人身伤亡；罚款、罚金或惩罚性赔款；精神损害抚慰金；应当由机动车交通事故责任强制保险赔付的损失和费用。

（四）车上人员责任险的免赔率

保险人在依据本保险合同约定计算赔款的基础上，在保险单载明的责任限额内，按照下列方式免赔：被保险机动车一方负次要事故责任的，实行5%的事故责任免赔率；被保险机动车一方负同等事故责任的，实行10%的事故责任免赔率；被保险机动车一方负主要事故责任的，实行15%的事故责任免赔率；被保险机动车一方负全部事故责任或单方肇事事故的，实行20%的事故责任免赔率。

（五）车上人员责任险的责任限额

驾驶人每次事故责任限额和乘客每次事故每人责任限额由投保人和保险人在投保时协商确定。投保乘客座位数按照被保险机动车的核定载客数（驾驶人座位除外）确定。

（六）车上人员责任险的赔款计算

对于每座的受害人，当（每座车上人员人身伤亡损失金额−应由交强险赔偿的金额）×事故责任比例≥每次事故每座赔偿限额时：

赔款＝每次事故每座赔偿限额×（1−事故责任免赔率）

对于每座的受害人，当（每座车上人员人身伤亡损失金额−应由交强险赔偿的金额）×事故责任比例<每次事故每座赔偿限额时：

$$赔款＝\left(\begin{array}{c}每座车上人员人身\\伤亡损失金额\end{array}-\begin{array}{c}应由交强险\\赔偿的金额\end{array}\right)×\begin{array}{c}事故责任\\比例\end{array}×\left(1-\begin{array}{c}事故责任\\免赔率\end{array}\right)$$

保险人按照《道路交通事故受伤人员临床诊疗指南》和国家基本医疗保险的同类医疗费用标准核定医疗费用的赔偿金额。未经保险人书面同意，被保险人自行承诺或支付的赔偿金额，保险人有权重新核定。因被保险人原因导致损失金额无法确定的，保险人有权拒绝赔偿。保险人受理报案、现场查勘、核定损失、参与诉讼、进行抗辩、要求被保险人提供证明和资料、向被保险人提供专业建议等行为，均不构成保险人对赔偿责任的承诺。

六、附加险

附加险条款的法律效力优于主险条款。附加险条款未尽事宜，以主险条款为准。除附加险条款另有约定外，主险中的责任免除、免赔规则、双方义务同样适用于附加险。

（一）新增加设备损失险

投保了机动车损失保险的机动车，可投保本附加险。在保险期间内，投保了本附加险的被保险机动车因发生机动车损失保险责任范围内的事故，造成车上新增加设备的直接损毁，保险人在保险单载明的本附加险的保险金额内，按照实际损失计算赔偿。保险金额根据新增加设备投保时的实际价值确定。新增加设备的实际价值是指新增加设备的购置价减去折旧金额后的金额。

（二）车身划痕损失险

投保了机动车损失保险的机动车，可投保本附加险。

1.保险责任

在保险期间内，投保了本附加险的机动车在被保险人或其允许的驾驶人使用过程中，发生无明显碰撞痕迹的车身划痕损失，保险人按照保险合同约定负责赔偿。

2.责任免除

下列情况下，保险人不承担赔偿责任：

（1）被保险人及其家庭成员、驾驶人及其家庭成员的故意行为造成的损失。

（2）因投保人、被保险人与他人的民事、经济纠纷导致的任何损失。

（3）车身表面自然老化、损坏、腐蚀造成的任何损失。

3.保险金额

保险金额一般为2 000元、5 000元、10 000元和20 000元，由投保人和保险人在投保时协商确定。每次赔偿实行15%的绝对免赔率，不适用主险中各项免赔率、免赔额的约定。

（三）修理期间费用补偿险

只有在投保了机动车损失保险的基础上方可投保本附加险。

1.保险责任

保险期间内，投保了本条款的机动车在使用过程中，发生机动车损失保险责任范围内的事故，造成车身损毁，致使被保险机动车停驶，保险人按保险合同约定，在保险金额内向被保险人补偿修理期间费用，作为代步车费用或弥补停驶损失。

2.责任免除

下列情况下，保险人不承担修理期间费用补偿：

第一，因机动车损失保险责任范围以外的事故而致被保险机动车的损毁或修理。

第二，在非保险人认可的修理厂修理时，因车辆修理质量不合要求造成返修。

第三，被保险人或驾驶人拖延车辆送修期间。

3.保险金额

本附加险的保险金额计算公式如下：

本附加险保险金额=补偿天数×日补偿金额

其中，补偿天数及日补偿金额由投保人与保险人协商确定并在保险合同中载明，每次事故的绝对免赔额为1天的赔偿金额，保险期间内约定的补偿天数最高不超过90天；不适用主险中各项免赔率、免赔额的约定。

（四）车上货物责任险

投保了机动车第三者责任保险的机动车，可投保本附加险。在保险期间内，发生意外事故致使被保险机动车所载货物遭受直接损毁，依法应由被保险人承担的损害赔偿责任，保险人负责赔偿。责任限额由投保人和保险人在投保时协商确定。

（五）精神损害抚慰金责任险

只有在投保了机动车第三者责任保险或机动车车上人员责任保险的基础上方可投保本附加险。在投保人仅投保机动车第三者责任保险的基础上附加本附加险时，保险人依据法院判决及保险合同约定只负责赔偿第三者的精神损害抚慰金；在投保人仅投保机动车车上人员责任保险的基础上附加本附加险时，保险人依据法院判决及保险合同约定只负责赔偿车上人员的精神损害抚慰金。每次事故赔偿限额由保险人和投保人在投保时协商确定。

（六）不计免赔率险

投保了任一主险及其他设置了免赔率的附加险后，均可投保本附加险。保险事故发生后，按照对应投保险种约定的免赔率计算的、应当由被保险人自行承担的免赔金额部分，保险人负责赔偿。但主险中列明"绝对免赔"的部分不适用本附加险。

（七）指定修理厂险

投保了机动车损失保险的机动车，可投保本附加险。投保了本附加险后，机动车损失保险事故发生后，被保险人可在指定修理厂进行修理。

案例分析 7-3

新能源汽车电池起火：保险如何界定责任？

"新能源汽车的'三电系统'（电池、电机、电控）与传统燃油车的风险特征存在本质差异。"中国保险行业协会车险专委会副主任李有祥在接受《中国保险报》采访时指出，2023年新能源汽车火灾事故同比增长67%，但行业缺乏统一的定损标准。

【案情】

2023年8月，深圳某品牌电动汽车在充电站自燃，车主投保的平安新能源汽车商业险拒赔。中国平安财产保险股份有限公司辩称：根据《新能源汽车商业保险专属条款》，"车辆电池热失控引发的火灾"属于除外责任，除非能证明存在第三方过失。车主则认为电池质量问题应由制造商负责，保险公司应先行赔付。该纠纷引发行业关注，中国消防救援学院实验数据显示：新能源车电池燃烧速度较传统燃油车快3倍，平均扑救时间超过20分钟，导致车辆全损率高达85%。

【分析】

中国人民财产保险股份有限公司车险部负责人建议消费者：投保时重点确认"新能源汽车损失保险"是否包含三电系统保障，并定期检查电池健康度（SOC值低于70%时建议维修），同时发现异常发热立即靠边停车，使用专用灭火器（禁止用水扑救）。

据中国银保监会统计，2023年新能源汽车保险报案量达12.7万件，其中电池相关理赔占比38%。工信部最新数据显示，我国新能源汽车市场渗透率已超35%，但配套的保险服务体系尚未完善。

资料来源：李有祥. 新能源汽车保险发展现状与挑战［J］. 保险理论与实践，2023（10）：45-52.

任务五　其他财产损失保险

一、运输工具保险

任务四介绍了机动车辆保险，本任务的运输工具保险主要介绍船舶保险和飞机保险。

（一）船舶保险

船舶保险是以各种类型的船舶作为保险标的，承保船舶在航行和停泊期间发生各种保险事故所造成的全部或部分损失以及可能引起的责任赔偿。船舶保险的主要险种有全损险和一切险，另有附加险，即船舶战争险、罢工险。

全损险主要承保由海上风险、火灾或爆炸、来自船外的暴力盗窃或海盗行为、抛弃货物、核装置或反应堆发生的故障或意外事故以及因船员疏忽或过失所致的损失。

一切险包括由于上述风险造成船舶的部分损失，以及碰撞责任、共同海损、救助费用和施救费用。

除外责任是指由于被保险船舶不适航、被保险人及其代表的疏忽或故意行为、被保险人未做到恪尽职守和战争险、罢工险的保险责任。

我国的船舶战争险和罢工险是船舶保险的附加险，只有在投保船舶全损险或一切险后才能向保险人投保，主要对由战争、罢工、民变等类似政治行为引起的损失予以赔偿。

（二）飞机机身保险

飞机机身保险是现代航空保险的一种。飞机机身保险承保对象包括机壳及其设备、仪器和特别安装的附件等。保险公司负责赔偿除外责任以外的任何原因造成的飞机损失或损害，即以一切险方式承保。

除外责任包括：非法目的使用飞机；参加竞赛等危险飞行；在规定航线以外的不合格机场降落、迫降；战争、罢工、民变、劫持；被保险人及其代理人的恶意行为；飞机机件的自然磨损；不合格驾驶员驾驶飞机。

二、货物运输保险

货物运输保险，是指在承保运输中货物因自然灾害或意外事故所致损失的保险。货物运输保险按货物运输方式，可分为海上货物运输保险、陆上货物运输保险、航空货物运输保险、邮包保险以及联运保险。货物运输保险的期限多以一次航程或运程计算。凡在货物运输中具有保险利益的人均可投保，如货主、发货人、托运人、承运人等。货物运输保险承保的危险事故包括雷电、海啸、地震等自然灾害，船舶搁浅、触礁、沉没、失踪、碰撞等意外事故，火灾、偷窃、短量、破碎、船长船员恶意行为等外来危险等。在中国，货物运输保险按适用范围可分为涉外海洋货物运输保险与国内货物运输保险两大类。货物运输保险除设有基本险外，还有附加险、特别附加险、特殊附加险等多种。

（一）海洋货物运输保险

海洋货物运输保险是保险人以海上运输的货物为保险标的，当货物在运输过程中发生自然灾害和意外事故造成的经济损失负赔偿责任的保险。我国海洋货物运输保险的主要险别有：

1.平安险

平安险简称 F.P.A.，国际上称为"不包括单独海损险"。保险人承担因自然灾害和意外事故造成货物的全部损失，运输工具遭受灾害事故而造成货物的部分损失以及有关费用的赔偿责任。

2.水渍险

水渍险简称 W.P.A.，国际上称为"包括单独海损险"。保险人除承担平安险的责任外，还承担因自然灾害事故造成货物部分损失的赔偿责任。

3.一切险。

保险人除承担平安险和水渍险的保险责任外，还承担各种外来原因，如短少、短量、渗漏、碰损、钩损、雨淋、受潮、发霉、串味等造成货物的全部损失或部分损失的赔偿责任。

此外，我国海洋货物运输保险还有附加险，包括战争险和罢工险等。

（二）国内货物运输保险

国内货物运输保险是以在国内运输过程中的货物为保险标的，在标的物遭遇自然灾害或意外事故所造成的损失时给予经济补偿。国内货物运输保险按照运输方式可分为直运货物运输保险、联运货物运输保险、集装箱运输保险；按照运输工具可分为水上货物运输保险、陆上货物运输保险、航空货物运输保险。从保障范围来看，国内货物运输保险要比普通财产保险广泛得多。当发生保险责任范围内的灾害事故时，普通财产保险仅负责被保险财产的直接损失以及为避免损失扩大采取施救、保护等措施而产生的合理费用。

三、工程保险

工程保险是对建筑工程、安装工程及各种机器设备因自然灾害和意外事故造成物质财产损失和第三者责任进行赔偿的保险。它是以各种工程项目为主要承保对象的保险。工程保险是财产保险的引申和发展，起源于英国，在第二次世界大战后迅速发展起来，已被公认为保障建筑工程质量和安全最为有效的方式之一。

工程保险是以在建工程作为承保对象，以在建工程相关的经济利益作为保险标的的一种综合性保险业务。工程保险的主要险种有建筑工程保险、安装工程保险、机器损害保险和锅炉保险等。在我国，工程保险以建筑工程保险和安装工程保险为主。

（一）建筑工程保险

建筑工程保险通常是以一切险的形式承保，即财产保险和责任保险的综合保险。现在开展较多的是建筑工程一切险。建筑工程一切险开始承保的对象主要是三资企业、补偿贸易、外汇贷款和其他利用外资的建筑工程，以及我国对外承包工程、援建工程。随着业务的发展，其保险对象扩展到各类民用、工业用和公用事业的土木建筑工程项目，如住宅、旅馆、商店、工厂、道路、码头、仓库、水库、桥梁、管道等。

（二）安装工程保险

安装工程一切险承保新建或扩建的企业的机器设备或钢结构建筑物在安装期间造成的物质损失、费用和对第三者损害的赔偿责任。安装工程一切险和建筑工程一切险适用范围相同，但在保险标的的价值变化、风险来源、试车风险和对设计错误承担的责任等方面有不同之处。

四、特殊风险保险

特殊风险保险是指那些投资极为昂贵、技术极为复杂和风险极为巨大的险种，如航天保险、核电站保险、石油开发保险等。

（一）航天保险

航天保险是对航天产品包括卫星、航天飞机、运载火箭等在发射前的制造、运输、安装以及发射时和发射后的轨道运行提供保险保障。航天保险是一项综合性保险业务，将承保的风险由地面直接扩展到遥远的太空。它承担了航天产品进入太空前后遇挫或遭灾受损的经济补偿责任。

航天保险开始于1965年，英国劳合社保险集团承保了美国国际通信卫星公司的卫星发射保险，从而打开了航天保险的大门，使得保险与航天事业结下了不解之缘。经过多年的发展，航天保险已成为国际保险市场的一项独特的高级保险业务。

航天保险大致分为物质保险、收益损失保险和第三者责任保险三类。

（二）核电站保险

核电站保险是现代高科技迅速发展的产物。第二次世界大战结束后，为解决能源

不足的问题，许多国家对民用核能工业日益重视，并把核能发电工程列入国民经济中
优先发展的项目加以考虑。然而，随着一座座核电站拔地而起，核能工程中的风险对
人类的威胁也不断出现。例如，1986 年切尔诺贝利核电站发生爆炸事故，当即死亡、
伤残人数达 300 多人，直接经济损失 100 多亿美元；4 年后，仍有近 400 万居民生活在
有核污染的地区。迫于此情况，政府又不得不拨款 260 亿美元以加速疏散居民和补偿
致残人员。

1956 年，为了研究核能工程保险的有关问题，英国首先成立了核能保险委员会，
并论证了核能工程保险的可能性。1957 年，英国首先正式成立了核能保险集团、专门
经营核能保险业务，劳合社成员也很快成为该集团的主要成员。随后，西欧各国、美
国、日本等国也成立了核能保险集团。目前，全世界大约有 20 多个国家成立了核能保
险集团，使各国民用核能工程更加完善。

核电站保险主要有物质保险和第三者责任险两大类。其中，物质保险具体包括财产
保险、安装工程保险、核原料运输保险、机械故障保险。

五、农业保险

农业保险泛指种植业保险和养殖业保险，是保险人对被保险人从事种植业和养殖业
生产过程中，因遭受自然灾害和意外事故所受到的经济损失提供经济补偿的一种保险
服务。

（一）种植业保险

1.农作物保险

农作物保险是以人工种植的各种农作物为标的的保险，包括粮食作物保险（主要承
保谷类、麦类、薯类和豆类作物）、经济作物保险（主要承保棉花、麻类、油类、甘蔗
等糖类、烟和药用类作物）、园艺作物保险（主要承保瓜果、蔬菜和花卉等作物）。农作
物保险可以只承保一项风险，也可以承保混合责任和一切风险责任。在保险标的上，可
以是农作物收获量产值的保险，即以近 3 年平均年产量的收获价值的 5~7 成作为保险金
额，若作物因受灾致损，其不足保额部分，由保险公司赔偿其差额；也可以是农作物生
产成本保险，即以种植作物的生产成本为保险标的，保险公司负责在种植成本费用范围
内对作物遭灾后的实际成本损失给予赔偿。

2.林木保险

林木保险是以林木为保险标的的保险。凡是生长在森林中的树木、砍伐后尚未集中
存放的原木以及竹林都可以参加林木保险。林木在生长过程中可能遇到的自然灾害、意
外事故，其可计算的直接经济损失都可列为保险责任。林木保险作为保障林业生产正常
发展的必要手段之一，有助于及时从经济上补偿林木的意外损失，保证森林资源的再生
产；有助于进一步完善林业生产体制，加强护林防火，保障林业生产者经营的稳定，安
定林农生活。

（二）养殖业保险

1.畜禽保险

畜禽保险是以有生命的畜禽类为承保对象的养殖业财产保险。根据保险标的的不同

特点和不同养殖方式，畜禽保险可分为大牲畜保险、中小家畜保险、牧畜保险和家禽保险四类。

2.水产养殖保险

水产养殖保险是由保险机构为水产养殖者在水产养殖的过程中，对遭受自然灾害和意外事故所造成的经济损失提供经济保障的一种保险。其中，水产养殖是指利用海洋水域、滩涂和内陆水域中的可养面积，对鱼、虾、蟹、贝、藻类及其他水生经济动植物进行人工投放苗种、饵料和经营管理，以获取相应产品的生产活动，分为淡水养殖和海水养殖。

☑ 知识拓展 7-2

特色农险为乡村振兴保驾护航

推动基础设施向农村延伸，提高农村基本公共服务水平，持续改善农村人居环境，实施文明乡风建设工程……2024年底召开的中央农村工作会议作出一系列部署，提出要进一步推动巩固拓展脱贫攻坚成果同乡村振兴有效衔接。在这一进程中，保险业充分发挥金融保险的专业优势，以农业保险为重要抓手，助力乡村振兴。

因地制宜　织密农业保护网

记者从广东省东莞市农业农村局了解到，近日，东莞市农业保险工作小组围绕市内优势特色产业，推出政策性水产养殖综合保险、政策性水产品价格指数保险、政策性荔枝气象指数保险三个农业保险创新险种。据悉，这三个政策性创新险种中，水产养殖综合保险在原水产疫病、大灾责任基础上引入气象指数赔付机制，扩大了保险责任范围，简化了理赔流程，更加科学地保障农户利益。水产品价格指数保险是东莞市首款政策性价格指数类农业保险，保障因市场价格波动造成的农户经济损失，促进农民增收。荔枝气象指数保险通过划分不同等级降雨指数、制定差异化的赔付标准，有效提升保险保障的精准性，为农户提供更加全面的风险保障。截至2025年1月20日，上述三个创新险种均已落地"首单"，总保额达783万元。具体而言，东莞市保险行业已在沙田镇落地水产品价格指数保险，为5 000斤南美白对虾提供价格保障；在道滘、沙田等镇落地水产养殖综合保险，为725亩四大家鱼等水产品提供疫病及气象灾害损失保障；在茶山、清溪、塘厦等镇落地荔枝气象指数保险，为220亩荔枝提供气象灾害损失保障。特色农业保险产品是保险业发挥专业优势支持地方特色产业发展的重要抓手。近年来，保险业持续推动农业保险"扩面、增品、提标"，不断完善以政策性农业保险为基础的多层次农业保险保障体系。财政部最新数据显示，2024年我国农业保险保费规模超1 500亿元。其中，中央财政安排奖补资金68亿元，支持西藏藏鸡、宁夏枸杞、陕西苹果、广东荔枝、贵州茶叶、湖北小龙虾等逾500种特色农产品保险发展。

科技赋能　提升农险服务效能

"特色农产品是农民收入的重要来源。发展特色农产品，是助力农民增收、推动乡村产业振兴的重要举措。"不过，业内人士表示，由于特色险种覆盖面小，难以实现规模化发展，导致很多特色农产品缺乏足够的历史数据用于承保、理赔的精算。这在一定程度上影响了特色农产品保险定价的准确性及理赔的精确性。

如何突破发展困境，有效解决特色农产品数据缺乏的难题？

记者注意到，数字化技术赋能，成为当前推动特色农产品保险规模化、持续化、精准化发展的有效"辅助"，也是推进精准理赔的必要手段。近年来，多家保险公司致力于强化科技赋能，在精准投保、勘灾定损、精准理赔等全流程上下了诸多功夫。中国太保不仅深入推广"网上办""预约办""上门办"等服务模式，自主开发微信小程序，实现农户自主投保、理赔和信息精准采集，而且还通过自主研发的"e农险-慧眼无人机平台"的航拍测亩、打点测亩等功能，标准化采集查勘影像，定损到亩，推动精准承保理赔。平安产险依托"鹰眼"系统、"爱农宝"App等科技平台，密切跟踪天气变化，为农户提供风险预警、作物长势监测、防灾救损等服务；同时，利用大数据分析和智能监测系统，精准预测低温冻害可能对农作物和养殖业造成的风险，通过短信、微信公众号、电话等多种渠道，及时向农户和农业企业发布低温冻害预警信息。中国保险行业协会发布的《保险业高质量服务乡村振兴蓝皮书（2024）》显示，2023年，保险公司在科技应用方面累计投入资金近2.25亿元，主要用于空间信息技术、AI识别、人工智能、物联网等科技手段应用，构建农业生产、风险信息数据共享平台。"与其他保险市场不同，农业保险蕴含着巨大的市场空间和发展张力，在科技的助推下，农业保险能让种植户、保险公司等多方受益，目前看来仍然属于'蓝海'。"在中华财险副总经理李友意看来，农业保险将向数字化转型。全面推进农业保险数字化转型升级，要加快数字技术的应用及场景的搭建，提供更加多样化、个性化的农业保险服务，尤其是通过数字技术进一步提高农业保险精准投保理赔能力。上述业内人士进一步对记者表示，在市场需求的驱动下，农业保险在保障范围、保障程度、保障类型等维度都将实现拓展延伸，如针对新型农业经营主体的快速发展，可以为家庭农场、农业合作社、农业大户等定制开发保障更为全面的专属产品；从服务农业产业链角度，推进农业保险向全面风险保障转变，创新更多产量保险、收入保险、指数保险等产品，保障链条也可从农业生产向播种、收获、运输等领域延展，以持续提高农业保险的保障深度和广度。

资料来源：李丹琳. 特色农险为乡村振兴保驾护航［N］. 金融时报，2025-02-19.

知识掌握

1. 简述广义财产保险和狭义财产保险的内容。
2. 财产损失保险合同有哪些主要条款？
3. 比较企业财产保险和家庭财产保险的异同。
4. 简述机动车辆保险的四个主险分别保障的风险。
5. 简述机动车辆保险附加险的主要功能。
6. 如何理解财产保险是一种社会化经济补偿制度？

知识应用

• 案例分析

案例一   汽车进水是否属于保险理赔范围

2023 年 12 月，李某在某保险公司为其购买的小型汽车投保了商业险。其中，机动车损失险的保险金额为 20 万元，保险期限为 1 年。2024 年 5 月，李某驾车突遇暴雨，汽车在行进中发动机进水突然熄火，又遇树枝下落，砸碎车窗玻璃，随即李某向保险公司报险。李某将投保的小型汽车送修，因发动机进水造成损失，支出修理费 3 万元。双方对投保汽车发动机因进水产生的维修费用该由谁承担产生争议。

问题：发动机进水和玻璃破损是否属于保险公司的理赔范围？

案例二   雪压鸡舍的损失由谁承担

2018 年 8 月，戴某与某畜牧公司合作养鸡，双方约定由畜牧公司与养殖户共同出资建造鸡舍，合作饲养鸡不得少于 5 年，5 年期满后鸡舍产权归养殖户戴某所有。2023 年 4 月，该畜牧公司以自己的名义为鸡舍向某保险公司投保财产保险，保险期限至 2024 年 4 月，所产生的保费由该畜牧公司向养殖户戴某收取。2023 年 8 月，双方合作期满 5 年，经协商终止了合作养鸡关系，鸡舍的所有权也归养殖户戴某所有，随即该畜牧公司与某保险公司解除了保险合同关系。2024 年 1 月，因连降大雪，鸡舍被积雪损坏。戴某认为自己已经向该畜牧公司缴纳了鸡舍 1 年的财产保险费用，应当由畜牧公司赔偿其损失。

问题：在本案中，保险公司是否应该进行赔付？为什么？

项目八
责任、信用及保证保险

学习目标

知识目标：了解责任保险的概念、社会功能及特点；明确责任保险的共同规定。

技能目标：掌握责任保险的主要种类；了解信用保险和保证保险的概念和特点。

素养目标：通过责任、信用及保证保险业务及其经典案例的介绍，进一步强化学生的职业道德教育，提升做人做事的责任意识和信用意识。

任务一　责任保险

一、责任保险的概念、社会功能及特点

（一）责任保险的概念

微课8-1

责任保险是指以被保险人依法应负的民事损害赔偿责任或经过特别约定的合同责任作为承保责任的一类保险。企业、团体、家庭或个人均可以作为投保人。被保险人在日常工作中，由于过失行为造成他人的损害，或无过错但依照法律应承担赔偿责任，在接到赔偿要求时，由保险人承担保险责任。

在生活中工人的误操作导致工伤、注册会计师的计算错误给委托人带来的损失、啤酒厂的啤酒瓶爆炸给消费者带来的伤害等都可以通过投保相应的责任保险，将责任风险损失转嫁给保险公司。任何企业和个人在生产经营和平常生活中都会遇到各种责任风险，投保责任保险是一种积极应对风险的措施。

（二）责任保险的社会功能

1.责任保险提高了责任人的赔偿能力

在损害事故中，由于赔偿能力的不同，受害人在被不同财力的自然人、法人加害时的赔偿情况是不相同的。被富人所伤害比被穷人所伤害要"幸运"得多，因为富人可以拿出更多的钱补偿受害者。责任保险的出现有利于改变这种不公平的状况，被保险人因过失致人损害而应当承担的赔偿责任属于保险范围，保险人应当承担保险责任。责任保险对于提高被保险人承担民事赔偿责任的能力具有显著的价值。

2.责任保险保证了受害人的赔偿利益

在很多国家，如英国，机动车事故的受害人可以取得对保险人的直接请求权，即保

险人在被保险人致人损害而应当承担赔偿责任时，有权依照保险合同的约定或法律的规定，直接向受害人给付保险赔偿金。我国现行立法虽然没有规定受害人的直接请求权，但依照《保险法》的有关规定，保险人可以依照法律规定或合同的约定，直接向受害人赔偿保险金。鉴于这样的制度设计，责任保险可以确保受害人获得一定的赔偿，其所体现的公共利益色彩较为浓厚。总体来看，在现代责任保险制度中，受害人的利益因责任保险而得到特别的尊重，这已经成为责任保险法律制度的发展趋势。

3.责任保险具有强化风险管理、预防损害发生的功能

保险人在承保责任保险后，有义务和责任向被保险人提供防灾防损的风险管理服务。保险公司利用自身风险管理的经验，借助社会有关力量，督促被保险人采取相关措施减少损害事故的发生。投保人和被保险人对责任的防范和义务等均在保险单中给予了明确规定，在保险合同履行过程中，保险人有权根据保险合同的规定对被保险人进行监督检查。同时，保险公司通过对危险的条件、状态等进行评估，可以采取承保、拒保、调整保险费等不同方法，从而强化投保人的守法意识，避免或减少保险事故的发生。

4.责任保险是社会稳定器和经济助推器

通过责任保险制度，可以推动风险管理制度的完善，并且在保险事故发生后，责任人有更强的赔偿能力，受害人可以获得更多的经济补偿。在我国的社会主义市场经济体制下，责任保险制度对和谐各方关系、安定社会秩序、促进经济发展无疑具有重大的意义。同时，责任保险也有利于改变事无巨细大包大揽的行政管理模式，使责任保险这种社会互济互利的制度得以普及和发展。

（三）责任保险的特点

1.从保险标的来看

从保险标的来看，责任保险的标的不是具体的财产物资，也不是人的生命和健康，而是被保险人对第三者依法应负的民事赔偿责任。责任保险和法律法规的发展完善密切相关。随着各种法律法规的出台，相关责任的划分就会变得明确、清晰，被保险人就必须依靠责任保险相应的险种来转嫁风险。

2.从赔偿对象来看

从赔偿对象来看，责任保险的直接目的是补偿被保险人因承担民事赔偿责任造成的经济损失。从资金流动的最终方向来看，是流向民事赔偿责任的受害人。《保险法》规定，责任保险可直接向受害人支付赔偿保险金。宏观上责任保险分担转嫁了被保险人的风险，保障了受害人的利益，最终维护了社会的稳定。因此，责任保险的一些险种在许多国家是强制实施的，其目的在于保障受害人的利益。

3.从保障风险的额度来看

从保障风险的额度来看，责任保险的保障额度是依据相对应的民事赔偿责任来定的，其赔偿的有无和金额的大小，除了要看是否给他人造成财产、人身损害和损害程度以外，还要取决于相关法律的规定。因此，责任保险的赔偿金额比财产保险和人身保险有更大的不确定性。责任保险只规定责任限额，没有规定确定的保险金额。

二、责任保险的共同规定

（一）保险责任范围

1.责任保险的保险责任

责任保险的保险责任是责任保险保障的内容，一方面，是指被保险人在从事民事活动中，由于疏忽、过失或违反合同给第三人造成损害，依据法律和合同应承担的民事损害赔偿责任由保险人在约定的限额内负责赔偿；另一方面，在被保险人的要求下并经过保险人的同意，责任保险又可以承保超额民事损害赔偿责任范围的风险，如在航空事故中，即使航空公司无任何过错，只要旅客在飞行中遭受了人身伤害或财产损失，航空公司也得承担经济上的赔偿责任。这种无过错责任超出了一般民事损害的范围，但保险公司通常也将其纳入承保范围。

具体的保险责任如下：

（1）被保险人或其代理人或其雇员在民事活动中，因侵权行为或违反法定义务或者合同义务，应依法或依合同约定承担的民事损害赔偿责任。

（2）被保险人为减少保险责任发生带来的损失，而进行的相应施救行为所支付的必要、合理费用。

（3）责任保险发生后，为确定被保险人承担责任发生的相关法律诉讼费用，以及事先经过保险人同意支付的其他费用，包括案件受理费、律师费、事故鉴定费、案件调查费等。

只有当保险合同中约定的责任事故发生后，且受害者向致害者（被保险人）提出损害赔偿请求后，才能构成责任保险单项下的保险责任。

2.责任保险的免除责任

不同类别的责任保险对免除责任有着不同的规定，下列为责任保险免除责任的共同规定：

第一，绝对责任免除。责任保险承保的是被保险人应承担的民事赔偿责任，因此被保险人的道德取向，会给责任保险带来不确定因素。《保险法》第二十七条规定，投保人、被保险人故意制造保险事故的，保险人有权解除保险合同，不承担赔偿或者给付保险金的责任。

第二，责任保险的具体免除责任：战争、类似战争、军事行动、罢工等；核风险（核责任保险除外）；被保险人的故意行为；被保险人的家属、雇员的财产损失或人身伤害（雇主责任险除外）；被保险人与他人的共同责任，但经保险人同意负责的除外；被保险人所有、占有、使用或租赁的财产，或者由被保险人照顾、看管或控制的财产的损失。

（二）赔偿限额与免赔额

责任保险承保的是被保险人的赔偿责任，而赔偿责任在保险事故没有发生之前很难确定金额。因此，在保险实践中，责任保险均无保险金额的规定，而采用在承保时由保险双方约定赔偿限额的方式来确定保险人承担的责任限额。凡超过赔偿限额的索赔，仍需由被保险人自行承担。

责任保险的赔偿限额通常有以下几种类型：

（1）每次责任事故或同一原因引起的一系列责任事故的赔偿限额，它又可以分为财产损失赔偿限额和人身伤害赔偿限额两种。

（2）保险期内累计的赔偿限额，它可以分为累计的财产损失赔偿限额和累计的人身伤害赔偿限额。

（3）在某些情况下，保险人也将财产损失和人身伤害二者合成一个限额，或者只规定每次事故和同一原因引起的一系列责任事故的赔偿限额而不规定累计赔偿限额。

免赔额是指当保险责任事故发生后，被保险人的损害责任赔偿金在一定的约定限额内的赔偿责任由被保险人自行承担，保险人不负赔偿责任。责任保险一般都有免赔额，不同险种有不同的免赔额，甚至不同保险人签订的同一类责任保险的免赔额都有所不同。

保险人在保险单中规定免赔额的目的有两个：一是使被保险人小心谨慎和防止发生责任事故；二是减少零星赔款和降低保险成本。

（三）保险费率的厘定

保险费率是保险费计算的基础，它是根据责任保险的风险大小及损失率高低确定的。在厘定保险费率时，主要应考虑下列具体的责任风险损失因素：被保险人的业务性质、工作环境、产品种类、销售量、员工素质、产生意外损害赔偿责任事故可能性大小；赔偿限额和免赔额；营业范围、承保区域的大小；法律环境；被保险人以往的保险业务业绩。

✓ **知识拓展 8-1** --

电影保险是什么？

不知道是审美疲劳了，还是怎么回事，近几年的好莱坞影片似乎开始"卖不动"了。有些影片不仅口碑不好，票房也表现欠佳，连"碟中谍"这种IP也不例外。

《碟中谍7》从2023年7月上映到2023年9月下旬，全球票房总共5.64亿美元，但光制作成本就高达2.9亿美元。本来亏损是板上钉钉的事了，然而所谓事事有转机，派拉蒙在电影开拍前买的保险在这时就派上用场了。派拉蒙用保险获赔的7 100万美元成功实现"扭亏为盈"，甚至比票房分成还合算，完美呼应了电影的副标题"致命清算"，只是被"清算"的对象换成了保险公司。

电影保险听起来好像是个新鲜事物，但其实在国外已经建立了相当成熟且完善的体系，尤其是好莱坞，在电影开拍前，是一定要给剧组/演员/影片买保险的。

电影保险主要包括以下几种：

1.剧组成员保险

顾名思义，剧组成员保险保的是全剧组的成员，包括但不限于导演、演员、编剧、制片、摄影、动作指导等主创人员和工作人员。若因这些成员因故无法参加拍摄给电影项目造成损失或额外花费，保险公司要进行赔偿。

2. 失误保险

这是为制片方和发行方提供的责任保险，主要是为了应对无意侵犯别人版权后被告或作品被下架的情况。

3. 制作保险

这种保险保障的范围很广，比如员工赔偿、天气或者设备问题导致的电影延期拍摄或者重拍所产生的费用，都可以用它来赔付。

4. 完片担保

这个与其说是保险，其实更像一种担保机制，也是好莱坞电影保险中最重要的一环。根据相关数据，成本超过200万美元的独立制片项目里，有50%～60%采用的是完片担保。

提供完片担保的公司要保证项目能被完成和发行，所以它们需要做的事有：

如果影片超过预算，要提供超支资金；如果制片人中途无法或不愿继续完成项目，担保方要接手继续完成项目。假设完片担保方也决定放弃项目，则需要向影片投资方赔偿已经投入的资金。

"电影保险"这种产品，也变相说明了一件事：只要风险可控，保费也可以计算，没有什么是不能保的。

风险是无处不在的，但也是可以通过各种方式转移的。

资料来源：关哥. 票房不够，保险来凑——电影保险是个啥［EB/OL］.［2023-09-23］. https：//zhuanlan.zhihu.com/p/657939675.

三、责任保险的主要种类
（一）公众责任保险
1. 公众责任保险的概念

公众责任保险又称普通责任保险或综合责任保险，是承保法人、团体和家庭、个人在固定场所进行生产、经营或其他活动时，因发生意外事故而造成的他人人身伤亡或财产损失，依法应由被保险人承担的经济赔偿责任。公众责任风险是普遍存在的，如商场、宾馆、影剧院、体育馆、公园、游览观光地等各种公共场所，都可能发生意外事故，造成公众的人身伤亡或财产损失。因此，分散和转移公众责任风险，是公众责任保险产生和发展的基础。公众责任保险的适用范围非常广泛，其业务复杂、险种众多。投保人可以为工厂、办公楼、旅馆、住宅、商店、医院、学校、影剧院、展览馆等各种公众活动的场所投保公众责任保险。

2. 公众责任保险的经营实务

首先，保险人通过保险单和保险代理人等途径了解保险客户的有关情况，同时进行实地调查。调查内容为保险客户所处的地点及周围环境状况、投保人的业务性质、投保人的管理水平及人员结构、安全管理、以往公众责任事故的记录等情况，以此作为评估保险客户的公众责任风险的依据。其次，与投保人协商，根据对业务的总体风险评估，为被保险人提供或设计公众责任保险的方案，并设定附加条款，据此确定最终费率，签发保险单。在承保公众责任保险业务时，需要明确保险人的经营场所和业务性质、保险区域范围、赔偿限额与免赔额的确定方式及其具体标准、保险费率与保险费的计算、缴纳方式、被保险人全称及地址。

3.公众责任保险的主要险种

（1）场所责任保险。场所责任保险承保固定场所因存在结构上的缺陷或管理不善，或被保险人在被保险场所进行生产经营活动时因疏忽发生意外事故，造成他人人身伤害或财产损失且依法应由被保险人承担的经济赔偿责任。

（2）承包人责任保险。承包人责任保险承保承包人在进行承包（承揽）合同项下的工程或其他作业时造成他人人身伤害或财产损失而应承担的赔偿责任。在保险人的实务经营中，被保险人（承包人）的分承包人也可作为共同被保险人而获得保障。

（3）承运人责任保险。承运人责任保险承保承担各种客、货运输任务的部门或个人在运输过程中可能发生的损害赔偿责任，主要包括旅客责任保险、货物运输责任保险等。

（4）电梯责任保险。电梯责任保险承保被保险人所有、使用或管理的电梯（包括电梯、液压电梯、自动扶梯和自动人行道），在运行过程中发生意外事故造成第三者的人身伤亡或财产损失，依法应由被保险人承担的赔偿责任。

（5）个人责任保险。个人责任保险承保自然人或家庭成员因其作为或不作为，而对他人的身体及财物造成损害并因此依法应负的经济赔偿责任。任何个人或家庭都可以将自己或自己的所有物（动物或静物）或能造成损害他人利益的责任风险通过投保个人责任险而转移给保险人。主要的个人责任保险有住宅责任保险、综合个人保险和个人职业保险等。

案例分析 8-1

外卖员送餐途中撞人致残，赔偿责任谁来承担？

【案情】

上海某信息科技有限公司系"ELM""FNPS"网络服务平台的经营者，授权上海某某信息科技有限公司（甲方）与昆明某餐饮管理有限公司（乙方）签订《FNPS代理合作协议》，即甲方授权乙方使用"FNPS"系列产品在云南省昆明市内经营"FNPS"业务。

周某系乙方餐饮公司员工。2018年9月10日，上海某信息科技有限公司作为投保人，为周某向某财产保险有限责任公司投保了配送人员意外保险。保险期内，周某骑电动自行车送餐时，碰撞行人张某致其受伤，经交警部门认定，周某承担此次事故主要责任，张某承担次要责任。事发后，张某入院治疗27天，产生医疗费100 282.56元。2018年12月，经云南某司法鉴定中心鉴定，张某右髋关节功能丧失55.9%，为九级伤残，右侧第4、5、6、7前肋及左侧第2、3前肋骨折，为十级伤残，后期医疗费约为2万元。张某支出鉴定费1 800元。张某要求甲方赔偿各项经济损失13万余元，遭到拒绝。于是张某向法院提起诉讼。一审法院作出判决：由被告昆明某餐饮管理有限公司赔偿原告张某各项经济损失13万余元。该餐饮公司不服，提出上诉。

【分析】

本案的主要焦点为餐饮公司能否要求财保公司在保险责任范围内对张某承担赔偿责任。昆明市中级法院经审理后认为，就财保公司所承保的保险性质，周某作为被保险人，与财保公司建立了"ELM加盟商配送人员意外险"的保险合同，在该合同保险项目中包含"个人第三者责任"保险，保险金额为20万元。

按照保险协议约定，个人第三者责任保险指被保险人在配送服务过程中、上下班期间，因过失造成第三者人身伤亡或财产损失，依法应由被保险人承担赔偿责任，保险人按照保险合同约定在保险合同载明的责任限额内负责赔偿。

虽然本案不属于机动车交通事故责任纠纷，但是属于因道路交通事故导致的侵权责任纠纷，可依据我国道路交通法律法规和司法解释的相关规定调整规制。在财保公司承保保险属商业三者险的基础上，作为赔偿权利人的张某要求将财保公司列为本案共同被告，符合《最高人民法院关于审理道路交通事故损害赔偿案件适用法律若干问题的解释》第二十五条规定。

就财保公司应否直接向张某承担保险赔偿责任的问题，《保险法》第六十五条规定，保险人对责任保险的被保险人给第三者造成的损害，可依照法律的规定或合同的约定，直接向该第三者赔偿保险金。责任保险的被保险人给第三者造成损害，被保险人对第三者应负的赔偿责任确定的，根据被保险人的请求，保险人应直接向该第三者赔偿保险金。被保险人怠于请求的，第三者有权就其应获赔偿部分直接向保险人请求赔偿保险金。责任保险的被保险人给第三者造成损害，被保险人未向该第三者赔偿的，保险人不得向被保险人赔偿保险金。

【结论】

昆明市中级人民法院于2021年4月27日作出民事判决，撤销一审法院的民事判决，由被上诉人某财产保险有限责任公司向被上诉人张某赔偿各项损失13万余元，驳回张某的其他诉讼请求。

资料来源：吴怡. 外卖员送餐途中撞人致残，赔偿责任谁来承担？[N]. 云南法制报，2025-01-03.

（二）产品责任保险

1.产品责任保险的概念

产品责任是指产品生产者或销售者因该商品的缺陷致使消费者遭受人身伤害或财产损失时应承担的经济赔偿责任。产品责任保险就是保险人承保被保险人依法对由其生产或销售的产品在正常使用过程中，可能对消费者产生的损害而承担赔偿责任的保险。

2.产品责任保险的业务特点

（1）产品从生产者手中到消费者手中要经过许多环节，所以产品责任保险的被保险人范围比较大，产品的制造者、修理者和销售者等一切可能对产品责任事故造成的损害负有赔偿责任的法人都有投保利益，都可以成为产品责任保险的投保人和被保险人。

（2）产品责任事故的认定标准：发生产品责任事故的产品必须是提供给他人使用或用于销售的商品；产品责任事故必须发生在制造和销售该商品的场所之外。不符合上述条件的产品责任事故不属于产品责任保险的可保范围。

（3）产品责任保险的费率制定依据：产品特点及其对人体和财产可能造成的损害大小；产品的数量和价格；产品的承保区域；产品制造者的生产工艺水平和管理水平；赔偿限额的高低。

（三）雇主责任保险

1.雇主责任保险的概念

雇主责任保险是以雇主的雇员在受雇期间从事业务时因遭受意外，导致伤、残、死亡，或者患有与职业有关的职业性疾病，而依法或根据雇佣合同应由雇主承担的经济赔偿责任为承保风险的责任保险。雇主对雇员的责任包括雇主故意行为、过失行为甚至无过失行为所致雇员的人身伤害赔偿责任，但雇主的故意行为不属于雇主责任保险的承保范围。

2.雇主责任保险的业务特点

雇主责任保险的业务特点包括：

（1）保险费率的确定依据是雇员所从事工作的风险。对于同一行业基本实行统一费率。扩展责任还应另行计算收取附加责任的保险费。基本保险费加附加保险费构成总保险费用。

（2）雇主责任保险的赔偿限额通常规定为雇员的若干月的工资收入。每一个雇员由于相应的工资水平不同，因此每个雇员只适用于自己的赔偿限额。

（3）保险责任事故由第三人造成的，保险人在赔偿后可以取得代位追偿权。

案例分析 8-2

"外卖小哥"送餐受伤该向谁索赔？

【案情】

2021年4月，厦门某人力资源有限公司为12名员工向某保险公司投保了雇主责任险。保险期间内，该公司员工严某在泉州市泉港区某工地上班期间猝死，并被确认为工伤。事后，该公司与严某家属达成赔付136万元的赔偿协议，并实际支付了85万元。严某家属还另外获得近百万元的工伤保险。该公司申请保险公司理赔雇主责任险85万元时，保险公司却以工伤保险已经赔付完毕，其无须承担额外赔偿责任为由拒赔，故严某家属诉至厦门市思明区人民法院。

【分析】

思明区法院审理后认为，工伤保险是用人单位必须为职工缴费参加的基本社会保险，雇主责任险是用人单位自愿投保的商业性保险。二者相互补充，共同发挥着保障劳动者基本权益的作用，构成了我国的职业伤害保障体系。两种保险在功能定位和实际理赔上并不冲突，用人单位在投保商业保险后，雇员遭受人身损害可同时获得两种保险的保护，但商业险的理赔金额应当扣除社会保险的赔付金额。在未投保工伤保险的情形下，保险公司则应直接对雇主依法应承担的赔偿责任在保险合同约定范围内进行赔付。

【结论】

思明区法院在综合考虑保险合同的条款约定、投保雇主责任险的合同目的以及社会风险疏导与化解等因素的基础上，确认了某人力公司与严某家属所达成的136万元赔付方案。最终，在扣除工伤保险待遇数额后，支持了某人力公司的理赔请求。该案保险公司上诉后，厦门市中级人民法院二审维持原判。

资料来源：安海涛，林鸿. 雇主责任险，赔与不赔怎么"算"？［N］. 人民法院报，2024-12-03. 节选。

（四）职业责任保险

1.职业责任保险的概念

职业责任保险是指承保各种专业技术人员由于在从事职业技术工作时的疏忽或过失，造成合同对方或他人的人身伤害或财产损失的经济赔偿责任的保险。

现代社会，职业的要求越来越高，相应的职业风险越来越大。医生、会计师、律师、设计师、经纪人、代理人、工程师等专业技术人员均存在职业责任风险，需要通过投保职业责任保险来转嫁风险。

2.职业责任保险的业务特点

（1）承保方式。职业责任保险的承保方式主要有以索赔为基础的承保方式和以事故发生为基础的承保方式两种。保险人在经营职业责任保险时，应根据各种职业责任保险的不同特征并结合被保险人的要求来选择承保方式。

（2）保险人通常只接受提供职业技术服务的团体投保，并且双方在最大诚信的基础上合理确定承保方式、赔偿限额、免赔额、保险追溯日期或后延日期等事项。

（3）费率参考的依据。投保人的职业种类；投保人的工作场所；投保人工作单位的性质；该笔投保业务的数量；被保险人和其雇员的专业技术水平与工作责任心；赔偿限额、免赔额和其他承保条件；被保险人的执业记录等。

3.职业责任保险的主要险种

（1）医疗责任保险。医疗责任保险承保医务人员由于医疗责任事故而致病人死亡或残疾、病情加剧、痛苦增加等，受害者或其家属要求赔偿且依法应当由医疗方负责的经济赔偿责任。

（2）律师责任保险。律师责任保险承保被保险人或其前任作为一个律师在自己的能力范围内，在职业服务中发生的一切疏忽行为、错误或遗漏过失行为所导致的法律赔偿责任。

（3）建筑工程设计责任保险。建筑工程设计责任保险面向从事各种建筑工程设计的法人团体，承保工程设计工作中的疏忽或失职，导致所设计的工程发生质量事故，造成工程本身的物质损失及第三者的人身伤亡和财产损失，依法应由设计单位承担的经济赔偿责任。

（4）会计师责任保险。会计师责任保险承保因被保险人或其前任或被保险人对其负有法律责任的那些人，因违反会计业务上应尽的责任及义务，而使他人遭受损失，依法应负的经济赔偿责任。

此外，还有药剂师责任保险、退休人员责任保险、美容师责任保险，保险经纪人和保险代理人责任保险等多种职业责任保险。

☑ 知识拓展 8-2

大力发展会计师事务所职业责任保险市场

随着资本市场改革不断深化，行政、民事、刑事相互衔接的立体化追责体系不断完善，会计师事务所（以下简称"事务所"）承担赔偿责任呈高发常发态势。

据悉，虽然相关主管部门做了很多工作，但因为职业责任保险市场尚不成熟，事务所普遍投保不足，保障程度低，理赔难度大，未能充分发挥作用，不仅难以有效对冲审计失败风险，也使得投资者合法权益得不到应有保障。根据中国注册会计师协会统计，全国范围内事务所2022年度购买职业责任保险的保费支出总额为2.14亿元，仅为当年计提职业风险基金总额12.66亿元的17%。

2024年全国两会期间，全国人大代表、北京市证监局局长贾文勤建议相关部门高度重视事务所责任保险市场困境，培育做大市场，提升注册会计师行业风险承担和民事赔偿保障能力。

为此，贾文勤提出可以从以下三个方面着手推进相关工作。

首先是完善制度政策。具体来说，一要健全制度规定。《会计师事务所职业责任保险暂行办法》颁布于2015年，历时已久，已不适应注册制下执业形势的需要。建议相关主管部门加快修订工作，健全强制投保要求，细化完善投保、承保、理赔等具体规定，统一规范行业发展。二要加强政策引导。相关部门引导推动国内保险机构、再保险机构提升专业能力，完善保险产品，全面增进对注册会计师行业的了解和认识，培育推动行业可持续健康发展的共识，形成愿保敢保能保的良好局面。三要完善民事责任承担机制。财政部2021年10月发布的《注册会计师法修订草案（征求意见稿）》，已明确区分故意和过失情形下的不同民事赔偿责任。建议以此为蓝本，完善相关制度规定，公平合理界定会计师责任，为职业责任保险市场有序健康发展营造良好环境。同时，探索成立职业责任保险专家委员会，对履行保险合同可能产生的争议提供专家鉴定意见，为公平、合理分担民事责任提供支持。

其次是强化保险供给。一要规范保险条款。参考国际通行做法，结合国内实际，合理设置保费定价、追溯期、免赔额、赔偿限额、保险范围、免赔范围、理赔程序等关键条款，对专业术语进行明确定义。探索中国保险行业协会和中国注册会计师协会联合制定保险合同示范文本。二要丰富保险产品。推进保险产品多元化，设计针对不同类型事务所、不同审计业务的保险产品，引入直接赔付、胜诉即赔付、承保合伙人及员工等国际先进做法。

最后是推广集中投保。一要出台指导性文件。贯彻落实《国务院办公厅关于进一步规范财务审计秩序促进注册会计师行业健康发展的意见》，由中国注册会计师协会指导各地注册会计师协会根据当地实践组织事务所开展集中投保，探索差异化的统保模式，结合事务所风险类型或业务需求，分类分组设计统保方案。二要创新保险方案。针对事务所多元化需要，对其量身定制方案，推行标准化"基础险"加个性化"补充险"的保险模式。三要借鉴国际案例，总结国内经验，对推广集中投保机制予以政策支持和指导。

资料来源：樊融杰. 全国人大代表贾文勤：大力发展会计师事务所职业责任保险市场［N］. 中国银行保险报，2024-03-05.

任务二　信用保险

信用是指以偿还和付息为条件的价值单方面让渡。信用市场是为金融市场服务的从属市场，是评价信用水平、区分信用差别和提升信用等级的专门性的市场。随着市场经济的发展，金融市场的作用也越来越大。信用作为金融市场产生和发展的根本，其风险的转移已成为一个不能回避的问题，信用保险正是在此环境下孕育而生的。信用保险的技术含量高，成为保险公司在市场竞争中体现服务水平的重要手段。可以预见，随着中国金融市场的发展完善，信用保险是各个保险公司必争的一类重要业务。

一、信用保险的概念及特点

（一）信用保险的概念

信用保险是指权利人向保险人投保的义务人的信用风险的一种保险。为了方便大家理解，现以最简单的借贷信用关系来解释信用保险。权利人可以理解为债权人即借出钱的人，义务人就是债务人即借入钱的人。债权人对债务人的信用有怀疑，怕到期债务人不还钱，那么他可以找到保险人对债务人到期有可能不还钱的风险向保险人投保。保险人接不接受投保就要看其对债务人的相关信用水平进行考察的结果。保险人在决定承保后，如果债务到期债务人不履行还款责任，则保险人有义务赔偿债权人由此带来的损失，然后保险人从债权人处取得代位求偿权。

信用保险是伴随着商业信用的发展而产生的一类保险业务。它产生于19世纪中叶的欧美国家。第一次世界大战后，信用保险迅速发展，欧美国家相继成立了商业信用保险公司。随着国际贸易的发展，信用保险也走出了国界，1934年欧洲的法国、英国、意大利、西班牙四国的私营和国营信用保险机构在瑞士伯尔尼联合成立了国际信用保险协会——伯尔尼协会。此后，各国的信用保险业务逐步稳定地发展起来。伴随着全球一体化的脚步，国际贸易发展迅速，促使信用保险成为一项具有影响力的国际性保险业务。

为了鼓励我国出口企业扩大出口，为出口企业提供收汇风险保障，中国人民保险公司在1988年开办了出口信用保险业务。该险种是一项政策性保险业务。1994年成立的中国进出口银行设立了出口信用保险部，1996年10月中国人民保险公司以"观察员"身份加入了伯尔尼协会，可以说我国的信用保险，特别是出口信用保险有了较大的发展，但相对于国际发展水平还是有相当大的差距。目前，我国内地的出口信用保险由中国出口信用保险公司一家经营。

出口信用保险按付款期限长短，可分为短期出口信用保险和中长期出口信用保险。短期出口信用保险又分为综合保险、统保保险、信用证保险、特定买方保险、买方违约保险和特定合同保险六种。中长期出口信用保险分为出口买方信贷保险、出口卖方信贷保险和再融资保险三种。

（二）信用保险的特点

信用保险作为财产保险的一大类别，和其他财产保险相比有自己的特点：

（1）一般财产保险承担的风险是由于自然灾害和意外事故造成损失的风险，保险人通常关心的不是保险人的资信状况，而是保险标的的风险情况；信用保险承保的是一种信用风险，保险人在承保前会对义务人的资信状况进行严格调查，以决定是否承保。

（2）保险费厘定方面，一般财产保险考察的基础是投保财产历史损失发生概率；信用保险考察的基础是义务人的资信状况。

（3）财产保障范围方面，一般财产保险保障范围为保险标的价值和保险金额；信用保险为义务人预先设定的责任限额内的损失。

（4）追偿问题，一般财产保险不存在追偿问题；信用保险可以通过对义务人进行追偿来减少损失。

（5）保险关系人方面，一般财产保险和信用保险都有保险人和投保人，而信用保险还有非保险关系的第三人——义务人。

二、信用保险的业务种类

（一）商业信用保险

商业信用保险是保险人为商品赊销活动中卖方的应收账款回收提供的保险，是在买方信用未完全获得卖方认可的条件下，对买方信用的支持和对卖方应收账款回收的保障。商业信用保险适用于一些以延期或以分期付款方式销售的商品的经营活动，一旦买方拖延、逃避或无力支付货款，就会造成制造商或供应商的经济损失乃至经营压力。因此，该险种的意义在于保证卖方按期收回赊销款项，从而延长商业信用链条和保障商业贸易的顺利进行。

商业信用保险手续比较复杂，保险人要严格考察买方资信状况，以决定是否承保。保险责任主要为买方由于各种原因造成拖延、逃避或无能力付款的行为。除外责任主要是防止买方和卖方串通进行欺诈以及买方可能的任何与延期或分期付款行为有关的承诺。保险金额采取变额保险的方式，即保险金额与延期或分期付款过程中未付的款项保持一致。

商业信用保险主要有国内商业信用保险和出口信用保险。

☑ **知识拓展 8-3** ---

多措并举发挥出口信用保险作用

2021年，面对贸易摩擦、疫情反复、物流紧张等错综复杂的挑战和压力，我国外贸进出口展现出强劲韧性。海关总署公布的最新数据显示，2021年，我国货物贸易进出口总值达6.05万亿美元，首次突破6万亿美元关口，同比增长21.4%，进出口规模迈上新台阶。

"今年，对外贸易面临的不确定性因素仍然较多，银行、保险等金融机构要跟踪服务，确保金融服务及时到位。"全国政协委员、原中国保监会副主席周延礼表示，2022

年，保险业将持续推进稳外贸举措，监管部门将继续指导出口信保公司紧密围绕落实党中央、国务院决策部署，发挥出口信用保险功能，聚焦政策性业务，提升政策性业务占比。

周延礼认为，在支持高水平、深层次对外开放，服务国内国际双循环相互促进的新发展格局中，保险业可以发挥更大作用。一是支持出口信保公司稳外资、稳外贸，推动出口企业转型升级；二是支持出口信保公司强化国别风险研判，做深、做实、做细国别风险研究；三是督促出口信保公司加强对重大理赔案件的风险跟踪监测，提升追偿管理质效，强化业务全流程风险管理，强化风险分担，充分发挥再保险作为降低和分散重大项目风险的作用。

《金融时报》记者了解到，作为我国唯一的政策性出口信用保险机构，中国出口信用保险公司（以下简称"中国信保"）2021年全年承保金额达8 301.7亿美元，同比增长17.9%；向企业支付赔款18.7亿美元，同比增长3.5%；服务企业16.2万家，同比增长10.2%。出口信用保险覆盖面进一步扩大，政策性作用进一步彰显。"出口信用保险对外贸企业稳定信心、稳定预期发挥了巨大作用。"时任商务部副部长任鸿斌说。

对于下一步如何更好地提升出口信用保险作用，商务部对外贸易司司长李兴乾表示，商务部将持续优化承保和理赔条件，提高服务效能，重点对三个领域加大支持，一是支持产业链和供应链稳定；二是支持中小微外贸企业；三是支持外贸新业态发展。

2021年，政策效果逐步显现，出口信用保险服务小微企业持续深入。据悉，2021年，中国信保持续深化"单一窗口"合作，支持1 000多家专精特新小微企业加快成长，全年支持小微企业出口1 224.5亿美元，同比增长27.2%；服务小微客户13.4万家，向小微企业支付赔款8 168万美元，支持小微企业获得保单融资219亿元。

资料来源：王笑.保险业持续发力助力稳外贸［N］.金融时报，2022-01-24.经过删减。

（二）贷款信用保险

贷款信用保险是保险人对贷款人（银行或其他金融机构）与借款人之间的借款合同进行担保并承保贷款人信用风险的保险。贷款信用保险中贷款方（债权人）是投保人，当保险单出立后即成为被保险人。当借款人无法归还贷款时，债权人便可以从保险人处获得补偿，然后将债权转让给保险人追偿。

贷款信用保险的保险责任一般应包括决策失误、政府部门干预、市场竞争等风险。除外责任为投保人或被保险人的故意行为和违法犯罪行为所致的贷款无法收回。保险金额以银行贷出的款项为限。

（三）雇员忠诚保险

雇员忠诚保险又称诚实保险，是雇主向保险人投保雇员信用的保险。当被保险人（雇主）因雇员的不诚实行为，如盗窃、贪污、侵占、非法挪用、伪造、欺骗等遭受损失时，由保险人承担经济赔偿责任的一种信用保险。

雇员忠诚保险的保险责任主要是对由于被保险员工的不诚实行为而造成的被保险人财产的直接损失给予赔偿。除外责任主要是雇主未采取相应的安全防御措施和尽责督促检查而造成的财产损失。

雇员忠诚保险主要有三种类型：

1.指名保证保险

指名保证保险是指以特定的雇员为被保证人，在企业遭受该雇员的不诚实行为而造成损失时，由保险公司负责赔偿责任。该险种又可分为个人保证保险和表定保证保险两类形式，前者只承保特定的个人，后者则在同一保证合同中承保两个以上的雇员，且每个人都有各自的保证金额。

2.职位保证保险

职位保证保险是指在保险合同中不列举各被保证人的姓名及保险金额，只列举各级职位名称、保证金额及每一职位的人数。该险种又可分为承保某一职位若干被保证人的单一职位保证保险，以及承保几个不同职位（有各自的保证金额）的职位表定保证保险。

3.总括保证保险

总括保证保险是以企业所有正式雇员为保险对象的险种，其特点为合同不载明每一雇员的姓名、职位及保证金额，只要确认损失系雇员不诚实行为所致，无须证明由何人或何种职位所致损失，保险公司就负责赔偿。该险种也可分为两种形式：一种是普通总括保证保险，即对企业全体雇员不指出姓名和职位，只要认定企业损失是雇员不诚实行为所致，保险公司均承担赔偿责任；另一种是特别总括保证保险，其承保范畴为各种金融机构的所有金钱、有价证券、金银条块以及其他贵重物品，因其雇员的不诚实行为造成的损失，由保险公司负责赔偿。

案例分析 8-3

雇员忠诚保险的损失金额如何确定？

【案情】

A公司某年11月向保险公司投保了雇员忠诚保证保险，多年连续投保，保险期限为1年。保险单列明的被保险雇员为全体雇员。次年9月该公司得到员工举报：交通运输部货车司机赵某不按该公司规定的线路送货，并且利用伪造的高速公路发票报销，骗取公司钱财。该公司得到举报后，立即找到赵某谈话，调查相关情况。当晚，赵某突然失踪。该公司立即向公安机关报警，随后又向保险公司报案并提出索赔。

保险公司得到报案后，立即着手调查。经调查，A公司（即雇主）每天都要通过公路运送大量货物给周边的客户。为了保证货物运送安全，也便于内部管理，A公司制定了主要客户的送货线路。规定线路的基本原则是以高速公路为最优先线路。每个货车司机在上岗前，都被告知了送货线路。由于该地区的交通发达，高速公路、国道、省道等各级公路遍布，从A公司到客户仓库可以有多条行车线路。雇员赵某对于这些道路情况非常了解，于是他在送货时（包括返程）避开高速公路，绕行其他公路，然后再利用伪造的"高速公路通行费发票"到A公司报销，骗取现金。事情败露后，赵某潜逃。A公司聘请了注册会计师对此事件进行了专门审计，在赵某报销的单据中查出伪造的"高速公路通行费发票"数百张，累计票面金额10多万元。注册会计师调查认为，A公司的内部控制制度比较健全，会计报销的复核监督手续能够落实。司机出车的报销单证也有严格的审核手续。但由于这些伪造的"高速公路通行费发票"十分逼真，相关人员难以辨别真伪。

【分析】

保险公司经过调查、分析认为，雇员赵某通过欺诈行为，骗取雇主钱财，并且本案中没有适用的保险除外责任，雇员忠诚保证保险的保险责任成立。但对于雇主在此次事件中的实际损失状况，却有不同的看法。A公司认为，赵某利用数百张伪造的"高速公路通行费发票"，骗取了10多万元现金，被骗的金额就是其实际损失。对此，保险公司内部有着不同的观点：

观点一：赵某虽然违反雇主的规定、利用伪造发票报销，但最终还是将货物送到了客户的仓库。而且赵某也是按照"规定线路"应该花费的金额进行报销的。这个金额原本是雇主应该承担的运输费用，并没有实际意义上的超额支出。因此，不能认定雇主因雇员的欺诈行为蒙受了损失。

观点二：赵某按自选线路送货，并且利用伪造的发票报销，属于欺诈行为。因此，雇主的实际损失就是自选线路与规定线路相比而产生的额外费用和损耗，如因自选线路的路况差、路程长而多支付的燃油费、车辆磨损等。

观点三：赵某利用伪造发票骗取的10多万元现金，就是雇主的直接损失。至于赵某支付的国道、省道过路费，和其伪造的发票的花费一样，应被视为赵某的作案成本，与雇主无关。这种观点基本上与A公司的主张一致。

观点四：赵某虽然利用伪造发票骗取10多万元现金，但已经完成送货任务。从现实讲，无论货物由何人运送、如何运送，都必须支付相应的费用。因此，在确认雇主的实际损失时，应从被骗金额中扣除赵某实际花费的运输费用，如国道、省道的过路费等。

资料来源：作者根据相关资料整理。

（四）信用卡保险

信用卡保险主要承保银行在信用卡业务中有可能遭受损失的风险。

信用卡保险的保险责任主要包括：持卡人使用信用卡时由于非善意透支所造成的损失；信用卡遗失或被盗后被他人冒用所造成的损失；被保险人的职工单独或与其他人串通利用信用卡营私舞弊、贪污或挪用公款造成的损失。被保险人在发现保险责任范围内的损失后，应采取相应的保全措施，并及时通知保险人。

（五）投资保险

投资保险又称政治风险保险，是保险人承保向他国进行投资的被保险人因投资引进国的政治局势动荡或政府某项法令变动所引起的在投资合同规定范围内的投资损失的一种保险业务。

保险责任主要有战争、类似战争行为、叛乱、罢工或暴动；政府有关部门征用或没收；政府有关部门汇兑限制，使被保险人不能按照投资契约规定将应属被保险人所有并可汇出的汇款汇出。除外责任主要有：被保险人的投资项目受损后造成被保险人的一切商业损失；被保险人或其代理人不履行契约或故意违法等行为导致政府有关部门征用或没收造成的损失；被保险人未按政府有关部门规定的期限汇出款项而造成的损失；原子弹、氢弹等核武器造成的损失；对投资契约范围以外的任何其他财产的征用、没收造成的损失。保险金额一般为投资金额的90%，被保险人要承担10%的风险责任。

☑ 知识拓展 8-4

发挥信保力量　推动高质量共建"一带一路"

2024年，我国市场多元化稳步推进。海关总署最新数据显示，我国对共建"一带一路"国家合计进出口22.07万亿元，同比增长6.4%，占我国进出口总值的50.3%。其中，对东盟进出口6.99万亿元，同比增长9%，连续5年互为第一大贸易伙伴。同期，我国对欧盟、美国进出口同比分别增长1.6%、4.9%。

作为我国唯一承办出口信用保险业务的政策性保险公司，多年来，中国出口信用保险公司（以下简称"中国信保"）深耕市场，持续推进企业与"一带一路"共建国家和地区的交流与合作，促进我国与"一带一路"共建国家和地区的设施联通、贸易畅通与资金融通，不断夯实和提升对"一带一路"共建国家和地区重点项目的支持保障力度。

中国信保项目险承保部党支部书记、总经理李志博在接受采访时说道：

中国信保坚决贯彻落实党中央、国务院决策部署，紧跟习近平总书记对推进"一带一路"建设的重要指示和部署要求，积极服务国家战略，充分发挥出口信用保险作用。2013—2024年，中国信保项目险业务累计支持对共建"一带一路"国家的出口和投资7 717亿美元。项目险承保部作为中国信保项目险业务的承保部门，在服务高质量共建"一带一路"工作中勇于担当、锐意进取，锚定党中央、国务院决策部署狠抓落实。

一是重点聚焦重大标志性工程项目。项目险承保部坚持和加强党中央集中统一领导，坚守政策性金融机构职能定位，胸怀"国之大者"，切实加强对"一带一路"标志性工程项目的支持力度，积极推动乌兹别克斯坦亚青会奥林匹克城项目、阿曼Manah Ⅱ 500兆瓦光伏发电项目、刚果（金）投资卡莫亚铜钴矿二期工程项目、尼日利亚卡杜纳-卡诺铁路项目等多个纳入第三届"一带一路"国际合作高峰论坛成果清单项目落实承保，以重大标志性工程项目承保作为公司发挥政策性作用、服务高质量共建"一带一路"的重要抓手。

二是全力推动"小而美"民生项目。习近平总书记在第三次"一带一路"座谈会上明确要求将"小而美"项目作为对外合作的优先事项。项目险承保部迅速转变思维方式、发展方式，积极引导分支机构开拓"小而美"项目，于2022年印发第一版"小而美"项目承保指引，从效益美、风控美、结构美和绿色美多个维度定义项目险业务的"小而美"，明确支持导向，优化受理条件，提高评审效率。2024年，围绕市场重点关注和项目推动过程中的痛点和难点，修订印发新版"小而美"项目专项支持指引，进一步优化支持举措，以分类分层支持措施提升业务发展新动能。2024年，中长期出口信用保险和海外投资保险共支持"小而美"项目400个，承保金额109.2亿美元。2022—2024年，累计支持"小而美"项目1 087个，累计承保金额312.3亿美元，有力地推动了"一带一路"共建国家"小而美"民生项目建设。

三是积极支持共建"一带一路"绿色发展。中国信保出台加强绿色金融建设的指导意见，成立领导机构，发布年度绿色承保政策和绿色金融工作要求。项目险承保部加快推动业务绿色转型，大力开拓新能源业务，牵头新能源业务工作组，制定"新能源业务工作要点"，印发"新能源专项支持措施"，将党中央关于绿色金融的发展要求落到实处。2024年，中长期出口信用保险和海外投资保险承保绿色项目113个，新增承保金额83.2亿美元。

资料来源：王笑. 发挥信保力量 推动高质量共建"一带一路"[N]. 金融时报，2025-02-19.

任务三　保证保险

保证保险是现代保险市场中的重要险种之一，其技术含量较高，是保险公司在竞争中体现专业化服务水平的重要手段，也是稳定客户的重要工具。保证保险在中国的发展前景是非常乐观的。

一、保证保险的概念及特点

（一）保证保险的概念

保证保险是保险人为被保险人向权利人提供担保，如果由于被保险人的作为或不作为致使权利人遭受经济损失，保险人负责赔偿责任。我们以最简单的借贷关系来理解保证保险：债务人向债权人借钱，债权人要债务人提供一个担保人，此时保险人承担担保人的角色。保证保险中投保人为借贷关系中的义务人即债务人，权利人为债权人即为被保险人。保险人承保的是义务人不能履行担保责任时，债权人有可能遭受的损失。

保证保险源于由个人、公司或银行办理的担保函。由于担保人要承担被担保人不能承担责任的损失，担保人要转移这个风险，于是促进了保证保险的发展。1901年，美国马里兰州的诚实存款公司在英国首次提供合同保证。随后几家英国公司在欧洲开辟和发展了欧洲的合同担保的保险市场。

我国保证保险的发展始于20世纪80年代，中国人民保险公司开办了引进国外工程履约保函。20世纪90年代后期，条款形式的保证保险获得了一定的发展。

（二）保证保险的特点

保证保险是广义财产保险的一种，其与一般财产保险相比的区别主要表现在：

1. 涉及的当事人

一般财产保险涉及的当事人只有保险人和投保人；保证保险涉及的当事人有保证人（保险人）、被保证人（投保人）和权利人（被保险人）。

2. 保险人对被保险人的追偿权

一般财产保险发生保险事故后，保险人不可以向被保险人追偿其损失；保证保险中保险事故发生后，保险人向权利人赔偿后，可以就其损失向投保人（债务人）追偿其所受的损失。

3.合同的独立性

一般财产合同是一个独立民事合同，可以单独存在；保证合同是一个附属合同，必须依附于主合同才可以生效，单独的保证保险合同是不成立的。

4.保险人的审查

一般财产保险关心的是被保险财产的风险状态，对于投保人的财力、信誉等不作重点审查；保证保险中保险人重点审查投保人的财力、信誉等，这些是保险人决定是否承保的关键。

5.保费收取的理论基础

一般财产保险所收取的保费是应对承保风险发生所造成的损失；保证保险所收取的保险费实际上是保险公司以自身名义提供保证而收取的服务费用。

二、保证保险的业务种类

(一)保函类保证保险

保函类保证保险主要有建筑类保证（函）、许可证保证（函）和保税保证（函）等。

1.建筑类保证（函）

建筑类保证（函）主要有以下几种：

(1)履约保证（函）是担保人向投资方或业主保证，承包商将履行合同中的一切条款，按时、按质、按量完成承包工程。

(2)投标保证（函）是担保中标者在中标后，如果中标者不签约，所造成的损失由保险人负责。

(3)预付款保证（函）是担保承包商在收取预付款后不履行义务，由此对业主造成的损失由保险人负责。

(4)维修保证（函）是担保承包商无力承担或拒绝履行维修义务，由此对投资者或业主造成的损失由保险人负责。

2.许可证保证（函）

许可证保证（函）是担保领取执照从事特定经营活动的人遵守法规、履行义务的保险。

3.保税保证（函）

保税保证（函）是对外加工贸易关税管理制度的一种形式。它主要是由第三方担保，加工企业在商品进入海关时不缴纳关税，等加工完毕再将成品出口的一种加工贸易的关税管理制度。提供担保的可以是银行、保险公司。

(二)贷款保证保险

贷款保证保险主要有个人消费贷款保证保险、机动车辆消费贷款保证保险、个人购房抵押贷款保证保险和企业贷款保证保险等。

1.个人消费贷款保证保险

个人消费贷款保证保险主要承担投保人不能按合同规定的期限偿还所欠款项。适用范围主要包括个人住房装修贷款、个人旅游贷款、个人大额耐用消费品贷款等。个人机动车辆和个人住房消费贷款不在可保贷款风险之内。个人"无指定用途"贷款一般也不承保。

2.机动车辆消费贷款保证保险

机动车辆消费贷款保证保险是为用贷款购买汽车的个人或法人提供还款保证的保险。被保险人是向购车人提供汽车消费贷款的商业银行和其他专业汽车金融机构，投保人为购车人。

3.个人购房抵押贷款保证保险

个人购房抵押贷款保证保险是为以贷款购买的商品房向银行进行抵押的个人提供还款保证的险种。它的主要保险责任为：投保人丧失偿还能力；投保人死亡无继承人或受赠人；投保人死亡而其继承人或受赠人无偿还能力或丧失偿还能力；投保人死亡而其继承人或受赠人拒绝履行贷款合同。除外责任主要有：被保险人未按规定审核贷款；被保险人故意行为；未经保险人事先同意变更贷款合同或附件内容；其他不属于第三者保险责任范围内的原因。

4.企业贷款保证保险

企业贷款保证保险本质上是向借款企业提供担保的业务。该项业务投保时将企业的固定资产、流动资产向保险公司投保财产保险，一般还要将相当于贷款金额的资产向保险公司抵押。

（三）司法保证保险

司法保证保险主要有诉讼保证和受托保证。

1.诉讼保证

诉讼保证是对诉讼的正常进行提供保证。它主要有三类保证：保释保证，这是担保诉讼中的被保释人员能在规定时间出庭受审；上诉保证，这是担保上诉人在上诉失败时承担诉讼费用；扣押保证，这是担保原告在败诉时应当赔偿错误扣押财产而造成委托人的财产损失。

2.受托保证

受托保证承保经由法院命令为他人利益管理财产的人因其不尽职责而造成委托人的财产损失。

（四）产品质量保证保险

产品质量保证保险是根据《中华人民共和国产品质量法》关于生产者、销售者的产品质量责任和义务的规定，承保产品生产者、销售者对其产品的修理、更换、退货的"三包"责任的保证保险。

知识掌握

1.简述责任保险的定义。
2.简述责任保险、信用保险的主要险种。
3.试比较信用保险与一般财产保险的区别。
4.简要概述保证保险的主要子险种。

5.责任保险是否会诱导投保人的逆向选择？

知识应用

·案例分析

案例一　　　　"外卖小哥"送餐受伤，是否能够得到双倍赔付？

刘先生是一名"外卖小哥"，曾在保险公司投保意外伤害保险。保险合同约定，若刘先生遭遇外来的、突发的、非本意的、非疾病的伤害，公司应当承担全部医疗费用。2024年11月14日，刘先生在送外卖途中遭遇交通事故后，对方司机赔偿了全部的医疗费用。当刘先生要求保险公司理赔医疗费用时却遭到拒绝，理由是保险理赔实行"损失补偿原则"，刘先生获得了赔偿，自然已经不存在损失，保险公司也就无须担责。你认为保险公司是否应该赔偿？为什么？

案例来源：作者根据相关资料整理。

案例二　　　　　　　　　　产品责任保险的赔偿责任

李某下岗后自主创业，开办了一个小厂生产自行车。开业之初，一个朋友告诉他，如果担心所生产的自行车会因为某些问题引起消费者的索赔，可以购买产品质量保证意外保险。李某听后认为购买产品质量保证意外保险确实是一个好主意，它不但可以通过保险转嫁赔偿风险，而且还可以让购买者产生有保险公司承保的产品肯定在质量上有保证的心理，这样还可以起到促销的作用。于是李某就到保险公司购买了一份产品质量保证意外保险。次年，李某生产的自行车刚上市2个月就出现一起事故，一位消费者在正常使用自行车的过程中，自行车前叉突然折断致使该消费者摔倒在地遭受重伤。于是该消费者提出更换自行车并要求赔偿医药费。于是李某向保险公司提出包括原自行车损失在内的索赔请求。请分析，保险公司是否应承担赔偿责任？如承担的话，应该赔偿多少？

案例来源：作者根据相关资料整理。

项目九

再保险

学习目标

知识目标：理解再保险的概念、种类和作用；理解比例再保险和非比例再保险合同的主要内容。

技能目标：掌握再保险责任分配方法；在实际工作中能灵活运用以上知识。

素养目标：通过再保险相关内容的介绍，进一步提升学生的风险意识和责任担当，在竞争中重视团结互助、共同发展。

任务一 再保险概述

一、再保险的概念

再保险也称为分保，是指保险人在原保险合同的基础上，通过签订分保合同，将其所承保的部分风险和责任向其他保险人进行保险的行为。再保险的基础是原保险，再保险的产生，正是基于原保险人经营中分散风险的需要。通常将自己承保业务的保险人称作原保险人或分出分保人，而将接受分保业务的保险人称作再保险人或分保接受人。原保险人分出的那部分风险责任称为分保额或分出额，而他自己保留的那部分责任称为自留额。如果再保险人又将接受的分保业务再分给其他保险人，这种做法称为转分保。原保险人转嫁风险和责任，要向再保险人支付一部分保费，这种保费称为分保费；而原保险人承保业务要花一定的费用，因此，要向再保险人收取一定的手续费，这种手续费称为分保手续费，也称分保佣金。有时，再保险人还从分保盈余中支付一定比例的佣金给分出分保人，这种佣金称为盈余佣金。盈余佣金按盈余多寡确定不同的比例，盈余越多，比例越高，这样可促使分出分保人更加注意选择业务质量。而且按照国际惯例，分出分保人应将其自负责任及有关情况告知分保接受人，从而为提高业务质量提供法律保证。

微课 9-1

☑ 知识拓展 9-1

再保险制度的起源

再保险与原保险都是从海上保险开始萌芽的，但再保险的出现晚于原保险。

从 14 世纪开始，海上保险在西欧各地商人中间流行，逐渐形成了保险的商业化和专业化。随着海外贸易和航运业的发展，保险人承担的风险责任越来越大，客观上产生了分保的需求。1370年，一位意大利海上保险人首次签发了一份转嫁风险责任的保单。原保险人将全航程分作两段，自己只承担风险较小的一段航程的保险责任，而将风险较大的责任部分转嫁给其他保险人承担。这种做法与现代再保险分配保额或分担赔款以控制责任的办法不同，但从分散风险的原理来看，仍属于再保险的开端。

早期保险业务的经营，一般是由保险人独立承保，如遇较大保额，一个保险人不能全部承担时，就采用共同保险的方式，由几个保险人联合承保。由于共同保险带来了保险人相互间的竞争，故又出现了临时再保险，即由一个保险人先承保全部业务，再将超过自身承担能力的责任部分分保给其他保险人，分出人与分入人之间没有稳定的业务联系，只是在需要分保时，临时确定分出与分入的条件和费用。临时再保险与共同保险相比，在分散风险方面有其优势，因而作为一种重要的经营方法为保险业所采用。

几个世纪之后，"再保险"一词才在欧洲的海上保险中出现。在欧洲大陆国家，根据1681年法国路易十四国王颁布的《海事条例》及1731年德国颁布的《汉堡保险及海损条例》等，经营再保险在这些国家都是合法的。由于各国政府的大力支持，欧洲大陆的再保险得以持续发展。18世纪后期，产业革命兴起，随着国际贸易的发展和工商业的繁荣，保险、再保险都得到了迅速发展。特别是到近代，生产社会化程度空前提高，保险标的价值高度密集，对安全保障有特殊要求的新险种不断增加，使再保险的重要性更加突出，成为保险经营必不可少的重要手段。目前，再保险的方法、形式多种多样，技术日趋复杂，范围已从国内走向世界，有力地推动了保险事业朝着国际化的方向发展。

资料来源：李民. 保险原理与实务［M］. 3版. 北京：中国人民大学出版社，2015.

二、再保险的本质

再保险是以原保险为基础的保险。它以原保险人承保的风险责任为保险标的，以原保险人的实际赔款和给付为摊赔条件，其作用是进一步分散风险，保障保险经营的稳定。因此，人们说"再保险是保险的保险"，这就是再保险的本质。

再保险是一种真实的保险，是保险的一个组成部分。从理论上讲，保险经营是以概率论和大数法则为基础的。大数法则要求保险经营必须有尽可能多的危险单位（保险标的），而且这些危险单位是相对独立的，危险性质是相似的，保险金额是均匀的，只有这样，才能使预计的损失接近实际的损失，使保险经营稳定可靠。但个别保险公司，不管它的资金力量有多大，都很难较好地满足大数法则的要求，特别是在社会经济高度发展的今天，其局限性就更明显，通过再保险，则可将保险标的扩大到可能的最大数量，同时使性质不同、数额大小不一的各种危险在空间、时间、危险种类上作进一步、最大限度的分散。可见，再保险的产生和发展，是经济发展、概率论和大数法则的客观要求，是保险技术的完善和发展。从实务上看，再保险和保险都是通过订立合同来建立经济关系的，在实施再保险的过程中，同样要遵守最大诚信、保险利益、保险赔偿等保险的基本原则。再保险和保险的基本职能作用也完全一样，都是转移和分散风险、补偿经济损失。保险是再保险的基础，再保险是保险进一步发展的条件，它们相辅相成，相互促进。

当然，再保险与保险相比，也有其自身的独特性。为了进一步了解再保险的性质和特点，下面对再保险和原保险、共同保险、重复保险进行比较。

（一）再保险与原保险

原保险是再保险的基础，从逻辑上说，先有保险，而后才可能有再保险。再保险合同必须以原保险合同的存在为前提条件，其保险的期限与保险范围都不能超过原保险合同，二者的理论基础、职能作用、经营原理与遵从的法律原则是一致的。但再保险与原保险是两类不同的保险，再保险合同与原保险合同在法律上是各自独立的。再保险人与原保险合同的投保人或被保险人没有任何直接的法律关系。原保险的被保险人对再保险无赔偿请求权，再保险人对原保户也无保费请求权；原保险人不得以再保险人未支付现金赔偿为理由，拖延或拒付保户的赔款，再保险人也不能因原保险人没有赔偿而拒绝承担责任。从实质上讲，再保险与原保险都是对责任或风险的承担、分散和转移，二者相辅相成，互相促进，再保险以保险为基础，再保险的发展反过来又支持和促进了保险的发展。原保险与再保险的关系如图9-1所示。

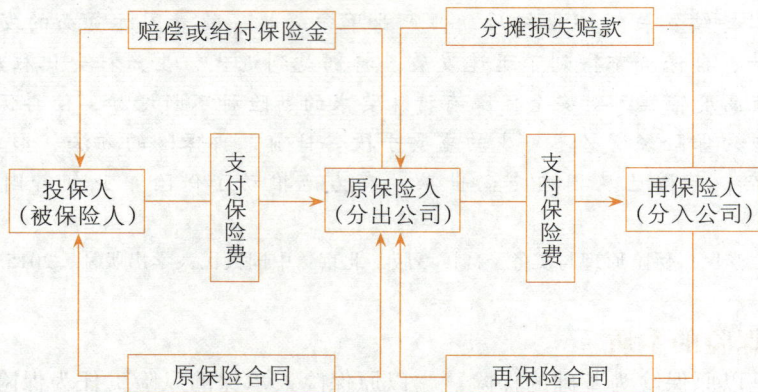

图9-1　原保险与再保险的关系

1.订立合同的双方当事人不同

订立直接保险合同的双方当事人，一方是法人（即保险公司，英国的劳合社除外），另一方是投保人；订立再保险合同的双方当事人都是保险公司，一方为原保险公司，另一方为再保险公司。

2.保险标的不同

直接保险业务的保险标的是被保险人的财产、人身及其有关的利益，因此，原保险人承保的标的是可能遭受经济损失的事故。再保险业务的保险标的是再保险分出人根据保险单所承担的一部分或全部的契约，而不是一种具体的标的，是原保险转移过来的风险责任。再保险合同的标的是以原保险合同中的保险标的为基础的，它们之间有着密切的关系。

3.补偿原则不同

原保险业务中，不是所有的保险合同都以补偿为原则，财产保险合同是补偿性合同，但人寿保险和与人身有关的保险合同，都是对受益人的给付而不是补偿。但是，所有再保险合同包括人寿保险在内，都是以补偿为原则，因为这都是对分出人在原保险合同中所支付的赔款的补偿。

（二）再保险与共同保险

1.共同保险

对于大额损失风险，保险人为了保持自身经营的稳定，与其他保险人签订保险合同来共同承担损失责任，这种保险形式叫共同保险。共同保险通常的做法是几个保险人同时承保一笔业务，在发生赔款责任时，其赔款按各个保险人各自承保的金额按比例分摊。

2.再保险与共同保险的区别

第一，承保业务的方式不同。共同保险是对于风险程度较大的保险利益，由多数保险人直接承保一部分或全部；再保险是保险人将其所承保的风险责任的一部分或全部转让给其他保险人，由其他保险人间接予以承保。

第二，对风险的分摊方式不同。共同保险是对所承保的风险进行一次性分摊，是对风险的横向分摊；再保险是对风险进行第二次甚至更多次的分摊，是对风险的纵向分摊。

第三，与被保险人的关系不同。共同保险接受人都与被保险人有着直接的法律关系，而再保险人只是与原保险人之间存在着直接的法律关系。

共同保险与再保险的流程也不同，如图9-2所示。

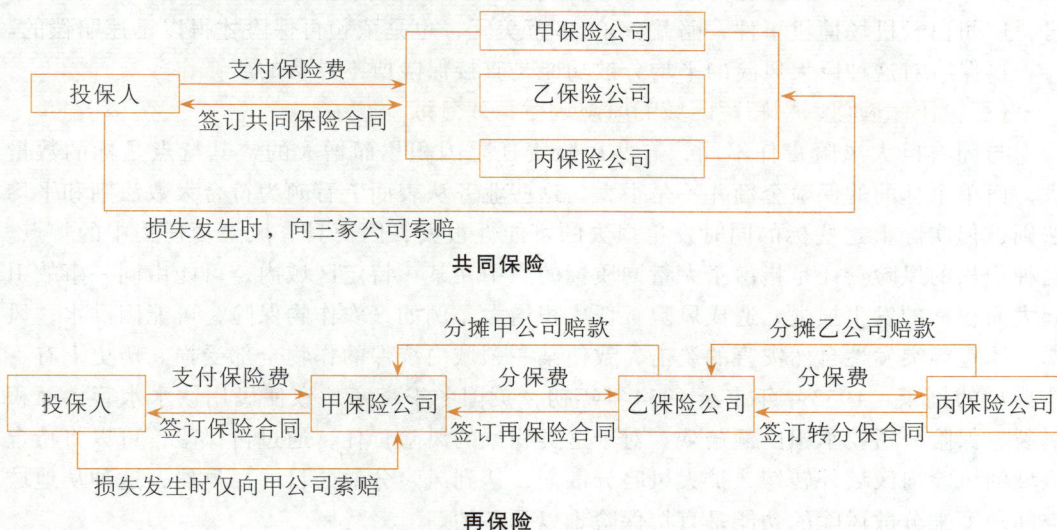

图9-2　共同保险与再保险的流程

再保险与共同保险虽然有上述不同之处，但随着保险业的发展，二者相互渗透。在当今风险高度集中、保险金额日益增加的保险市场中，将共同保险与再保险结合起来运用，可使风险迅速分散，有利于灵活地开展业务。

（三）再保险与重复保险

重复保险是指投保人将同一保险标的，先后（或同时）向多个保险人投保，而且保险金额的总和超过保险标的的保险价值。

重复保险与再保险是有明显差异的。从动机上看，重复保险的投保人往往图谋不当得利；而再保险是原保险人为避免或减轻责任所作出的分散风险的制度安排。从告知义务的履行事项看，重复保险的投保人应当将重复保险的有关情况通知各保险人；而再保险分出人（原保险人）则应将其自负责任及原保险的有关情况告知再保险接受人。

三、再保险的作用

（一）再保险可以对固有的巨大风险进行有效分散

保险人所承保业务的保险金额往往大小不均，甚至差别很大。对于保额巨大的危险单位，虽然保费收入十分可观，但由于风险责任过于集中，承保此类业务极易将保险经营财务置于不稳定状态。特别地，如果保险人承保的某项业务保额巨大而标的又极少，往往面临风险非常集中的问题。这时候，如果保险人可将超过一定标准的责任分保出去，则可以确保业务的财务稳定性。而接受业务的一方可视自身情况将业务全部留下，或留下合适标准的责任额后，将超过部分转分保出去。这样，一个固有的巨大风险就通过分保、转分保一次一次地被平均化了，使得风险在众多的保险人之间分散。当损失发生时，庞大的再保险网络可以迅速履行巨额赔款支付。

例如，1986年墨西哥发生地震，损失约30亿美元；1988年9月，被称为"世纪飓风"的吉尔伯特号飓风在短短几天内横扫加勒比海和其他几个中美洲中部国家，造成经济损失80亿美元。这些损失都通过再保险使保户及时得到了经济补偿。1990年10月2日，广州白云机场撞机事件，赔款9 000多万美元，也是依赖再保险才得以迅速赔偿的。

再保险对这种巨大风险的平均分散功能是直接保险所不具备的。

（二）再保险可以对特定区域的风险进行有效分散

与固有巨大风险责任不同，有些风险责任是因积累而增大的，其特点是标的数量大，而单个标的的保险金额并不是很大。这些业务从表面上看颇为符合大数法则和平均法则，但实际上这些标的的同时发生损失的可能性很大，因而具有风险责任集中的特点。这种积累的风险责任是指由于大量同质标的集中在某一特定区域内，可能由同一事故引起大面积标的发生损失，造成风险责任累积增大。例如，农作物保险，可能因洪水、风暴、冰雹等突发性自然灾害的袭击，致使某一领域内统保的作物全部受损。历史上有一个典型的例子：1953年年末至1954年年初，英国冬季奇寒，致使民用饮水水管大面积爆裂，保险公司要承担巨额赔款。对于这类积累的风险责任，通过再保险，可以将特定区域的风险向区域外转嫁，扩大风险分散面，达到风险分散的目的。显然，这种从地域空间角度来分散风险的功能是直接保险难以具备的。

（三）再保险可以对特定公司的积累风险进行有效分散

这种积累的风险责任是由于公司的业务局限于少数几个险种，特别是集中于某一个险种时造成的。这种情况在专业保险公司较为常见，例如，某保险人的业务集中于机动车辆保险而陷入困境。英国的Vehicle & General公司即属于这类实例。该公司于1971年初倒闭，主要原因是涉及大量车主的赔款，在社会上引起轩然大波。又如美国Argonant

公司的业务偏重医师责任险，因医疗纠纷官司过多，不堪赔付，被主管官署勒令停业。对于这种由于公司业务性质而造成的风险责任积累，再保险是唯一能将这种业务偏向冲淡而达到风险分散的有效方式，再保险对这种积累风险的分散具有跨险种平衡分散的特点。

（四）再保险可以对某一时点的风险进行彻底分散

由以上三点可知，再保险能使保险业务充分满足大数法则及平均法则的要求，确保保险经营的财政稳定性。然而，有时虽然财政稳定性良好，保险人仍要进行再保险。这是因为，对于单个保险人来说，在一段较长时间内看财务稳定性是良好的，但就某一单位时间来说，所承担的风险责任却显得过于集中。在这种情况下，通过再保险，保险人就能将其所承担的某一时点的风险从纵向（时间）和横向（标的数量）两个方面进行双重分散。

（五）再保险可以通过相互分保，扩大风险分散面

相互分保是扩大风险分散面的最好方式。相互分保的特点是：保险人既将过分巨大的风险责任转移一部分出去，同时又吸引他人的风险分入，这样，该保险人所承担的总的保险责任可能没有改变，但却实现了风险单位的大量化及风险责任的平均化，因而风险得到了最佳分散，财务稳定性得到了很大的提高。

☑ 知识拓展 9-2 ··

用巨灾保险护航电力行业

近年来，全球气候变化加剧，极端天气事件频发，台风、暴雨、高温等自然灾害对电力设施造成严重威胁。例如，2023年夏季，我国多地遭遇持续高温和强降雨，电力系统多次出现故障，部分地区甚至出现大面积停电。"超级夏天"等极端天气日益增加，电力行业巨灾风险加剧。在这一背景下，电力行业亟待加强巨灾风险管理，推动电力巨灾保险体系建设。

电力行业既面临台风、地震、暴雨等自然巨灾风险，也面临网络攻击、战争爆炸、恐怖袭击等人为巨灾风险。

2008年初，我国南方区域遭受严重雨雪冰冻灾害，电网企业直接经济损失达154亿元，超1亿人口受停电影响，损失电量约260亿千瓦时。

鼎和保险新型电力系统金融与保险研究院张森林表示，我国正在加速建设以新能源为主体的新型电力系统，新能源生产和输送呈现更高、更大、更密集和更远等技术特点，极易受气象条件影响。在发电侧，2017—2022年，气象灾害导致我国风电行业损失超300亿元，占电力企业资产损失总额的四分之一。以极端高温为例，环境温度超过25摄氏度后每上升1摄氏度，光伏设备转换效率则下降0.5%左右。在输电侧，我国电网60%以上的故障与极端气象因素有关。

当前，我国电力企业自然灾害风险保障通常由电力财产保险一切险、工程险等险种赔付，尚无专门的巨灾保险产品。2020年，鼎和保险以海南省文昌市为试点，创新研发巨灾模型面向电力资产的风险预估技术，对填补我国长期以来基础创新性空白、提升关键核心技术自主可控发展具有重大战略引领意义。2021年底河南洪涝灾害发生后，

英大财险提出要加强专属巨灾保险创新。2022年，鼎和保险推进以湛江台风巨灾风险为试点，研究电力资产的台风风险损失评估，为进一步推进电力巨灾保险体系建设打下较好的基础。

资料来源：河北省保险行业协会. 用巨灾保险护航电力行业［EB/OL］.［2025-02-20］. https: // mp.weixin.qq.com/s? __biz=MzA4MjUyNjMzMw==&mid=2649914707&idx=1&sn=23987b38c5366b033e687c94e57dad1e&chksm=8602257ec99ca8feff023497dd4b9888b137a31b9ad801d94b5188acf38ddce8fc853e597bb7&scene=27.

☑ 知识拓展 9-3

巨灾保险作用初步显现

2025年2月，中共中央、国务院印发《国家突发事件总体应急预案》（以下简称《应急预案》）。《应急预案》是组织应对突发事件的总体制度安排，由总则、组织指挥体系、运行机制、应急保障、预案管理五部分组成，适用于党中央、国务院应对特别重大突发事件工作，指导全国突发事件应对工作。

《应急预案》提到，积极发挥商业保险作用，健全保险体系，发展巨灾保险，推行农村住房保险、保障民生类相关保险以及安全生产、环境污染和食品安全责任保险等，鼓励单位和公民参加保险。

我国自然灾害呈现分布范围广、灾害风险高等特点，自然灾害造成的风险影响范围不断扩大。应急管理部发布的信息显示，2024年，我国各种自然灾害共造成直接经济损失4 011.1亿元。

巨灾保险在应对重大灾害中扮演着不可或缺的角色。为发挥保险业经济减震器和社会稳定器功能，近年来，国家金融监督管理总局会同财政部针对居民住宅深入开展巨灾保险探索，巨灾风险保障工作初见成效。

一是建章立制，城乡居民住宅巨灾保险机制初步建立。2016年，中国保监会联合财政部印发《建立城乡居民住宅地震巨灾保险制度实施方案》，2017年配合财政部制定《城乡居民住宅地震巨灾保险专项准备金管理办法》；2024年，国家金融监督管理总局联合财政部印发《国家金融监督管理总局 财政部关于扩大城乡居民住宅巨灾保险保障范围进一步完善巨灾保险制度的通知》，将台风、洪水、暴雨、滑坡等常见自然灾害纳入保障范围，实现基本保险金额翻倍。

二是多管齐下，多层次的风险分散体系初步形成。构建五层风险分散网络，即由投保人、保险公司、专项准备金、财政支持或紧急资金安排、赔付回调组成的风险分散体系，增厚地震巨灾风险"防护垫"；丰富新型风险分散渠道，2021年中国银保监会发布《中国银保监会办公厅关于境内保险公司在香港市场发行巨灾债券有关事项的通知》，将保险风险在资本市场进行分散，进一步提升风险管理水平。

三是以点带面，地方综合性巨灾保险试点取得新突破。指导保险公司结合地方灾害管理需求开展综合性巨灾保险试点，为地方政府提供差异化、特色化、定制化风险保障方案。目前，已在广东、深圳、宁波等20个省118个市开展实践探索。2024年，河北、湖北两地在全省范围内落地全灾因、广覆盖、长周期的综合性巨灾保险试点，既保住宅又保室内财产，还保人身伤亡，巨灾保险试点取得新的重大突破。

经过近些年的发展，巨灾保险作用初步显现。保险业为2024年初湖北及湖南等地低温雨雪冰冻灾害赔付41亿元，为"魔羯"超强台风赔付超过39亿元，为"贝碧嘉"台风赔付20亿元，为日喀则地震已赔和预赔金额达1.35亿元，有效缓解了地方灾后重建资金压力。

此外，《应急预案》还指出，各地各有关部门和单位应当为参与应急救援、传染病疫情防控等相关人员购买人身意外伤害等保险，并配备必要的防护装备和器材，减少安全风险。

资料来源：戴梦希. 巨灾保险作用初步显现［N］. 金融时报，2025-03-05.（节选）

任务二　再保险方式

原保险人将其直接承保的业务部分或全部转让给再保险人，它们之间转嫁保险责任的计算方法基本上分为两类：一类是比例再保险；另一类是非比例再保险。前者是以保险金额为基础来计算保险责任，后者则以赔款为基础来计算保险责任。

微课9-2

一、比例再保险

比例再保险是指原保险人与再保险人订立合同，按照保险金额比例分担原保险责任的一种方法。在这种再保险形式下，自留额和分出额各代表分出公司与分入公司所承诺保障的一定比例，分出公司收取的保险费亦按该比例进行分享。当分出公司接到当事人的索赔通知时，不论赔款多少，均须按此比例由分出公司与再保险人分担。比例再保险有成数再保险、溢额再保险以及成数和溢额混合再保险三种。

（一）成数再保险

原保险人与再保险人双方事先订立再保险合同，合同中规定经双方同意某一种业务的每种风险的固定百分比，分出公司必须按此比例分出，分入公司必须按此比例接受，并自动生效，这就是成数再保险。这类再保险规定必须将某类保险的一个固定份额分让出去，当发生赔款时，分出公司按照其支出数，根据分入公司接受业务的同等比例分摊赔款。

例如，某原保险人的最高限额是600万元，分出人自留10%，即60万元，分出90%，即540万元，由再保险人负责。如发生赔款100万元，分出人赔付10万元，分保接受人赔付90万元。虽然原保险人的最高自留额为60万元，但如果一笔业务保额正好为60万元，此时分出公司也不能全部自留，而只能自留10%，即6万元，仍然要分出90%的业务，即54万元。

在成数再保险中，按合同的规定，无论保险金额多么少，分出公司均不得对任何风险全部自留。因此，这种再保险的特点在于分入公司接受的每笔业务，都同分出公司建立在相同利害的基础之上，无论是优质风险还是劣质风险，再保险人均可获得公正平等的对待，不同的只是双方承担的比例不同，但不存在对分入公司有任何不利的选择。成数再保险的优点是计算保费和赔款简单易行，但由于原保险人无法全部自留那些风险较小的保险标的（因为按合同规定原保险的每笔业务必须分出），所以付出的分保费较多。

成数再保险不允许再保险人选择风险，他们必须对合同内规定的所有项目承担责任，当然，通常对每一风险项目都订明了最大赔款责任限额。所以，各种保险业务如财产险、水险和航空险等都可采用这种分保形式。具体来说，成数再保险主要应用于：

（1）分公司、新公司或新开办的业务在特定的保险市场上经营时间不长，承保经验不足，可以采用成数再保险来获得保障。

（2）一个公司的溢额再保险的赔款结果不理想，成数再保险也许是唯一对其有效的再保险保障形式。

（3）相对于溢额再保险来说，成数再保险通常可以赚取较高的手续费和省去决定自留额的时间，节约了费用，因此，它深受分入公司和分出公司的欢迎。

（二）溢额再保险

成数再保险是按保险金额的一定比例作为自留额和分保额，而溢额再保险则是按保险金额的一定数额作为自留额，以自留额的一定倍数作为分保额。按合同规定，分保分出人规定自留额，并将超过自留额的部分转让给分保接受人。自留额是分出公司对每种风险在转让给分入公司之前，必须自己承保的责任数额；分入公司也有一定限额，其限额以约定的最高倍数为准，为自留额的一定倍数。这种倍数在国外称为"线"，1线相当于分出公司的自留额。分入公司可以接受分担业务的1线或1线中的部分责任。

在溢额再保险中，保险人可以自选决定其自留额。如果保险金额低于某种风险的正常自留额标准，则根本无须进行再保险，即损失"全部自留"。如果再保险人希望进行再保险交易，则必须承诺超过合同中注明的线的数额。

例如，分保分出人每一风险单位的自留额是10万元（1线），分保限额是20线，即自留额的20倍，因此，原保险人总承保能力为210万元（10+20×10）。现有一笔业务的保额为10万元，此时原保险人可以全部自留；若保额为100万元，原保险人则只能自留10万元，其余的9线（即90万元）必须由分保接受人负责。换言之，这笔业务的风险分担如下：

原保险人：10万元=1线

再保险人：90万元=9线

1：9这个比例要作为计算这笔业务的保费和赔款的基础，它说明了原保险人实际上只承担了$\frac{1}{10}$的风险责任，再保险人则承担了$\frac{9}{10}$的风险责任。这笔业务若发生50万元的赔款，分出人须分摊10%，即5万元，赔款结算过程如下：

原保险人：$\frac{1}{10}×50=5$（万元）

再保险人：$\frac{9}{10}×50=45$（万元）

下面来看原保险人与多个再保险人之间的溢额分保情况。仍以上例来说明这个问题。假如有 4 家再保险人与原保险人订立了溢额再保险合同，每家必须承诺 $\frac{9}{10}$ 分出额中完全相同的风险责任数额，即 4 家再保险人承诺的百分比之和要等于 $\frac{9}{10}$ 分出额的 100%，当再保险人 A、B、C 和 D 分别承诺全部分出额的 50%、20%、15% 和 15% 时，分出额和赔款的分担结果见表 9-1。

表 9-1 　　　　　　　　溢额再保险分出额与赔款的分担结果　　　　金额单位：万元

再保险人	分出额及比重		赔款分担及比例	
	分出额	所占比重	赔款分担	所占比重
A	45	50%	22.5	50%
B	18	20%	9	20%
C	13.5	15%	6.75	15%
D	13.5	15%	6.75	15%
合计	90	100%	45	100%

溢额再保险与成数再保险的不同在于：分出公司在自留额以内的保险不必分出，而且在约定的最高倍数限度内，可以自行决定份额的大小。溢额再保险可以诱导再保险人承诺劣等业务，保留的都是低自留额，或对优质风险持有较高的自留额，这显然有利于原保险人。另外，在溢额再保险中，保险费的分配和赔款比例及数额的分摊，需要逐步确定和计算，显得烦琐复杂等。但溢额再保险也有其优点，即分出公司可根据风险程度规定不同的自留额，在限额以内的业务可以全部自留，因此可以少付分保费，增加其收入。

溢额再保险可以适用于各种保险业务，通常主要运用于财产险和船舶险。

（三）成数和溢额混合再保险

成数和溢额混合再保险，是将成数再保险和溢额再保险结合起来，签订一份合同，以成数再保险的限额作为溢额再保险的起点，再确定溢额再保险的限额。其在具体运用中又分为成数合同之上的溢额合同和溢额合同之内的成数合同两种。

1.成数合同之上的溢额合同

采用这种混合分保方式，分出公司先安排一份成数再保险合同，规定合同最高限额，当保险金额超过该限额时，再按照另外订立的溢额再保险合同进行处理。例如，分出公司规定成数分保的最高限额为 50 万元，50 万元以内的保险金额中原保险人自留 40%，其余 60% 分给若干家再保险公司。保险金额超出 50 万元的部分通过溢额分保处理，溢额分保的最高限额为 10 线，即 500 万元。该混合再保险合同的最高承保金额为 550 万元。混合分保保险责任的分配见表 9-2。

表9-2   **混合分保保险责任的分配**   单位：万元

保险金额	成数分保部分			溢额分保部分
	金额	自留（40%）	分出（60%）	
20	20	8	12	0
50	50	20	30	0
300	50	20	30	250
550	50	20	30	500

2.溢额合同之内的成数合同

采用这种混合分保方式，分出公司先安排一份溢额再保险合同，确定自留部分，并对自留部分通过成数分保处理。例如，分出公司确定溢额再保险合同的自留部分为50万元，责任限额为10线，即最高可承保550万元保险金额。对于50万元的自留部分，分出公司有权另行签订一份成数分保合同，如将其中的60%再进一步分出，实际只自留了20万元的保险责任。

成数合同之上的溢额合同与溢额合同之内的成数合同从实质上说是一致的，都是对一定的保险金额进行成数分保，对超出部分进行溢额分保。二者的区别在于业务操作程序不同：

（1）对于成数合同之上的溢额合同，主要表现为成数合同的特点，先订立成数分保合同，对业务进行成数分保处理，对限额之上的部分才通过溢额分保进行处理。前文提到，为控制风险累积，成数再保险对超过合同限额的保险金额要通过其他方式处理，这里只不过是采用了溢额分保的方式而已。

（2）对于溢额合同之内的成数合同，主要表现为溢额再保险合同的特点，先订立的是溢额再保险合同，对业务进行溢额分保处理，只不过对自留部分又进行了一次成数分保。

成数和溢额混合再保险合同并无固定的形式，可视业务具体情况而定。这种合同一般适用于转分保业务和海上保险业务。

二、非比例再保险

采用非比例再保险方式，原保险人和再保险人以危险事故损失为基础来确定各自的保险责任，因此，非比例再保险也称为损失再保险、超过损失再保险。采用这种再保险方式，只有当原保险人对投保人的赔款超过一定标准时，再保险人才对原保险人进行补偿，所以又称为第二危险再保险，以示责任的先后。

（一）险位超赔再保险

险位超赔再保险是指原保险人对每一危险单位的赔款确定一个自负责任额。如果总赔款金额低于自负责任额，由原保险人全部负担；如果总赔款金额超过自负责任额，超出部分由再保险分入公司负担，这部分被称为再保险责任额。再保险责任额在合同中是有一定限度的。

当发生一次危险事故后，可能有不止一个危险单位遭受损失，险位超赔再保险对赔款的偿付分两种情况：一种是按危险单位分别计算，对每个危险单位赔款的超额部分都由再保险人承担，没有总额限制；另一种是设定事故限额，即对一次危险事故的赔偿规定一个最高额，如果在限额之内仍不能满足对各危险单位的赔偿总和，多出部分由原保险人承担。一般事故限额为原保险人自负责任额即险位限额的 2～3 倍。

例如，有一笔 500 万元的险位超赔再保险合同，其险位限额为 50 万元。当危险事故发生后，无事故限额和有事故限额（假设事故限额为 150 万元）的超赔分摊情况见表 9-3 和表 9-4。

表 9-3   **无事故限额险位超赔分摊表**   单位：万元

危险单位	赔款	分出公司承担赔款	分入公司承担赔款
A	100	50	50
B	150	50	100
C	80	50	30
共计	330	150	180

表 9-4   **有事故限额险位超赔分摊表**   单位：万元

危险单位	赔款	分出公司承担赔款	分入公司承担赔款
A	100	50	50
B	150	50	100
C	80	80	0
共计	330	180	150

由于事故限额为 150 万元，所以再保险人对危险单位 C 的赔款不再分担，C 的 80 万元的损失全部由分出公司负担。

（二）事故超赔再保险

事故超赔再保险是指以一次巨灾事故所发生的赔款总和为基础来计算原保险人的自负责任额和再保险人的再保险责任额。事故超赔再保险责任的划分，关键在于如何界定"一次巨灾事故"。当发生自然灾害后，如果划分为一次事故，那么全部赔款都按照事故超赔再保险合同约定的比例分摊，超过再保险人责任限额的部分由原保险人负担。如果划分为数次事故，针对每次事故的赔款分别按照合同约定的比例分摊，一次赔款超过再保险人责任限额的可能性较小，因此相对于划分为一次事故，赔款更多地由再保险人分担。

例如，有一份超过 1 000 万元以后 1 000 万元的巨灾超赔分保合同。洪水持续了 6 天，共造成损失 5 000 万元。如果按照一次事故计算，全部赔款 5 000 万元根据合同约定进行分摊，原保险人先负担 1 000 万元，再保险人负担 1 000 万元，剩下的 3 000 万元仍归原保险人负担，即原保险人共承担 4 000 万元赔偿，再保险人承担 1 000 万元赔偿。如果以 72 小时为一个危险单位，那么持续 6 天的洪水可以划分为两次事故，假定前后两次事故造成的损失分别为 2 000 万元、3 000 万元，分别根据合同约定划分责任。对于第一次事故，原保险人承担赔款 1 000 万元，再保险人承担赔款 1 000 万元；对于第二次事故，原保险人承担赔款 2 000 万元，再保险人承担赔款 1 000 万元。原保险人一共承担了 3 000 万元赔款，再保险人则承担了 2 000 万元赔款。

可见，事故次数划分不同会造成责任分摊的不同，因此，在合同中对如何划分事故次数有详细规定。划分多以时间为标准，有时还有地区的限制。下面给出一些划分"一次事故"的标准：关于风暴、龙卷风、暴风雨、飓风、旋风、台风、暴雨或冰雹等由同一大气扰动造成的灾害达 72 连续小时；关于有同一震中的地震或海啸，潮汐波和火山爆发达 72 连续小时；在一个城市、镇和村落关于暴动、民变和恶意破坏达 72 连续小时；关于森林和草原的大火达 72 连续小时；关于一个或同一河流盆地形成一个地区的洪水达 72 连续小时，河流盆地是指受到影响的一条河流，包括支流。这些规定并不是一成不变的，在实际操作中要兼顾双方的利益来确定具体的时间限度。

在事故超赔再保险中，有类似于分层溢额再保险的安排方式，即将总的赔款额分为若干层，分别由不同的再保险人接受。

例如，一笔 1 000 万元的事故超赔再保险业务分三层安排：

第一层为超过 100 万元的 200 万元，表示发生事故后原保险人承担 100 万元赔款，赔款超过 100 万元的部分由第一层再保险人承担，但最多承担 200 万元。

第二层为超过 300 万元的 300 万元，表示总赔款超过 300 万元的部分由第二层再保险人承担，但最多承担 300 万元。

第三层为超过 600 万元的 400 万元，表示总赔款超过 600 万元的部分由第三层再保险人承担，但最多承担 400 万元。

如果发生赔款 1 000 万元，原保险人和第一层、第二层、第三层再保险人分摊的赔偿金额分别为 100 万元、200 万元、300 万元、400 万元，就像盛水的容器有很多层，一层盛满了便流向下一层。

（三）赔付率超赔再保险

赔付率超赔再保险，是按赔款与保费的比例确定自负责任和再保险责任的一种再保险方式。再保险当事人双方在合同中约定一个赔付率（赔款与保费的比例）标准，在一年之内，当原保险人的赔付率超过这个标准时，由再保险人负担超出部分。再保险人承担的责任也有一定的限额，通常也是以赔付率或金额来表示。赔付率超赔再保险的赔付按年度进行，通过这种再保险方式，原保险人的年度赔付率被控制在一定限度内，因此该再保险又有停止损失再保险和损失中止再保险之称。

在赔付率超赔再保险中，原保险人和再保险人的保险责任是根据赔付率标准划分的，因此，合理制定赔付率标准是经营这种再保险业务的关键。合理的赔付率要满足的条件是，既要对原保险人起到保障作用，又不能使原保险人有机会从中获得不当利益。

一般当营业费用率为20%的时候，再保险的起点赔付率规定为80%。

例如，有一份赔付率超赔再保险合同规定，赔付率标准为80%，再保险人的责任限额为60%，同时规定再保险人赔付金额以100万元为限，二者以较小者为准。这表示当赔付率在80%以下时，所有赔款由原保险人承担，当赔付率超过80%并小于140%的时候，超过80%的部分由再保险人承担，且赔付金额不超过100万元。如果总赔款金额经过再保险人分摊后仍不能全部赔付，剩余部分由原保险人承担。假设净保费收入为100万元，则不同赔款额的分摊见表9-5。

表9-5　　　　　　　　　　　　赔付率超赔再保险分摊表　　　　　　　　　金额单位：万元

赔款额	赔付率	原保险人分摊额	再保险人分摊额
50	50%	50	0
120	120%	80	40
150	150%	90	60

在有的赔付率超赔再保险合同中还会规定，对于再保险人承担的60%的责任额，原保险人还要分担其中的10%，或者说再保险人实际只要支付应承担赔款额的90%。拿上面的例子来说，当赔款额为120万元的时候，再保险人应分摊其中的40万元，根据上述规定，由原保险人再承担其中的10%，即4万元，再保险人实际承担36万元。同理，当赔款额为150万元的时候，再保险人实际只需要承担54万元。这种规定使得对于超过规定赔付率的赔偿部分，原保险人和再保险人之间仍存在利益一致的关系，因此，这种做法被称为共同再保险。

赔付率是赔付率超赔再保险的核心，所以确定合理适当的赔付率是开展再保险业务的关键。常用的赔付率计算方法是按照已发生赔款与满期保费的比例计算的。

$$赔付率 = \frac{已发生赔款}{满期保费} \times 100\%$$

已发生赔款=本年度已付赔款净额+本年度未决赔款准备金−上年度未决赔款准备金

满期保费=本年度保费+上年度未满期保费准备金−本年度未满期保费准备金

其中，满期保费实际上是满期净保费，已发生赔款实际上是已发生净赔款。这种赔付率计算方式由于涉及未到期保费的问题，操作起来非常烦琐，而且缺乏准确性。所以，实务中赔付率的计算常按照净保费收入和赔款净额的比例来计算。其中：

净保费收入 = 毛保费 + 加保费 − 退保费 − 佣金 − 再保费支出 − 保费税 − 盈余佣金

赔款净额 = 已发生赔款 − 收回的赔款 − 摊回的再保险赔款

赔付率超赔再保险的合同期限一般为3～5年，但赔付率需要每年计算。

三、比例再保险和非比例再保险的比较

第一，在比例再保险中，原保险人和再保险人划分保险责任的依据是保险金额，并根据各自承担的保险金额的比例来分配保费和赔款；而非比例再保险依据的是赔款，根据赔款总额的大小来划分原保险人和再保险人各自的保险责任，与保险金额没有关系。

第二，在比例再保险中，原保险人和再保险人按照固定的比例分担保险责任，承保金额、保费和赔款都按照该比例分配；而非比例再保险则完全不同，再保险人不按照比例计算保险责任，只是在原保险人的赔款超过一定标准时担负其再保险责任，保费和赔款的分摊也没有比例可循。

第三，在比例再保险中，再保险人向原保险人收取的再保险费是按照原保险费率来计算的，属于原保险费的一部分，并且与自身承担的保险责任成比例；而非比例再保险费率的计算与原保险费率没有关系，采取单独的费率制度，以会计年度的净保费收入为基础另行计算。

第四，在比例再保险中通常有再保险佣金的规定，而在非比例再保险中则无此规定。

任务三　再保险合同

微课9-3

再保险合同一般采用临时分保、合同分保和预约分保三种方式。三种方式的目的基本相同，即在时空上更广泛地分散风险。

一、临时分保

（一）临时分保的概念及种类

临时分保是指在业务有需要时，临时达成协议的再保险行为。临时分保的特点是，对于临时分保的业务，分出公司和接受人均可自由选择，不承担任何义务。也就是说，对于某一风险，是否要安排再保险、再保险额是多少，完全根据保险人本身所承受风险累积的情况及自留额的多少来决定，以一张保单或一个风险单位为基础，例如，一个工厂的火险临时分保业务，逐笔向再保险人接洽。再保险人是否接受、接受多少，或是否要调整再保险条件等，可视风险的性质、本身的承受能力等酌情自行决定。这些均可由原保险人与再保险人双方临时商定。

临时分保可用于比例分保和非比例分保，因而可分为成数临时分保、溢额临时分保和险位超赔临时分保三种。

下面以房屋火险临时分保为例说明这三种分保方式。

保额为 1 000 000 元，后批改为 800 000 元，并发生赔款 500 000 元，分出公司和接受人的责任分担分别见表9-6、表9-7和表9-8。

表9-6　　　　　　　　　　　　　　成数临时分保　　　　　　　　　　　　金额单位：元

保额		自留额		分保额
金额	比例	金额	比例	
1 000 000	20%	200 000	80%	800 000
800 000	20%	160 000	80%	640 000
500 000（赔款）	20%	100 000	80%	400 000

表9-7 溢额临时分保 金额单位：元

保额	自留额		分保额	
	金额	比例	金额	比例
1 000 000	200 000	20%	800 000	80%
800 000	160 000	25%	640 000	75%
500 000（赔款）	100 000	25%	400 000	75%

表9-8 险位临时分保 单位：元

保额	自留额	分保额
800 000	200 000	600 000
500 000（赔款）	250 000	250 000

　　上述例子说明，采用成数临时分保，分出公司和接受人按保额所承担责任的比例确定后是不变的，如保额批改有变动，各自承担的金额也发生变动。而采用溢额临时分保，分出公司按保额所承担责任的金额是可变的，所以保额若有批改变动，分出公司和接受人所承担责任的比例就会发生变动。溢额临时分保和险位超赔临时分保所承担责任的金额是相同的，但溢额临时分保是以保额为基础，险位超赔临时分保是以赔款为基础。

　　临时分保协议可以通过电话、电报、电传或信件通知对方，告知对方全部的保险细则，双方应承担的责任、义务和享受的权利，风险的主要特点等。对大的风险，通常还要递送一个详细的查勘报告、图样、照片等，连同再保险建议书一起送给再保险人。建议书的内容包括保险人、被保险人、再保险方式、保单号次、风险情况、保险金额、保险人自留数额、保险日期、保险费率、再保险手续费、保险条款或条件。

　　接受临时分保，一般由保险人签署一式两份再保险单，也可以报表代替保单简化手续，由再保险人签字后退回一份给原保险人。

　　临时分保的协议签订后，如果原保险条件有变动，原保险人必须通知再保险人，并须取得再保险人的同意。如果变动涉及加费或退费，再保险人按照约定的比例分摊。如发生赔款，一般由原保险人单独负责处理，但须将损失情况及时通知再保险人。

（二）临时分保的优缺点

1.临时分保的优点

　　（1）保险公司对于各种业务，可灵活和自由地运用临时分保，以发展业务和稳定业务。

　　（2）接受人对于各种业务，可从金额、险别和费率等各方面自由地进行选择。

2.临时分保的缺点

　　（1）由于须向接受人，特别是在当地市场，申明业务的详细情况，因此不利于业务竞争。

　　（2）由于必须得到接受人的同意，待全部临时分保业务安排完毕，原保险人才能对保户承保，因而有可能失去时机，影响业务的争取。

临时分保主要用于：新开办的或是不稳定的业务，合同分保规定除外的或是不愿放入合同的业务，超过合同限额的业务及需要超赔保障的业务。

二、合同分保

合同分保是由原保险人与再保险人用签订合同的方式确定双方的再保险关系，是在一定期间内对一宗或一类业务进行缔约人之间的约束性再保险。

合同分保和临时分保一样有多种方式，可以用于比例合同分保和非比例合同分保。

（一）比例合同分保

1.分保手续

（1）安排。分出公司或通过经纪人首先经由函电与接受人进行联系，如接受人经考虑同意并告知分出公司或经纪人接受，分出人或经纪人（以下统称分出人）应电复证实。分出人寄交接受人"分保条"一式两份，经签署后一份自留，一份退还分出公司，作为接受业务的书面凭证。分出人寄交接受人合同文本一式两份，经签署后一份自留，一份退还分出公司。

（2）批改。合同条文如有批改，分出人应通知接受人，并寄送附约一式两份，经签署后一份自留，一份退还分出公司。

（3）业务账单。分出人应按合同规定寄送业务账单给接受人，经审核后再经由会计进行结算。

（4）赔款。一般赔款均以借记业务账单进行结算。按合同的规定，当赔款达到或超过一定的额度时，分出人可编制"现金赔款账单"，要求接受人立即以现金赔付。

（5）到期续转与注销。比例合同分保一般是长期的，如在规定期限以内，年度终止前3个月，分出人或接受人均没有向对方发出注销通知，合同就继续有效。为了利于合同的安排或修改合同的某些条款以及对合同进行审查核算，分出人或接受人可以在规定期限内向对方发出临时注销通知。经双方洽商后，如同意续转，可向对方撤回临时注销通知，合同继续有效；如经洽商后不同意续保，分出人或接受人应告知，将临时注销通知作为正式注销通知，并经对方证实后，合同终止。

2.分保手续费

比例合同分保手续费分为两种，即分保手续费和纯益手续费。

（1）分保手续费是分出人向接受人收取的报酬，其高低取决于分出人的营业费用（包括经纪人佣金和业务开支等）的多少和合同成绩的好坏。

（2）纯益手续费是在分保合同获得盈利的前提下提出一定的百分率，作为接受人对分出人的一种报酬，所以又称利润手续费。如果分保合同业务出现亏损，就没有纯益手续费。分保合同的利润，根据分保合同规定计算的纯益手续费的收入和支出项目进行核算，如果收入大于支出，就会有利润。

3.未满期保费和未决赔款

当合同按规定日期终止时，尚有部分责任未了，如未满期保费和未决赔款，其被称为未了责任。解决未了责任有两种方法：一种是自然满期方式；另一种是结清方式。自然满期方式是保持现有分保责任，到每笔业务的责任满期或结束时为止。水险一般采取这种方式。结清方式是在合同终止之日，将未满期保费和未决赔款转移给下一个业务年度的接受人而予以结清。火险一般采取这种方式。所以，未满期保费和未决赔款的转移是有转出和转入的。对当年度原来的接受人而言是转出，对下年度新的接受人而言是转入。

未决赔款除非另有规定，一般是按实际未决赔款的90%或100%来计算的。

4.保费准备金和赔款准备金

保费准备金是分出公司留存接受人的一部分保费作为准备金支付未了责任之用。保费准备金的提存数额一般为分保费的40%。留存准备金的期限为12个月，至次年同期归还。分出公司在归还准备金的同时还应支付与接受人议定的利息。

赔款准备金是分出公司在应付接受人的分保费中扣存的另一种准备金，该准备金是按业务年度的未决赔款的90%或100%扣存的，其用途是支付那些已经发生但尚未支付的赔款。归还赔款准备金时，分出公司也要向接受人支付议定的利息。

5.分保账单和结算

按合同的规定，分保账单有每月、每季、每半年或每年的，一般是按季编制，也有的按半年编制，而按年编制账单的情况比较少见。在规定的期限，如每半年的终了后60天或90天内或在可能范围内迅速地由分出公司编制账单送给接受人。接受人在收到账单后的15天内或30天内进行复证确认，如逾期不复证，即作为确认对待。经确认后的账单在规定天数内（一般为30天）由欠方向收方进行结算。账单的编制和结算按合同规定的货币办理，如有规定以外的其他货币，按实际付款当天的汇兑率，由分出公司折合成合同规定的货币向对方进行结算。

（二）非比例合同分保

1.非比例合同分保的优点

采用非比例合同分保，不用逐笔地决定再保险，进行再保险登记和寄送损失报表，只在发生损失时才寄送损失报表，因此，账务很少，管理费用也低。此外，再保险费是固定的，便于原保险人预计成本，成本可以随着损失率、保费收入的发展、再保险市场的情况作较大变动，灵活性大。对于接受人而言，不需提供赔款准备金，需预收再保险费，但无须支付再保险手续费。

2.非比例合同分保的缺点

（1）不能用来交换业务，因此，分出人得不到回头业务。

（2）由于接受人不提供赔款准备金，因而分出人得不到财务上的支持。

（3）分出人经营业务的结果与接受人无直接的联系，如出现大额的赔款，接受人会出现亏损，而分出人仍有盈余；但如果出现大量小额赔款，则全由分出人负责，接受人无任何责任。这有悖共命运原则。

3.非比例合同分保的内容

（1）业务方面。其主要包括：业务种类条款，业务种类条款同比例合同分保；地区范围条款，地区范围同比例合同分保。

（2）关于免赔额和责任额应该订明的内容。其主要包括：分出人的免赔额、接受人的责任额、赔款计算的基础。

（3）合同期限。超赔合同有的是有期限的，如一年期，有的没有期限，但应有注销条款。注销条款应订明下列几点：第一，是赔款发生基础，还是保单签发基础。第二，合同结束时，未了责任的处理问题。第三，对于巨灾超赔应规定，如在合同结束时，尚有巨灾事故正在延续，则整个巨灾事故仍由该合同负责，而不管个别风险单位的损失是在合同到期前还是合同到期后发生的。第四，关于水险和航空险，如在合同结束时，航程正在进行，应该扩展到航程终了。第五，由于战争或一方破产等特殊原因而使合同终止的，其处理方法与比例合同分保相似。

（4）除外责任。关于除外责任，如战争险等，应在合同中订明。

（5）保费。非比例合同分保的保费有固定保费和调整保费两种。如果调整保费，应订明下列几点：第一，是按已得保费计算分保费还是按毛保费计算。第二，是按毛净保费（指毛保费已扣除退费和有关分保费）计算还是按净保费（指除了扣除上述项目外，还扣除经纪人佣金和税款等）计算。第三，是预付保费还是最低预付保费，是一次支付还是分期支付等。第四，如果保费是采取纯费率和附加费率来计算，应明确计算的方法，以及最高费率和最低费率。

（6）恢复责任。应订明：第一，恢复责任的次数；第二，是免费还是应加付保费；第三，加费的计算方法。

（7）赔款。应订明：第一，关于出险通知。若为财产险，当赔款超过免赔额时应立即通知；若为第三者责任险，当赔款达到免赔额的50%时可发出通知。第二，关于赔款的处理。若为财产险，一般由分出人决定；若为责任险，有时接受人也参与处理。第三，关于赔款的给付。接到分出人的赔款账单，经审核后，接受人应立即赔付。

（8）其他方面。其主要包括：物价指数条款，由于通货膨胀，该条款规定免赔额和责任额应按物价指数进行调整；汇率变动条款，如合同限额规定是一种货币，而发生赔款时有两种不同的货币，且汇率有变动，应根据不同的汇率按各种货币所占的比例分配赔款。

三、预约分保

预约分保的特点是既具有临时分保的性质，又具有合同分保的性质。对于分出人，具有临时分保的性质；对于接受人，具有合同分保的性质。这是因为在业务范围合同中虽有规定，但分出人可自由选择而没有义务一定要将业务放入预约分保合同，而接受人对于分出人放入预约分保合同中的业务必须接受。

运用预约分保，对分出人而言，主要是可以增加承保能力，是对合同分保的自动补充，因为如有大额业务，超过合同分保限额，就能运用预约分保，无须再与接受人逐笔确认。同时，预约分保为经纪人提供了便利，使经纪人能较迅速地安排所经手的业务。如经纪人组织了一份飞机险预约分保合同，限额2 000 000元，由10家接受人参加，每家接去的比例是10%，即200 000元。这样经纪人受分出人的委托安排在2 000 000元以内的任务，就可投入预约分保合同，迅速地安排妥当。

由于预约分保对于分出人具有临时分保的特点，因此分出人对于投入合同的业务，每月或每季须提供业务清单，列明每笔业务的保户、保额、保费等项目，以及赔款清单，以便接受人了解所承担的责任和对赔款的审核处理。

预约分保的优点是：有利于分出人对于超过合同限额的业务进行自动安排，有利于经纪人对业务进行迅速安排。预约分保的缺点是：接受人对于业务质量不易掌握，特别是由经纪人组织的预约分保业务，因为经纪人与合同的盈亏无关。

预约分保适用于火险和水险的比例分保。

四、再保险合同基本条款

（一）共命运条款

此条款仅用于比例合同再保险。其具体内容为凡是有关保险费收取、赔款结付、对受损标的的施救、损失收回、向第三者追偿、避免诉讼或提起诉讼等事项，授权原保险人为维护分保双方共同利益作出决定，由此产生的一切权利与义务都由双方按达成的协议规定共同分享和分担。共命运条款的目的是给予原保险人灵活自主处理直接业务的权利。

（二）错误和遗漏条款

该条款规定，当分入公司发现分出人提供的资料或信息在实务操作中发生偶然差错、疏忽和遗漏，应该在谅解的基础上对其进行更正和采取补救措施，并且本着共命运的原则仍予负责，以保证分出公司不致因意外的差错不能享受分保保障。

（三）查账条款

该条款主要规定分出人赋予分入公司查核账单及其他业务文件（如保险单、保险费计算报表及赔案卷宗等）的权利，以保障分入公司的利益，以便其有权核实分出人申报的情况。但在实务中，分入公司一般在与分出人发生争执，有可能付诸诉讼时，才运用该条款。

（四）仲裁条款

再保险合同双方一般在合同中约定：有关本合同或某项目下的业务发生争执或分歧不能友好解决时，可提交仲裁解决。仲裁条款包括对仲裁地点、仲裁机构、仲裁程序和仲裁效力四个方面的规定。

☑ **知识拓展 9-4** --

中国再保险集团

中国再保险（集团）股份有限公司，原名中国再保险（集团）公司，（以下简称"中再集团"）是经国务院批准，在中保再保险有限公司（1996年1月成立）基础上组建的中国唯一一家国有独资专业再保险公司，于1999年3月18日正式成立，于2003年8月在原中国再保险公司基础上改制成立的国有独资保险公司，其注册资本为39亿元人民币。

2007年10月10日，中国再保险（集团）公司自2006年获得中央汇金投资有限责任公司40亿美元注资之后，已完成整体改制。当日，由其整体改制而成的中国再保险

（集团）股份有限公司在京召开了创立大会暨第一次股东大会。会议宣布，经国务院批复同意、保监会批准，中国再保险（集团）股份有限公司由财政部和中央汇金投资有限责任公司共同发起设立，注册资本金为361.49亿元人民币，财政部和中央汇金投资有限责任公司分别持有14.5%和85.5%的股权。公司整体承继原中国再保险（集团）公司及6家子公司的资产、负债、业务及员工，简称仍为"中再集团"。此次股东大会依据国家法律法规，审议通过了公司章程、股东大会议事规则等议案，选举产生了中再集团首届董事和监事。

中再集团宣称，股份公司成立后，将在现代企业框架下，继续改革经营机制，健全法人治理结构，改善内部管理，提高队伍素质，建立以再保险为核心的专业化、多元化的经营，实现可持续发展，为中国保险业的发展提供更多、更专业的服务和支持。

经国务院批复，中国保监会批准，中国再保险（集团）公司由国家注资整体改制为股份公司并于2007年10月30日揭牌成立。公司以361.49亿元注册资本金在再保险行业排名亚洲第一、全球第五。

中再集团是目前我国内地最大的再保险公司，在国内再保险市场占有近80%的份额。此前已披露的信息显示，中再集团未来将在保持国家绝对控股原则的基础上引进境内外战略投资者，并择机实现股票公开发行上市，以进一步增强资本实力及承保能力。多年来，中再集团一直履行国家再保险公司职能，在中国保险市场发挥再保险主渠道作用。

资料来源：作者根据相关资料整理。

知识掌握

1. 简述比例再保险和非比例再保险的含义。
2. 简述临时再保险的优缺点各有哪些。
3. 简述成数和溢额混合再保险的构成。
4. 简述险位超赔再保险、事故超赔再保险、赔付率超赔再保险的责任分配方法。
5. 简述共同命运条款的含义。

知识应用

·案例分析

案例一

假设一成数再保险合同，每一危险单位的最高限额规定为500万元，自留部分为45%，分出部分为55%（即为55%的成数再保险合同），请将双方的成数分保责任分配表补充完整，见表9-9。

表9-9 　　　　　　　　　　　　　成数分保责任分配表　　　　　　　　　　　　单位：元

保险金额	自留部分	分出部分	其他
100 000			
2 500 000			
5 000 000			

案例二

假设某溢额分保合同的自留额为40万元，现有3笔业务，请将溢额分保责任分担表补充完整，见表9-10。（只计算保险金额）

表9-10 　　　　　　　　　　　　溢额分保责任分担表　　　　　　　　　　　　单位：元

业务次序	总额	自留部分	分出部分
第一笔	300 000		0
第二笔	500 000		
第三笔	1 000 000	400 000	

案例三

现有一超过100万元以后900万元的火险险位超赔分保合同，表示为"超过100万以后的900万元"，在一次事故中有3个危险单位遭受损失，每个危险单位损失150万元。如果每次事故对危险单位没有限制，请将险位超赔再保险赔款分配表补充完整，见表9-11。

表9-11 　　　　　　　　　　险位超赔再保险赔款分配表　　　　　　　　　　单位：元

危险单位	发生赔款	分出公司承担	分入公司承担
I	800 000		
II	1 500 000		
III	3 000 000		2 000 000

案例四

假设有一超过100万元以后的300万元的巨灾超赔分保合同，一次台风持续了6天，共损失500万元。若每72小时算一次事故，第一个72小时损失150万元，第二个72小时损失350万元。请将事故超赔再保险赔款责任分配表补充完整，见表9-12。

表9-12 　　　　　　　　　　事故超赔再保险赔款责任分配表　　　　　　　　　　单位：元

	损失金额	分出公司承担	分入公司承担
第一个72小时	1 500 000		
第二个72小时	3 500 000		2 500 000

案例五

有一份赔付率超赔再保险合同规定，赔付率标准为80%，再保险人的责任限额为60%。这表示当赔付率在80%以下时，所有赔款由原保险人承担，当赔付率超过80%并小于140%的时候，超过80%的部分由再保险人承担。假设净保费收入为100万元，请将赔付率超赔再保险赔款分摊表补充完整，见表9-13。

表9-13　　　　　　　　　赔付率超赔再保险赔款分摊表　　　　　　　金额单位：万元

赔款额	赔付率	原保险人分摊	再保险人分摊
60			
100	100%		
130			

项目十

保险监管

学习目标

知识目标：认识保险业国家监管的目的、方式与机构；了解保险公司及其业务监管的主要内容。

技能目标：明确将保险公司偿付能力作为保险监管重点的必要性；掌握我国对保险财务监管、偿付能力监管的主要规定。

素养目标：通过保险监管相关内容及经典案例的介绍，增强学生依法依规经营的意识，提升遵纪守法的自觉性。

任务一　保险监管概述

保险业是一个公共性极强的行业，一向有"社会稳定器"之称。为了确保社会经济的稳定与发展，保险业受到严格监管，且这种严格监管在国际上具有普遍性。

微课 10-1

一、保险监管的内涵

（一）保险监管的定义

保险监管即对保险业的监督管理，它有广义和狭义之分。

1.广义的保险监管

广义的保险监管包括三个层次，它们相辅相成，相互补充，构成了完整的保险业监管体系。

（1）保险业的国家监管，即国家建立专门的保险监管机构，通过法律和行政手段，对保险市场、保险公司及其经营活动进行监督管理；

（2）保险业的行业自律，即建立保险行业的自律组织，如保险行业协会，制定行业自律规则，对保险公司在保险市场上的行为进行自我监管；

（3）保险公司内部的监管，即保险公司通过建立各种规章制度和监管机制，对本公司的各个部门及职工进行监管。

2.狭义的保险监管

狭义的保险监管是指保险业的国家监管。其特点主要有：

（1）通过设立保险监管机构进行监管，其性质是国家干预保险活动的行为；

（2）形式是由保险监管机构监督执行通过立法确定的保险业经营规则和有关制度，并对违反规则和制度的行为实施法律或行政制裁；

（3）具有普遍约束力，一个国家中的所有保险组织都要接受保险监管机构的监管；

（4）监管内容广泛，涉及保险机构、保险业务、保险公司的偿付能力等；

（5）职能是规范保险市场行为，调控保险业发展。

本项目介绍的是狭义的保险监管，即国家对保险业的监管。保险监管体系及国家对保险业的监管内容如图10-1所示。

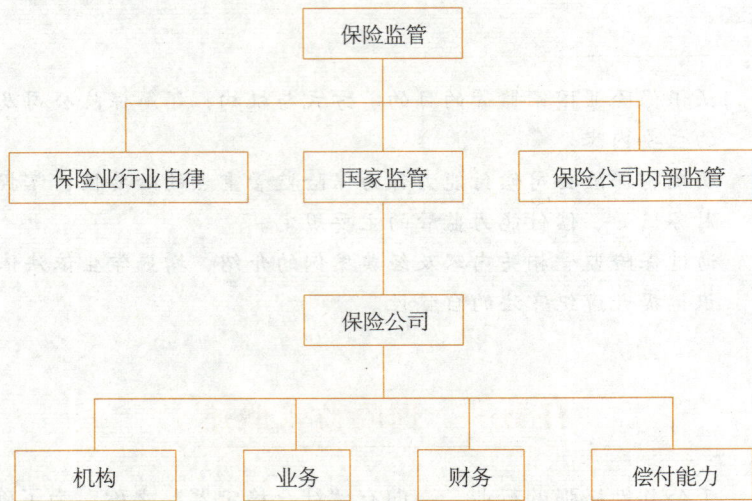

图10-1　保险监管体系及国家对保险业的监管内容

（二）保险监管的原因

1.保险市场监管的经济原因

（1）市场失灵

市场失灵是指市场无法有效率地分配商品和劳务的情况。市场失灵的原因有三个：

第一，信息不对称。保险市场的信息不对称问题很严重，既包括隐藏信息问题，如投保人隐瞒信息以获得保险保障，保险人隐瞒保单中规定的除外责任，保险事故发生后，寻找各种借口拒赔，也包括隐藏行为问题，如投保人投保后疏于对保险标的的保护甚至故意毁坏保险标的以期望获得保险赔付。

不对称信息与不存在的信息导致道德风险，而对保险市场的监管则可以以明确的规则使信息通畅，从而降低道德风险的发生概率。

第二，外部性。外部性是指个人和厂商的一种行为直接影响到他人，却没有给予支付或得到补偿。外部性有正的外部性和负的外部性之分。公共物品（路灯、国防）具有正的外部性，很难由私人提供。企业的生产活动造成了居民的空气污染，具有负的外部性，但企业不会对受到污染的居民给予补偿。

保险负的外部性包括保险公司破产对社会稳定的不利影响；保险欺诈对社会财产和公民人身的连带损害；保险业危机引起金融业和宏观经济危机的多米诺效应等。为使这些负的外部性成本内部化，减少此类事情的发生，保险监管必不可少。

第三，市场势力。保险业的垄断行为会对保险消费者的利益造成损害，带来资源配置无效率和生产无效率，因此需要政府对保险市场进行监管，以防止垄断行为的发生。

（2）防止低声誉保险市场的产生

保险市场最重要的资源不是物质资本，也不是人力资本和技术资源，而是声誉。我们谈到保险的功能和作用时，人们一般强调的是保险所带来的正面效应，无论是基本职能中的经济补偿职能和分散风险职能，派生职能中的积蓄资金、监督风险职能，还是对宏观、微观经济发展的促进和保障作用，都是对保险功能的正面论述，但是保险可能给社会带来的负面效应往往被忽略。而在一个低声誉的保险市场上，保险的负面效应或"保险的代价"恰恰是不容忽视的。

在低声誉的保险市场上，面对保险，低风险的人会采取"用脚投票"的方式，拒绝加入或退出保险市场，降低保险发展的可持续性。更严重的问题是，低声誉保险市场的逆向选择效应在使得正常的、风险较低的投保人退出市场的同时，吸引着更多的非正常的、风险高的投保人加入。

在低声誉的保险市场上，保险诱致社会资源的浪费也远多于高声誉的保险市场。比如，因为医疗保险的存在，医疗服务的提供方（医院和医生）可能会诱导被保险人购买更多的卫生服务和药品，而被保险人也会因为保险的存在同意甚至要求医生开出更多的药品，这既造成了有限医疗资源的浪费，也可能对被保险人造成医源性损害。

保险业最令人关注的负面效应是保险本身的问题可能引发的金融危机甚至经济危机。各国政府对保险业的监管比对其他产业严格的一个根本动机就在于防止保险业的危机对金融和经济安全造成毁灭性的破坏。

☑ 知识拓展 10-1 ········

金融监管要"长牙带刺、有棱有角"

金融活，经济活；金融稳，经济稳。金融高质量发展关乎中国式现代化建设全局，维护金融安全更是治国理政的一件大事。

党的十八大以来，习近平总书记高度重视金融在经济发展和社会生活中的重要作用，围绕做好金融工作发表了一系列重要论述。

2024年1月16日，在省部级主要领导干部推动金融高质量发展专题研讨班开班式上，习近平总书记再次对"着力防范化解金融风险特别是系统性风险"作出具体部署："金融监管要'长牙带刺、有棱有角'，关键在于金融监管部门和行业主管部门要明确责任，加强协作配合，在市场准入、审慎监管、行为监管等各个环节，都要严格执法，实现金融监管横向到边、纵向到底。"

"长牙带刺、有棱有角"，是形容加强金融监管的力度和决心。继2023年中央金融工作会议强调"全面加强金融监管"后，习近平总书记以一个形象的比喻，再次强调了我国对金融领域违法违规乱象"零容忍"的态度，彰显了我国全面加强金融监管的决心，指明了全面加强金融监管工作的方向。

"长牙带刺、有棱有角"，表明加强金融监管要综合施策、不留死角。全面加强金融监管是一项系统工程，需要多方参与、凝聚合力。金融管理部门和宏观调控部门、行业主管部门、司法机关、纪检监察机关等都应履行相应职责，金融机构、投资者、消费者等市场主体也应树立合规意识，媒体和公众也应共同发挥监督作用。唯有各方协作配合，才能形成全方位的监管合力。

"长牙带刺、有棱有角"，明确了加强金融监管的力度和深度。金融犯罪活动隐蔽性强、危害性大，同时专业性、技术性较为复杂。因此，只有在市场准入、审慎监管、行为监管等各个环节都严格执法，聚焦影响金融稳定的"关键事"、造成重大金融风险的"关键人"、破坏市场秩序的"关键行为"，才能把"板子"真正打准、打痛，增强监管的震慑力，实现"横向到边、纵向到底"。

防控风险是金融工作的永恒主题。

党的十八大以来，我国金融体系不断发展完善，金融治理能力和治理水平稳步提升，金融监管透明度和法治化取得新进展，现代金融监管体系日趋成熟。

特别是2023年，我国金融监管领域迎来重磅改革，组建中央金融委员会、中央金融工作委员会、国家金融监督管理总局，深化地方金融监管体制改革，将中国证券监督管理委员会调整为国务院直属机构，统筹推进中国人民银行分支机构改革……通过机构调整、建章立制，不断扎紧制度的"铁篱笆"。

如今，我国已成为重要的世界金融大国，拥有全球最大的银行体系，第二大保险、股票和债券市场，外汇储备规模稳居世界第一，普惠金融走在世界前列，不断满足经济社会发展和人民群众日益增长的金融需求，金融已经成为推动经济社会发展的重要力量。

可以说，"长牙带刺、有棱有角"，既是建设金融强国的重要内容，也是社会经济发展的必然要求。

随着金融监管的全面加强，金融风险防控将更加有力有效，为高质量发展提供更坚实的支撑。

资料来源：石光辉. 金融监管要"长牙带刺、有棱有角"［EB/OL］.［2024-01-22］. https：//baijiahao.baidu.com/s？id=1788752207346393257&wfr=spider&for=pc.

2.建立和形成合理的保险市场结构的需要

（1）保护自由竞争的需要。资源配置的手段是"看不见的手"，即价格和价值规律。市场自由的核心在于自由竞争，"看不见的手"的作用是以竞争为基础的，竞争越充分，资源的配置效率就越高。保险市场的竞争程度决定了该市场的效率，保险监管对保护市场的自由竞争十分必要。

（2）反垄断的需要。保险市场失灵的首要表现是保险市场的自然垄断。保险市场的垄断表现为单个保险公司的完全垄断和少数保险公司的寡头垄断。实力较强的保险公司在竞争初期将其保险商品价格即费率降至边际成本以下，以此排挤其他保险公司，迫使其退出保险市场，以便取得垄断地位，然后抬高费率至边际成本以上，获取垄断利润，从根本上损害了被保险人的利益。因此，有必要通过保险监管，消除或防止保险市场垄断。

（3）避免过度竞争的需要。过度竞争是由于有市场进入机制而没有正常的退出机制造成的，多数市场主体都达不到经济规模，整个市场集中度不高，它同样会导致社会资源配置的低效率。保险市场上如果众多小公司达不到保险行业的合理规模，成本降不下来，反而因竞争的需要而将费率人为地压低，其后果是削弱甚至丧失偿付能力，最终损害被保险人的利益。因此，加强保险监管，防止保险市场上出现过度竞争是非常重要的。

3.保险行业的特殊性

（1）保险公司的经营是负债经营。保险公司通过收取保费建立的保险基金是全体被保险人的财富，保险公司一旦出现因经营不善导致的亏损或者倒闭，将使广大被保险人的利益受到极大损害，甚至会诱发社会危机。

（2）保险产品的供给与消费具有特殊性。保险业提供的是"无形"产品，是对合同规定的未来损失进行赔偿或给付的承诺。寿险产品的承诺期限较长，要保证该承诺的有效性，仅靠保险人自律是不行的。

（3）保险商品的定价需要专门的技术，并且具有公共产品的性质，容易被模仿，产生搭便车行为。因此需要政府对此加以监管，以保障投保人获得合理的保障条件和费用支付条件。

（三）保险监管的目的

1.保护被保险人的利益

保险经营中，保险产品的具体品种及其合同条款和保险费率都是保险公司事先拟定的，投保人和被保险人对其的认识是极为有限的，通过保险监管能够对保险人进行必要的制约，让投保方尽量知情，防止保险人的恶意侵害。同时，保险是一种无形产品，保险人所承担的是未来的损害赔偿责任，是一种"承诺"。而保险人能否真正实现其"承诺"，取决于它是否具有足够的偿付能力。保险公司是否具有偿付能力，投保人、被保险人是难以判断的，必须由监管部门通过对保险公司的资本金、保证金、责任准备金、最低偿付能力的监管，确保其偿付能力。这样，被保险人的利益才能得以维护。

2.确保保险业整体稳定发展

保险业同其他行业一样，也存在着激烈的竞争，不公平、不正当的竞争会直接影响保险业的正常发展。对保险业实施监管，一方面避免了保险企业垄断行为的发生，另一方面避免了保险企业不正当竞争甚至恶性竞争行为的发生，促使保险市场保持适度竞争。同时，通过建立完善的市场准入与退出机制，并对保险公司兼并、破产等行为实施监管，可以防止保险公司经营不善导致偿付危机的扩散，维护保险业整体的稳定发展。

3.保证保险人具有足够的偿付能力

保险是一种经济补偿制度，因此保险人的偿付或给付能力就是保险企业经营管理的核心，保证保险人具有足够的偿付能力既是国家政府对保险人进行监督管理的首要目标，也是国家政府对保险市场进行监督管理的核心内容。为保证保险人的偿付能力，各国都通过立法的手段对其进行监督管理。如各国保险法均对保险公司设立的最低资本金、保证金提存、责任准备金提取、最低偿付能力指标、保险费收入与资本金比例、法定再保险业务安排等方面进行了相应的规定。而这些法律规定既是对保险人赔偿能力的法律要求，也是国家政府对保险公司进行监督管理的重要内容。

4.防止保险欺诈，保障保险人、被保险人的正当权益

保险欺诈主要来自保险人的欺诈行为、投保人或被保险人的欺诈行为和非法保险活动。

（1）保险人方面的欺诈行为，主要表现为缺乏必要的偿付能力或超出核定的业务经营范围；利用拟定保险条款和保险费率的优势欺骗投保人或被保险人，甚至逃避其应承担的保险责任。对这种行为，各国保险法一般通过规定保险经营范围和保险条款的行政审批制度来防范和抑制。

（2）投保人或被保险人的欺诈行为，主要表现为利用保险谋取不正当的经济利益。例如，2019年一家大型财险公司常州中心支公司发现，负责对该公司车险理赔业务进行查勘定损的王龙×、王天×存在涉嫌骗取保险金的犯罪情形，并于1月19日向公安机关报案。经公安机关查明，2018年3月至2018年10月，王龙×、王天×利用职务便利，伙同外部修理厂及个人故意编造小额虚假人伤案件18笔，骗取保险金94 701元，从中收取相关单位及个人好处费37 292元。对这些行为，各国一般是通过保险法规定保险利益原则、损失补偿原则、保险人责任免除条款等加以控制和防范。

（3）来自非法经营保险业务人的欺诈行为，主要指一些保险公司以外的其他组织或个人未经相关主管机关批准，盗用保险人或保险代理人、经纪人身份招摇撞骗的非法保险经营活动，或与保险公司工作人员内外勾结，骗取保险金的行为。对此，各国保险法和其他相关法律中均有具体的处罚规定，以制止和打击这些违法犯罪行为。

（四）保险监管的原则

1.依法监管原则

任何人、任何单位的行为都不能超越法律。因此，保险业也必须依法接受保险监督管理机关的监管，同时，保险监管机关也必须依法监管，这是一个相对的行为。在保险市场上，为了保险业的整体利益和被保险人的整体利益，必须依靠法律，以保证监管的权威性、严肃性、强制性、一贯性，从而达到监管的有效性。

2.适度竞争原则

有市场就必须有竞争，但过度的竞争也会损害市场的健康稳定发展，市场失灵的现象普遍存在。为了保证市场的健康发展，必须有外部的适当干预，即政府的监管。保险监管的重心应放在创造适度竞争的市场环境上，放在防止出现过度竞争、破坏性竞争、恶意竞争从而危及保险业的健康发展上，要求管而不死、活而不乱，既限制竞争，又不消灭竞争。

3.自我约束与外部强制相结合的原则

保险监管不能代替保险公司的内部自我管理，监管应该一方面消除保险公司不正当的经营行为，化解其经营中存在的风险，另一方面要把培养保险公司自身管理能力作为监管的工作之一。

4.综合性管理原则

保险监管应将法律、经济、行政等管理手段配套使用，取长补短。

5.稳健经营与风险预防原则

保险行业是经营风险的特殊行业，稳健经营是其最基本的目标。而要达到这一目标，就必须进行系统的风险预防和监测，将稳定经营和风险防范与化解紧密结合起来。

6.不干预保险机构内部经营管理原则

保险公司是自主经营、自负盈亏的独立企业法人，它有权在法律规定的范围内，独立决定自己的经营方针和政策，对此，保险监管机构不能非法干涉。在我国保险市场上，有的保险公司是国有独资的保险公司，对它们的监管，如不坚持"不干预保险机构内部经营管理"的原则，就会回到计划经济模式下政企不分的老路上去。所以，在保险监管中要充分尊重保险企业的独立法人地位和经营自主权，只有这样，才能有效地促进保险业的健康发展。

我国保险监管部门提出的监管五项原则为：以我为主、安全可控、优势互补、合作共赢、和谐发展。以我为主就是根据国民经济发展需要和保险业实际，牢牢把握对外开放的主动权，不断完善对外开放政策；安全可控就是将对外开放的力度和我国保险市场的可承受程度结合起来，有步骤、有秩序地扩大对外开放，防范对外开放可能带来的风险，维护金融保险安全；优势互补就是充分利用外资保险公司在资本、技术、管理等方面的优势，紧盯我国保险市场的薄弱环节，促进区域协调发展；合作共赢就是加强中外资保险公司的合作与交流，公平竞争，共同发展，形成促进保险业发展的合力；和谐发展就是通过对外开放，实现国内市场和国际市场的有机融合，实现国内保险资源和国际保险资源的优化配置，实现中资保险公司和外资保险公司的协调发展。

二、保险监管的方式

国家对保险业的监管方式各国不尽统一，根据监管的宽严程度不同，可分为三种，即公示方式、规范方式和实体方式。

(一)公示方式

这是保险业国家监管中最为宽松的一种方式。在公示方式下，国家对保险业的经营不直接监督，只是规定保险人按照国家规定的格式及内容，将公司的资产负债、营业结果及其他有关事项定期呈报监管机构并予以公布，保险经营的优劣由被保险人和一般大众自己判断。保险业的组织形式、保险合同格式、保险基金的运营等事项也由保险公司自主决定，国家一般不加干预。这种方式的最大优点是保险业经营环境十分宽松，保险业可以自由发展；缺点是缺少强有力的监管，易出现损害被保险人利益、不正当竞争等不良倾向。采用这种监管方式的国家应具备一定的条件：经济发展水平高，拥有公平竞争的市场环境；保险机构普遍存在，投保人有选择优劣的可能；保险业自律性强，有良好的商业道德；社会公众具有较高的文化水平和投保意识，被保险人对保险公司的优劣有一定的判断力。目前，大多数国家都达不到这种要求，只有英国等少数国家采用这种方式。

（二）规范方式

这种监管方式由国家通过立法制定保险业经营管理的基本准则，要求保险公司共同遵守，并在形式上进行审查。在规范方式下，保险业经营只要在形式上符合规定条件，即予核准。国家对保险公司的重大事项，如最低资本金的要求、资产负债表的审查、法定公布事项的主要内容、违反法律的处罚等都有明确规定。这种监管方式的优点在于强调保险经营形式上的合法性，比公示方式更进了一步；但缺点是难以触及保险业经营管理的实体，甚至出现形式上合法、实质上不合法的现象。荷兰等国曾采用过这种监管方式，目前已少有国家采用。

（三）实体方式

这是保险业国家监管中比较严格的监管方式。在实体方式下，国家制定了比较完善的法律制度和监管规则，设置了拥有较高权威和权力的保险监督管理机构。保险组织的设立，必须经其审核批准并发放许可证；在经营过程中，必须接受保险监管机构在财务、业务方面的监管；破产清算也须在监管机构监督下进行。这种监管方式由瑞士于1885年创立，目前大多数国家都采用这种方式，我国也不例外。

三、保险监管机构

保险监管机构是指由国家政府设立的专门对保险市场的各类经营主体、保险经营活动进行监督和管理的机构。国家的保险监管制度主要是通过其所设立的保险监管机关实施保险监管职能来实现的。为了对保险业实行更为有效的监督和管理，各国都建立了相应的保险监督管理机关，并赋予其明确的职责。

保险监管机构可分为两种：一是单一制的保险监管机构；二是双轨制的保险监管机构。所谓单一制的保险监管机构，就是国家成立单一的保险监管机关对全国范围内的保险市场实施统一的监督和管理。所谓双轨制的保险监管机构，则是指中央政府和地方政府分别设立保险监管机关，在各自的监管权限范围内分别行使保险监管权力的保险监管体制。从世界各国的实际情况来看，大多数国家采取单一制的保险监管体制，如英国、日本、德国、法国等，只有美国、加拿大等实行联邦制的国家采用双轨制的保险监管体制。

保险监督管理机构是保险业的监督管理者，履行国家的行政管理职能，在对保险业进行监督管理、行使职权时，应当依法行政；如果滥用职权、行为非法或者失职，应当按照相应的法律规定，承担不当审批的法律责任。《保险法》规定，对不符合本法规定条件设立保险公司的申请予以批准，或者对不符合保险代理人、保险经纪人条件的申请予以批准，或者有滥用职权玩忽职守的其他行为，构成犯罪的，依法追究刑事责任；尚不构成犯罪的，依法给予行政处分。

（一）我国的保险监管机构

我国保险业在新中国成立后经历了一个曲折的发展过程，保险业的行政归属也几经变化。中华人民共和国成立初期，保险监管部门是中国人民银行；1958年国内保险业务停办后，改由财政部兼管；20世纪80年代初恢复国内保险业务后，由中国人民保险公司独家垄断经营保险业务，事实上并无专门的保险监管活动；1986年后，新疆生产建设兵团保险公司、深圳平安保险公司、中国太平洋保险公司等相继成立，中国人民保险公司的垄断地位被打破，其间的保险监管由中国人民银行负责；1995 年 7 月，中国人民银行设立了专门行使保险监管职能的部门——保险司；1998 年 11 月 18 日，中国保险监督管理委员会（简称保监会）正式成立。保监会是国务院直属的事业单位，是全国商业保险的主管机关，它的成立标志着中国保险监管工作进入新的历史阶段。2003 年，国务院决定，将中国保监会由国务院直属副部级事业单位改为国务院直属正部级事业单位，并相应增加职能部门、派出机构和人员编制，设置 16 个职能机构和 2 个事业单位。

2018 年 3 月，组建中国银行保险监督管理委员会，将中国保险监督管理委员会审慎监督基本制度的职责划入中国人民银行。2018 年 4 月 8 日，中国银行保险监督管理委员会正式挂牌，其主要职责是依照法律法规统一监督管理银行业和保险业，维护银行业和保险业合法、稳健运行，防范和化解金融风险，保护金融消费者的合法权益，维护金融稳定。

2023 年 5 月 18 日，国家金融监督管理总局正式挂牌，我国金融监管机构改革迈出重要一步。2023 年 3 月，中共中央、国务院印发《党和国家机构改革方案》，其中多项涉及金融监管领域：组建中央金融委员会，组建中央金融工作委员会，组建国家金融监督管理总局，深化地方金融监管体制改革，将中国证券监督管理委员会调整为国务院直属机构，统筹推进中国人民银行分支机构改革等。根据改革方案，国家金融监督管理总局在中国银保监会基础上组建，统一负责除证券业之外的金融业监管，不再保留中国银保监会。

（二）国家金融监督管理总局的职责

国家金融监督管理总局负责贯彻落实党中央关于金融工作的方针政策和决策部署，把坚持和加强党中央对金融工作的集中统一领导落实到履行职责过程中。其主要职责是：

（1）依法对除证券业之外的金融业实行统一监督管理，强化机构监管、行为监管、功能监管、穿透式监管、持续监管，维护金融业合法、稳健运行。

（2）对金融业改革开放和监管有效性相关问题开展系统性研究，参与拟订金融业改革发展战略规划；拟订银行业、保险业、金融控股公司等有关法律法规草案，提出制定和修改建议；制定银行业机构、保险业机构、金融控股公司等有关监管制度。

（3）统筹金融消费者权益保护工作。制定金融消费者权益保护发展规划，建立健全金融消费者权益保护制度，研究金融消费者权益保护重大问题，开展金融消费者教育工作，构建金融消费者投诉处理机制和金融消费纠纷多元化解机制。

（4）依法对银行业机构、保险业机构、金融控股公司等实行准入管理，对其公司治理、风险管理、内部控制、资本充足状况、偿付能力、经营行为、信息披露等实施监管。

（5）依法对银行业机构、保险业机构、金融控股公司等实行现场检查与非现场监管，开展风险与合规评估，查处违法违规行为。

（6）统一编制银行业机构、保险业机构、金融控股公司等的监管数据报表，按照国家有关规定予以发布，履行金融业综合统计相关工作职责。

（7）负责银行业机构、保险业机构、金融控股公司等的科技监管，建立科技监管体系，制定科技监管政策，构建监管大数据平台，开展风险监测、分析、评价、预警，充分利用科技手段加强监管、防范风险。

（8）对银行业机构、保险业机构、金融控股公司等实行穿透式监管，制定股权监管制度，依法审查批准股东、实际控制人及股权变更，依法对股东、实际控制人以及一致行动人、最终受益人等开展调查，对违法违规行为采取相关措施或进行处罚。

（9）建立除货币、支付、征信、反洗钱、外汇和证券期货等领域之外的金融稽查体系，建立行政执法与刑事司法衔接机制，依法对违法违规金融活动相关主体进行调查、取证、处理，涉嫌犯罪的，移送司法机关。

（10）建立银行业机构、保险业机构、金融控股公司等的恢复和处置制度，会同相关部门研究提出有关金融机构恢复和处置意见建议并组织实施。

（11）牵头打击非法金融活动，组织建立非法金融活动监测预警体系，组织协调、指导督促有关部门和地方政府依法开展非法金融活动防范和处置工作。对涉及跨部门跨地区和新业态新产品等非法金融活动，研究提出相关工作建议，按要求组织实施。

（12）按照建立以中央金融管理部门地方派出机构为主的地方金融监管体制要求，指导和监督地方金融监管相关业务工作，指导协调地方政府履行相关金融风险处置属地责任。

（13）负责对银行业机构、保险业机构、金融控股公司等与信息技术服务机构等中介机构的信息科技外包等合作行为进行监管，依法对违法违规行为开展调查，并对金融机构采取相关措施。

（14）参加金融业相关国际组织与国际监管规则制定，开展对外交流与国际合作。

（15）完成党中央、国务院交办的其他任务。

☑ **知识拓展 10-2**

金管局 2 号令直指保险销售行为乱象

为保护投保人、被保险人、受益人的合法权益，规范保险销售行为，统一保险销售行为监管要求，根据《中华人民共和国保险法》《国务院办公厅关于加强金融消费者权益保护工作的指导意见》等法律和文件，2023 年 9 月 20 日国家金融监督管理总局发布《保险销售行为管理办法》（以下简称《销售办法》），自 2024 年 3 月 1 日起施行。

《销售办法》共 6 章 50 条，将保险销售行为分为保险销售前行为、保险销售中行为和保险销售后行为三个阶段，区分不同阶段特点，分别加以规制。一是保险销售前行为管理，对保险公司、保险中介机构业务范围、信息化系统、条款术语、信息披露、产品分类分级、销售人员分级、销售宣传等进行规制。二是保险销售中行为管理，要求保险公司、保险中介机构了解客户并适当销售，禁止强制搭售和默认勾选，在销售时告知身份、相关事项，提示责任减轻和免除说明等。三是保险销售后行为管理，对保单送达、回访、长期险人员变更通知、人员变更后禁止行为、退保等提出要求。

　　《销售办法》是国家金融监督管理总局落实以人民为中心的发展思想、切实提升保险消费者获得感的重要举措，是完善行为监管制度体系、构建保险销售行为监管框架的基础环节。《销售办法》的出台，体现了金融监管工作的政治性和人民性，有助于提升保险行业销售行为的规范性，可以有效增强保险消费者的获得感和满意度。

　　资料来源：国家金融监督管理总局. 金融监管总局发布《保险销售行为管理办法》［EB/OL］.［2023-09-28］. https：//www.nfra.gov.cn/cn/view/pages/ItemDetail.html？docId=1129961&itemId=915&generaltype=0.

任务二　保险监管的主要内容

　　保险公司是保险业发展的微观基础，在保险供需关系中处于主动地位。因此，虽然各国保险监管的机构和模式有所差异，但监管的内容基本上是一致的，即以对保险公司的监管为重点，以对保险公司的机构、业务、财务和偿付能力监管为主要内容。

一、保险机构监管

微课10-2　　　　　　保险机构监管是指对保险机构的设立、整顿、接管和清算等实施监管。

（一）保险机构的设立

　　各国的法律对保险机构的组织形式和应具备的条件都作了规定。我国《保险法》规定，保险人应当采取股份有限公司和国有独资公司形式，同时我国对保险市场的准入实行的是审批制。设立保险公司应当具备下列条件：

　　（1）主要股东具有持续盈利能力，信誉良好，最近3年内无重大违法违规记录，净资产不低于人民币2亿元；

　　（2）有符合本法和《中华人民共和国公司法》规定的章程；

　　（3）有符合本法规定的注册资本；

　　（4）有具备任职专业知识和业务工作经验的董事、监事和高级管理人员；

　　（5）有健全的组织机构和管理制度；

　　（6）有符合要求的营业场所和与经营业务有关的其他设施；

　　（7）法律、行政法规和国务院保险监督管理机构规定的其他条件。

（二）保险公司的整顿与接管

　　根据《保险法》的规定，当保险公司未按规定提取或结转各项责任准备金，或者未按规定办理再保险，或者严重违反关于资金运用规定时，由国务院保险监督管理机构责令该保险公司限期改正。若保险公司在限期内未予改正的，由国务院保险监督管理机构决定选派保险专业人员和指定该保险公司的有关人员组成整顿组，对其进行整顿。整顿以被整顿保险公司纠正其违法行为或恢复正常经营状况为条件而结束。如果保险公司损害社会公共利益，可能严重危及或者已经危及保险公司偿付能力的，按照《保险法》的规定，国务院保险监督管理机构可以对该保险公司实行接管。接管的目的是对被接管的保险公司采取必要措施，保护被保险人的利益，恢复保险公司的正常经营。

知识拓展 10-3

安邦：保险业破产清算第一案

2024 年 8 月 2 日，《国家金融监督管理总局关于安邦保险集团股份有限公司破产的批复》《国家金融监督管理总局关于安邦财产保险股份有限公司破产的批复》发布，原则上同意安邦保险集团、安邦财险进入破产程序。

实际上，安邦保险集团风险的成功处置，是我国防范化解金融风险的一项重要事件，也是大型金融机构风险处置的重要样本和示范。

2018 年 2 月 23 日，原中国保监会发布公告，鉴于安邦集团存在违反《保险法》规定的经营行为，可能严重危及公司偿付能力，依照《保险法》第一百四十四条规定，决定对安邦集团实施接管，接管期限一年。国务院机构改革后，中国银保监会取代中国保监会依法履行对安邦集团的接管职责，推动化解安邦集团风险。2019 年 2 月 22 日，依照《保险法》第一百四十六条规定，中国银保监会决定将安邦集团接管期限延长一年。

2019 年 7 月 11 日，原中国银保监会批准中国保险保障基金有限责任公司、中国石油化工集团有限公司、上海汽车工业（集团）总公司共同出资设立大家保险集团有限责任公司，注册资本 203.6 亿元。大家保险集团依法受让安邦人寿、安邦养老和安邦资管股权，新设大家财险，承接安邦财险。安邦保险集团和安邦财险将依法予以清算注销。

安邦集团在 2015—2017 年期间，集中销售了超过 1.5 万亿元的中短存续期理财保险产品，2018—2020 年出现满期给付和退保高峰。截至 2020 年 1 月，接管前安邦集团发行的 1.5 万亿元中短存续期理财保险已全部兑付，未发生一起逾期和违约事件。

2020 年 2 月 22 日，原中国银保监会发布公告，根据《保险法》第一百四十七条规定，从安邦保险集团拆分新设的大家保险集团已基本具备正常经营能力，依法结束对安邦集团的接管。

2020 年 9 月 14 日，安邦保险集团官网发布公告，该公司当日召开股东大会，会议决议解散公司，并成立清算组（筹）。下一步，安邦保险集团将按照法律法规向中国银保监会申请解散，在取得相关行政许可后及时组织清算。

2024 年 5 月 20 日，安邦股东大会同意依法开展破产清算。

2024 年 6 月 12 日，国家金融监督管理总局发布公告称，原则上同意安邦保险集团股份有限公司和安邦财产保险股份有限公司进入破产程序。

2024 年 6 月 19 日，安邦集团和安邦财险以不能清偿到期债务且资产不足以清偿全部债务为由，向上海金融法院申请破产清算。

2024 年 6 月 20 日，上海金融法院受理安邦破产清算申请。

2024 年 8 月 2 日，国家金融监督管理总局披露批准安邦集团和安邦财险进入破产程序的公告。

资料来源：王宏. 成立清算组近四年后 安邦集团、安邦财险破产获监管批复［EB/OL］.［2024-08-02］. https://baijiahao.baidu.com/s? id=1806281784987657173&wfr=spider&for=pc.

（四）保险公司的解散、撤销、破产和清算

保险公司的解散是指依法设立的保险公司因法定事由的出现，经保险监管机构批准，关闭其营业机构，停止其从事保险业务的行为。对保险公司的解散、撤销、破产和清算，《保险法》作了以下规定：

（1）保险公司因分立、合并需要解散，或者公司章程规定的解散事由出现，经国务院保险监督管理机构批准后解散。保险公司应当依法成立清算组，进行清算。经营有人寿保险业务的保险公司，除因分立、合并或者被依法撤销外，不得解散。

（2）保险公司违反法律、行政法规，被国务院保险监督管理机构吊销经营保险业务许可证的，依法撤销，由国务院保险监督管理机构依法及时组织清算组进行清算。

（3）保险公司不能支付到期债务，经国务院保险监督管理机构同意，由人民法院依法宣告破产。保险公司宣告破产的，由人民法院组织国务院保险监督管理机构等有关部门和有关人员成立清算组进行清算。

（4）经营有人寿保险业务的保险公司被依法撤销或者被依法宣告破产的，其持有的人寿保险合同及责任准备金，必须转让给其他经营有人寿保险业务的保险公司；不能同其他保险公司达成转让协议的，由国务院保险监督管理机构指定经营有人寿保险业务的保险公司接受。

（5）保险公司依法破产的，破产财产优先支付其破产费用后，按照下列顺序清偿：①所欠职工工资和医疗、伤残补助、抚恤费用，所欠应当划入职工个人账户的基本养老保险、基本医疗保险费用，以及法律、行政法规规定应当支付给职工的补偿金；②赔偿或者给付保险金；③社会保险费用和保险公司欠缴的除①规定以外的所欠税款；④普通破产债权。破产财产不足以清偿同一顺序的清偿要求的，按照比例分配。

二、保险业务监管

保险业务监管是指国家对保险企业的营业范围、保险条款和保险费率、再保险业务以及保险中介的监督和管理。

（一）对经营范围的监管

经营范围监管，是保险监管机构依法规定保险公司所能经营的业务种类和范围，并禁止没有取得授权而开展保险业务的行为。它一般包括两个方面的内容：一是金融业间（银行、保险、证券、信托业之间）的兼业问题，即是否允许保险人兼营保险以外的金融业务，或非保险机构经营保险业务；二是保险业内不同业务的兼营问题，即同一保险人是否可以同时经营性质不同的保险业务。目前，多数国家实行银行业、证券业和保险业之间分业经营、分业监管体制，禁止混业经营。但应该看到，少数国家对跨行业经营的限制已取消或放宽。关于保险业务兼营，多数国家禁止保险公司同时从事性质不同的保险业务，一般执行"产寿险分业经营的原则"，即同一保险人不得同时兼营财产保险与人寿保险业务。其原因在于财产保险与人寿保险的性质不同，二者在经营技术、承保手续、费率厘定、准备金计提、保险金给付、资金运用等方面存在明显差异，为避免业务混乱，保证偿付能力，有必要实行产寿险分业经营。

保险公司的业务范围由保险监管机构依法核定。保险公司只能在被核定的业务范围

内从事保险经营活动。

《保险法》第九十五条规定，保险公司的业务范围包括：

（1）人身保险业务，包括人寿保险、健康保险、意外伤害保险等保险业务；

（2）财产保险业务，包括财产损失保险、责任保险、信用保险、保证保险等保险业务；

（3）国务院保险监督管理机构批准的与保险有关的其他业务。

保险人不得兼营人身保险业务和财产保险业务。但是，经营财产保险业务的保险公司经国务院保险监督管理机构批准，可以经营短期健康保险业务和意外伤害保险业务。

保险公司应当在国务院保险监督管理机构依法批准的业务范围内从事保险经营活动。

（二）对保险条款和保险费率的监管

保险条款是保险合同的核心内容，其技术性和专业性很强。保险费率是保险商品的价格，直接关系到保险公司的保费收入、保险基金积累及保险偿付能力，对保险公司的财务稳定性和被保险人的利益都有很大影响。尤其是保险条款是一种格式条款，由保险人单方面拟订，为了保护被保险人和受益人的利益，保证保险条款的公平性、公正性，避免保险公司欺骗被保险人以及防止保险公司对被保险人作出不合理的保险承诺，各国保险监管机构对保险条款及保险费率都进行了比较严格的监督与管理。

在保险条款的监管中，各国保险监管机构一般从三个方面作出要求：一是保险条款的内容要完整，即要明确保险标的、保险责任与责任免除、保险期限、保险费率及缴费方式、保险赔款及保险金给付办法、违约责任及争议处理等内容；二是保险条款的表达方式要做到用词准确、表达清晰；三是投保人对保险条款有疑问时，保险人须作出客观解释，不得误导投保人。

在保险费率的监管中，各国保险监管机构的目标是保证费率的合理性，具体表现在三个方面：一是费率要适当，即保险费率必须充分反映实际损失和经营成本，不能因费率过低而影响保险公司的偿付能力；二是费率要公道，即保险费率的适当是保证保险人的正常经营的需要，但不能因追求过高利润而制定损害投保人利益的高费率；三是无歧视，即保险费率只能以风险为基础，在不同风险基础之上制定不同的费率，对相同的风险不得实行差别费率。

在各国保险实务中，对保险条款和保险费率的监管，主要是根据不同险种的重要性和技术特点，采取以下几种方法：①制定条款和费率，即对某些特殊重要险种的基本条款和费率由保险监管机构制定，若保险公司不执行，则不得经营该险种；②事先批准，即对某些主要险种的基本保险条款和保险费率在使用前必须报保险监管机构审批，非经批准，不得使用；③备案，即对一般险种的保险条款和保险费率由保险公司自行拟定，但应当报保险监管机构备案。

《保险法》第一百三十五条规定：关系社会公众利益的保险险种、依法实行强制保险的险种和新开发的人寿保险险种等的保险条款和保险费率，应当报国务院保险监督管理机构审批。

保险公司拟定的其他险种的保险条款和保险费率应当报国务院保险监督管理机构备案。其中应当报批的"险种"范围由国家金融监督管理总局认定，且国家金融监督管理总局可以根据市场情况对险种范围进行调整；国家金融监督管理总局可以委托保险行业协会或保险公司拟定主要险种的基本保险条款和保险费率；保险公司拟定的其他险种条款和保险费率，应由总公司报国家金融监督管理总局备案；国家金融监督管理总局会对报备的条款和费率自收到备案申请文件之日起30日内未提出异议的，保险公司可以使用该条款、费率；人身保险公司拟定的长期人身保险条款保单预定利率不得高于国家金融监督管理总局制定的相关标准，使用的生命表应当经过国家金融监督管理总局批准；保险公司对同一险种应当执行统一的保险条款。

保险公司申报、修改或调整备案的财产保险条款和保险费率时，应提交下列文件：①保险条款和保险费率备案文件一式三份；②保险产品的市场预测，保险标的最近三年的损失率、预定保险赔付率、预定各项管理费用及预定利润率；③保险费率的计算公式及确定依据；④该险种的业务宣传材料；⑤国家金融监督管理总局要求申报的其他材料。

三、保险财务监管

保险财务监管就是对保险公司资产负债情况的监管，其内容主要包括对资本金的监管、准备金的监管、资金运用的监管和财务核算的监管。

（一）资本金的监管

保险公司申请开业必须具有一定数量的资本金，达不到法定最低资本金限额者，不得开业。《保险法》第六十九条规定："设立保险公司，其注册资本的最低限额为人民币2亿元。"保险公司的注册资本必须为实缴货币资本。国务院保险监督管理机构根据保险公司的业务范围、经营规模，可以调整其注册资本的最低限额。但是，不得低于人民币2亿元的限额。对资本金进行严格监管的目的在于：确保保险公司承保及偿付能力，增强保险公司承保及投资损失的弥补能力。

（二）准备金的监管

准备金是保险公司履行承担赔偿或给付保险金义务的资金准备，是保险公司的负债。如果各项责任准备金计提不足，就不能保证被保险人或受益人及时得到赔付。为了确保保险公司的偿付能力，保障被保险人和受益人的利益，各国的保险法规都对准备金的提取作了明确规定，且内容大体一致。

（1）未到期责任准备金。未到期责任准备金是指保险公司在会计年度决算时，对未满期保单提存的一种资金准备。由于会计年度与保单规定的保险期限并不一致，在会计年度决算时，对来年依然有效的保单，必须从当年保费收入中提取一部分结转到下一会计年度，提存的这部分保费收入，即未到期责任准备金。《保险法》规定，保险公司提取和结转责任准备金的具体办法由国务院保险监督管理机构制定。

（2）未决赔款准备金。未决赔款准备金是保险公司在会计年度决算时，对已发生保险责任而应该赔付，但尚未赔付的赔款所提存的资金准备。造成这种情况的原因主要是：被保险人或受益人已经提出索赔，但保险公司需要对索赔申请进行审核，以确定是否属于保险责任以及责任的多少；发生了保险事故，但被保险人或受益人尚未提出索赔申请。因此，保险公司必须从当年收取的保费中提取一部分作为未决赔款准备金。

《保险法》第一百三十九条规定："保险公司未依照本法规定提取或者结转各项责任准备金，或者未依照本法规定办理再保险，或者严重违反本法关于资金运用的规定的，由国务院保险监督管理机构责令限期改正，并可以责令调整负责人及有关管理人员。"

（三）保险保障基金

保险保障基金是保险公司为了应付可能发生的巨额赔款而提存的一种资金准备。保险保障基金是保险公司的资本，主要是应付巨大灾害事故的特大赔款，只有在当年业务收入和其他准备金不足以赔付时才能运用。提取保险保障基金是为了保障被保险人和受益人的利益、支持保险公司的稳健经营。世界各国都要求保险公司在提存各种保险准备金之外，另提存保险保障基金。

根据《保险保障基金管理办法》（2022年第7号）的规定，我国设立国有独资的中国保险保障基金有限责任公司，依法负责保险保障基金的筹集、管理和使用。保险公司应当按照下列规定，对经营的财产保险业务和人身保险业务缴纳保险保障基金，缴纳保险保障基金的保险业务纳入保险保障基金的救助范围：

（1）非投资型财产保险按保费收入的0.8%缴纳。投资型财产保险，有保证收益的，按照业务收入的0.08%缴纳；无保证收益的，按照业务收入的0.05%缴纳。

（2）有保证收益的人寿保险按照业务收入的0.15%缴纳，无保证收益的人寿保险按照业务收入的0.05%缴纳。

（3）短期健康保险按照保费收入的0.8%缴纳，长期健康保险按照保费收入的0.15%缴纳。

（4）非投资型意外伤害保险按照保费收入的0.8%缴纳。投资型意外伤害保险，有保证收益的，按照业务收入的0.08%缴纳；无保证收益的，按照业务收入的0.05%缴纳。

上述业务收入是指投保人按照保险合同的约定，为购买相应的保险产品支付给保险公司的全部金额。保险公司应当及时、足额地将保险保障基金缴纳到保险保障基金有限责任公司的专门账户。

（四）公积金

公积金是保险公司依照有关法律、行政法规及国家财务会计制度的规定，从公司税后利润中提取的积累资金。保险公司提取公积金，是为了弥补公司亏损和增加公司资本金。

（五）资金运用的监管

保险资金运用是保险公司实现资产保值增值、维持和增强偿付能力的重要手段。各国保险监管机构都把保险资金运用监管作为资产监管的主要内容。对保险资金运用的程度、范围、资金投向和比例限度等作出明确规定。当然，由于各国的经济政策、保险体制、历史背景等不同，各国对保险投资的管理理念存在较大差异。例如，英国主张宽松式管理，只要保险人具有规定的偿付能力，并依法于年终将财务报告、资产负债表、利润表按规定格式编制并呈交贸工部公布，则主要由保险人自己管理自己，保险资金的投资项目、投资范围等完全可以自行决定；而在美国，各州对保险资金的运用实行严格监管，对投资领域、投资品种都有立法限制。

《保险法》第一百零六条对保险公司的资金运用作了以下明确规定：①保险公司的资金运用必须稳健，遵循安全性原则，并保证资产的保值增值；②保险公司的资金运用，限于银行存款，买卖债券、股票、证券投资基金份额等有价证券，投资不动产和国务院规定的其他资金运用形式。《保险法》第一百零七条规定，经国务院保险监督管理机构会同国务院证券监督管理机构批准，保险公司可以设立保险资产管理公司。保险资产管理公司从事证券投资活动，并遵守《中华人民共和国证券法》等法律、行政法规的规定。

☑ 知识拓展 10-4

国家金融监督管理总局修订保险资产风险分类办法

为深入贯彻落实中央金融工作会议精神，加强金融监管，防范化解风险，国家金融监督管理总局对《保险资产风险五级分类指引》（以下简称《指引》）进行修订，形成《保险资产风险分类暂行办法》（以下简称《办法》），于2024年11月29日正式发布。《办法》对固定收益类资产、权益类资产、不动产类资产风险分类标准进行了完善，并优化风险分类的"初分、复核、审批"三级工作机制。

一、完善分类标准

《办法》明确，保险资产是指保险资金运用形成的境内和境外投资资产。风险分类是指保险公司按照风险程度将保险资产划分为不同档次的行为。

此次修订扩大了资产风险分类的覆盖范围。《指引》仅对以公允价值计量以外的投资资产进行风险分类。《办法》除特殊情形外，将所有投资资产纳入分类范围。

保险资金的投资领域相对广泛，包括固定收益类、权益类、不动产类资产以及各类金融产品。

在固定收益类资产方面，《办法》按照其风险程度分为五档，分别为正常类、关注类、次级类、可疑类、损失类，后三类合称不良资产。

值得关注的是，《办法》调整了固定收益类资产本金或利息的逾期天数、减值准备比例标准等，与商业银行保持一致。

具体来看，本金、利息或收益逾期超过90天即归为次级类，超过270天归为可疑类，超过360天归为损失类；资产已发生信用减值即归为次级类，减值准备占其账面余额50%以上归为可疑类，减值准备占其账面余额90%以上归为损失类。

同时，《办法》增加利益相关方风险管理状况、抵质押物质量等内容，丰富风险分类标准的内外部因素。

在权益类资产、不动产类资产方面，《办法》由过去的五分类调整为三分类，即正常类、次级类、损失类，后两类合称不良资产。次级类即由于市场风险等导致资产价值下降，即使采取措施，资产也将发生显著损失；损失类即由于市场风险等导致资产价值大幅下降，在采取所有可能的措施后，资产将全部损失或只能收回少部分。

《办法》明确了权益类资产、不动产类资产的定性和定量标准，要求穿透识别被投资企业或不动产项目相关主体的风险状况。

二、优化三级工作机制

《办法》优化了风险分类的"初分、复核、审批"三级工作机制，明确董事会、高级管理层和相关职能部门的工作职责。

具体来看，保险公司应建立投资职能部门负责初评、风险管理职能部门负责复核、董事会或其授权机构负责审批的工作机制，确保风险分类过程的独立性，以及分类结果的准确性和客观性。

保险公司委托保险资产管理公司投资的，由保险资产管理公司投资职能部门进行初评，风险管理职能部门进行复核，出具经保险资产管理公司审批后的风险分类结果，并及时报送保险公司；整体风险分类结果应由保险公司的董事会或其授权机构负责最终审批，确保资产分类工作的独立、连贯和可靠。

同时，《办法》要求，保险公司进行资产风险分类的频率应不低于每半年一次。当出现影响资产质量的重大不利因素时，应及时调整风险分类结果。保险公司将不良资产上调至正常类或关注类，资产应至少连续六个月符合相应资产分类标准，并履行风险分类审批程序。

此外，《办法》要求压实会计师事务所的审计责任。对于会计师事务所出具不实审计报告的，国家金融监督管理总局或其派出机构可视情况采取责令保险公司更换会计师事务所、不接受审计报告和行业通报等措施，情节严重的，可向相关部门移送线索材料，由主管部门依法给予行政处罚。

国家金融监督管理总局表示，发布实施《办法》是加强保险资金运用监管的重要举措，有利于引导保险机构加强全面风险管理，提升资产质量，推动保险业高质量发展。下一步，国家金融监督管理总局将持续完善保险资金运用监管政策，提升保险业服务实体经济质效。

资料来源：朱艳霞.金融监管总局修订保险资产风险分类办法［N］.中国银行保险报，2024-12-02.

（六）财务核算的监管

为了有效管理保险公司的经营，及时了解和掌握保险公司的营业状况，各国一般都要求保险公司在年终向保险监管部门递交年终报告，反映其财务核算情况。

《保险法》规定：①保险公司应当聘用专业人员，建立精算报告制度；②保险公司的偿付能力报告、财务会计报告、精算报告、合规报告及其他有关报告、报表、文件和资料必须如实记录保险业务事项，不得有虚假记载、误导性陈述和重大遗漏。

四、保险公司偿付能力监管

（一）偿付能力的概念及衡量指标

所谓偿付能力，是保险公司对保单持有人履行赔付义务的能力。偿付能力体现了保险公司资金实力与其自身所承担的赔付责任的比较，它通常被作为保险公司财务状况良好的最低标准。保险公司偿付能力监管是保险监管的核心内容，确保保险公司的偿付能力是保险监管最根本的目标，保险监管各方面的工作都是围绕确保保险公司的偿付能力不低于某一水平而展开的。

保险公司偿付能力的衡量指标包括：①核心偿付能力充足率，即核心资本与最低资本的比值，衡量保险公司高质量资本的充足状况；②综合偿付能力充足率，即实际资本与最低资本的比值，衡量保险公司资本的总体充足状况；③风险综合评级，即对保险公司偿付能力综合风险的评价，衡量保险公司总体偿付能力风险的大小。其中，核心资本，是指保险公司在持续经营和破产清算状态下均可以吸收损失的资本。实际资本，是指保险公司在持续经营或破产清算状态下可以吸收损失的财务资源。最低资本，是指基于审慎监管目的，为使保险公司具有适当的财务资源应对各类可量化为资本要求的风险对偿付能力的不利影响，所要求保险公司应当具有的资本数额。

根据原中国银保监会发布的《保险公司偿付能力管理规定》，保险公司应当建立健全偿付能力管理体系，有效识别各类风险，不断提升偿付能力风险管理水平，及时监测偿付能力状况，编报偿付能力报告，披露偿付能力相关信息，做好资本规划，确保偿付能力达标。保险公司同时符合以下三项监管要求的，为偿付能力达标公司：①核心偿付能力充足率不低于50%；②综合偿付能力充足率不低于100%；③风险综合评级在B类及以上。

国家金融监督管理总局成立后偿付能力监管框架未发生根本性变化，但通过过渡期延长和差异化政策增强了适应性。

（二）对偿付能力不足的保险公司的监管措施

《保险公司偿付能力管理规定》中规定对于核心偿付能力充足率低于50%或综合偿付能力充足率低于100%的保险公司，监管部门应当采取以下四项措施：（1）监管谈话；（2）要求保险公司提交预防偿付能力充足率恶化或完善风险管理的计划；（3）限制董事、监事、高级管理人员的薪酬水平；（4）限制向股东分红。

监管部门还可以根据其偿付能力充足率下降的具体原因，采取以下八项措施的一项或多项：（1）责令增加资本金；（2）责令停止部分或全部新业务；（3）责令调整业务结构，限制增设分支机构，限制商业性广告；（4）限制业务范围、责令转让保险业务或责令办理分出业务；（5）责令调整资产结构，限制投资形式或比例；（6）对风险和损失负有责任的董事和高级管理人员，责令保险公司根据聘用协议、书面承诺等追回其薪酬；（7）依法责令调整公司负责人及有关管理人员；（8）监管部门依法根据保险公司的风险成因和风险程度认为必要的其他监管措施。对于采取上述措施后偿付能力未明显改善或进一步恶化的，由国务院保险监督管理机构依法采取接管、申请破产等监管措施。

知识掌握

1.简述保险监管的目的。

2. 各国对保险条款和保险费率的监管一般采取哪几种办法？

3. 简述国家金融监督管理总局的由来及保险监管的主要职能。

4. 为什么把保险监管的重点放在保险公司的偿付能力上？

5. 我国《保险公司偿付能力管理规定》对保险公司偿付能力监管的主要规定有哪些？

知识应用

• 案例分析

监管利剑！人保财险领千万罚单

在金融监管日益严格的当下，一张千万级别的罚单，如一记重锤，砸向了保险行业的巨头 —— 中国人民财产保险股份有限公司（以下简称"人保财险"）。2025 年 2 月 8 日，国家金融监督管理总局发布的行政处罚信息公示，让人保财险站在了舆论的风口浪尖，也为整个保险行业敲响了警钟。

人保财险此次被罚的金额之高，令人咋舌。其总公司及分支机构被罚 1 115 万元，同时，27 名相关责任人被警告并罚款 184 万元，合计被罚 1 299 万元。如此大额的罚单，在保险行业的处罚历史上也并不多见。这背后，是其一系列严重的违法违规行为。未按照规定使用经批准或者备案的车险、农险、保证保险条款费率，这一行为破坏了保险市场的公平竞争环境，扰乱了正常的市场秩序。消费者可能会因为错误的费率而支付不合理的保费，或者在理赔时遭遇不公平的对待。相关报告、文件等内容不真实、不准确，更是严重影响了监管部门的决策和市场参与者的判断。保险行业作为金融领域的重要组成部分，信息的真实性和准确性至关重要，虚假的报告和文件无疑是在为行业发展埋下隐患。而未按规定办理再保险业务，则增加了人保财险自身的经营风险，一旦发生巨额赔付，可能会导致公司资金链紧张，甚至影响公司的偿付能力。

从人保财险自身的经营数据来看，截至 2024 年 9 月末，其净资产规模为 2 531.09 亿元，同比增长 11.76%。2024 年前三个季度，实现原保费收入 4 283.3 亿元，同比增长 4.58%，市场占有率为 32.78%；实现净利润 267.5 亿元，同比增长 37.99%；综合成本率为 98.2%。如此庞大的业务规模和亮眼的经营数据，本应匹配严格的合规管理和风险控制体系。然而，此次罚单的出现，却暴露出其在经营管理中的漏洞。即使是行业巨头，也不能忽视合规经营的重要性，否则，再辉煌的业绩也可能因为违规行为而蒙上阴影。

这张千万罚单，不仅仅是对人保财险的惩戒，更是对全行业的严厉警示。从近两年保险业的处罚趋势来看，大额罚单已成为监管警示行业的手段之一。随着监管趋严，险企的违规成本与日俱增。在 2024 年的国务院政策例行吹风会上，金融监管总局法规司司长王胜邦曾强调，未来将通过现场检查、稽查、行政处罚与监管强制措施，严厉打击违法违规行为。针对保险业长期以来存在的销售误导、理赔难等问题，进一步加大整治力度。这表明，监管部门对保险行业的监管态度坚决，绝不姑息任何违法违规行为。

　　资料来源：金宝．监管部门对人保财险的千万罚单是对全行业的严厉警示［EB/OL］．［2025-02-09］. https：//www.financeun.com/newsDetail/59975.shtml.

　　问题：（1）人保财险公司被开出高额罚单的原因是什么？

　　（2）国家为什么对保险公司进行监管？采用什么方式监管？

主要参考文献

[1] 周国瑞. 保险财务管理：理论、实务与案例［M］. 北京：中信出版社，2015.

[2] 刘连生，申河. 财产保险［M］. 3版. 北京：高等教育出版社，2015.

[3] 马丽华. 人身保险［M］. 北京：高等教育出版社，2015.

[4] 刘金章. 保险经营与管理［M］. 北京：清华大学出版社，2015.

[5] 孙祁祥，郑伟. 中国保险业发展报告2017［M］. 北京：北京大学出版社，2017.

[6] 杜鹃，郑祎华. 人身保险［M］. 北京：中国人民大学出版社，2017.

[7] 孙祁祥. 保险学［M］. 7版. 北京：北京大学出版社，2021

[8] 杨忠海. 保险学原理新编［M］. 北京：中国金融出版社，2015.

[9] 齐瑞宗. 人身保险实务［M］. 北京：知识产权出版社，2015.

[10] 朱南军. 中国寿险资金运用效率研究［M］. 北京：经济科学出版社，2017.

[11] 刘金章，王晓珊. 人寿与健康保险［M］. 北京：清华大学出版社，2015.

[12] 荆涛. 长期护理保险理论与实践研究：聚焦老龄人口长期照料问题［M］. 北京：对外经济贸易大学出版社，2015.

[13] 李民，刘连生. 保险原理与实务［M］. 3版. 北京：中国人民大学出版社，2016.

[14] 杜逸冬. 保险原理与实务［M］. 北京：中国人民大学出版社，2015.

[15] 许谨良. 财产保险原理和实务［M］. 5版. 上海：上海财经大学出版社，2015.

[16] 国家法官学院案例开发研究中心. 中国法院2018年度案例·保险纠纷［M］. 北京：中国法治出版社，2018.

[17] 刘志刚. 保险中介实务［M］. 北京：中国财政经济出版社，2014.

[18] 李国义. 保险概论［M］. 4版. 北京：高等教育出版社，2014.

[19] 兰宏. 财产与责任保险［M］. 3版. 成都：西南财经大学出版社，2016.

[20] 吴海波，陶四海. 健康保险核保与理赔［M］. 北京：科学出版社，2015.

[21] 国家法官学院案例开发研究中心. 中国法院2016年度案例：保险纠纷［M］. 北京：中国法治出版社，2016.

[22] 国家法官学院案例开发研究中心. 中国法院2017年度案例：保险纠纷［M］. 北京：中国法治出版社，2017.

[23] 张国印. 建设工程保险案例与实务［M］. 北京：法律出版社，2015.

[24] 中国保险行业协会. 保险诉讼典型案例年度报告：第八辑［M］. 北京：法律

出版社，2017.

　　[25] 张旭升，周灿. 人身保险理论与实务 [M]. 北京：电子工业出版社，2014.

　　[26] 勇素华. 台湾地区全民健康保险制度研究 [M]. 北京：九州出版社，2015.

　　[27] 庹国柱. 中国农业保险研究（2014）[M]. 北京：中国农业出版社，2014.

　　[28] 中国就业培训技术指导中心. 理财规划师专业能力 [M]. 5版. 北京：中国财政经济出版社，2013.

　　[29] 李璞. 保险新趋势 [M]. 北京：新星出版社，2021.

　　[30] 中国法治出版社. 保险法及司法解释全编：含保险纠纷处理 [M]. 北京：中国法治出版社，2025.

　　[31] 陈辉. 读懂未来中国保险从保险大国到保险强国 [M]. 北京：中国经济出版社，2024.

　　[32] 杨静. 拿下保险大单，你要这样做 [M]. 北京：中国纺织出版社，2021.

　　[33] 尹娜. 相信的力量：从新手到高手的保险销售心法 [M]. 北京：中国宇航出版社，2022.